edition suhrkamp 2539

Die erste Ausgabe des Magazins *n+1* war eine Sensation auf dem amerikanischen Zeitschriftenmarkt. Die *New York Times* nannte die Essays »pointiert, präzise und brillant originell«, die *Frankfurter Allgemeine Zeitung* stellte fest, die New Yorker Intellektuellen klebten an dem Heft wie Fliegen. In kurzen Reflexionen und Aufsätzen über Fitnessstudios, das Elend der permanenten Erreichbarkeit, über George W. Bush und die Krise der Philosophie kombinieren die Herausgeber um den Bestsellerautor Benjamin Kunkel (*Unentschlossen*) philosophische Diskurse aus dem alten Europa respektlos und intelligent mit der angelsächsischen Erzähltradition. Mit ihrer ausgesprochen politischen Grundhaltung stellen sie sich in die Tradition großer, linksintellektueller US-Zeitschriften wie der *Partisan Review* oder *The New Republic*. *Ein Schritt weiter* versammelt die besten Beiträge aus den ersten fünf Nummern von *n+1*.

Ein Schritt weiter

Die *n + 1*-Anthologie

Herausgegeben von *n + 1*-Research

Aus dem Englischen von
Kevin Vennemann

Suhrkamp

edition suhrkamp 2539
Erste Auflage 2008

Originalausgabe

Satz: Hümmer GmbH, Waldbüttelbrunn
Druck: Druckhaus Nomos, Sinzheim
Umschlag gestaltet nach einem Konzept
von Willy Fleckhaus: Rolf Staudt
Printed in Germany
ISBN 978-3-518-12539-7

1 2 3 4 5 6 – 13 12 11 10 09 08

Inhalt

Tobias Moorstedt

Einleitung

»Next in line please« – kann man wirklich von einer Krise der Lesekultur sprechen, wenn man in New Yorks größtem Buchladen mehr als 25 Minuten an der Kasse warten muss? In Zeitlupe schieben sich die Menschen durch den Plastikbänderkanal und an Ordnern in dunkelblauen Uniformen vorbei, es sieht fast ein wenig so aus wie bei der Einreisekontrolle am Flughafen; Menschen, kurz vor der Einreise ins Gelobte Land (der Freiheit, des Wissens?). Die blechernen Stimmen aus den Lautsprechern und die kühle Effizienz der Wissensdistribution zerstören solche Gedanken schnell. Im Raum: das Piepen von Barcode-Lesegeräten, ratternde Kreditkarten-Drucker, der Geruch eines Double Skimmed Milk Latte aus dem Starbucks-Café im ersten Stock. »Do you have a members card, Sir?«, fragt das Mädchen hinter der Kasse. Buchkonsum, das heißt der Einkauf, wird mit Bonuspunkten belohnt. Schade, dass es keinen Rabatt für das eigentliche Lesen/Verstehen gibt. Neben der Kasse liegen bunte Magazine, *Schott's Sammelsurium* und ein Paperback von Ian McEwan, die »Easy Reads«, Publikationen, zu denen man spontan greift, weil sie harmlos und lustvoll erscheinen – aus den gleichen Gründen werden im Supermarkt Schokolade und Kaugummi neben der Kasse platziert. Die »Easy Reads« sind Süßigkeiten fürs Hirn. Es droht: zerebrale Karies.

Bei Barnes & Noble wird die Literatur durch Barcodes, Hitlisten und Zielgruppen-Soziologie geordnet. Schwarze Metallschilder, Empfehlungen der Mitarbeiter, die goldenen Sticker auf den Buchumschlägen (»Bestseller!«) steuern die Kunden zu den Produkten, die mit hoher Wahrscheinlichkeit mit ihrer demografischen Identität kompatibel sind. »Men's Interest«? »Arts«? »Interior Design«? Das Panorama-Mosaik des Zeitschriftenstands zeigt die immer gleichen (Titel-)Bilder: Karosserien, Sixpacks, Arbeitsnachweise der kosmetischen Medizin.

Das Literaturmagazin *n+1* sticht allein schon wegen seines abstrakten Cover-Designs und dem DIN-A4,5-Format heraus, ein schwerer Text-Block, der nicht zu den Stromlinienmedien passt. (Das Buchkaufhaus Barnes & Noble wäre übrigens ein typisches Thema für einen Essay in *n+1*; mit einiger Sicherheit würde darin das Wort »Krise« auftauchen.)

n+1 ist ständig in Bewegung. In verschiedenen amerikanischen Städten liegt es in den Geschäften an ganz unterschiedlichen Stellen: mal neben dem altehrwürdigen *New Yorker*, mal in der Kiste mit dem Ramsch, mal auf dem prominent platzierten Stapel »Our Customers Favourites«. Nur bei den literarischen Süßigkeiten ist es bislang noch nicht aufgetaucht. Fast scheint es, als würde sich das Magazin den Mechanismen der Lesemittelindustrie entziehen, als könnten Barcode-Roboter und Zielgruppen-Soziologie den Inhalt nicht einordnen. *n+1* wurde 2004 von den New Yorker Autoren Keith Gessen, Mark Greif, Benjamin Kunkel und Marco Roth gegründet, die Literatur- und Geisteswissenschaftler haben zusammen an Ivy-League-Universitäten studiert und gelten als »die jungen Wilden« der intellektuellen Szene von New York; Kunkel kann sich seit dem Erfolg seines Romans *Unentschlossen* (2006 [2005]) »internationaler Bestseller-Autor« nennen. Das Magazin wurde aus dem Gefühl heraus gegründet, »dass es für die Art und Weise, wie wir schreiben wollen, kein Outlet gibt«. Fast jede ambitionierte Unternehmung beginnt eben mit einer Frustrationserfahrung: Ein Erfinder kommt erst dann auf die Idee, ein bestimmtes Werkzeug zu entwickeln, wenn er unter seiner Absenz leidet; Menschen machen sich nur daran, eine neue Welt zu bauen, wenn sie es in der alten nicht mehr aushalten. Und damit ist das Gefühl, das die vier jungen Autoren im Herbst 2004 hatten, recht exakt beschrieben.

In Amerika treten Autoren und Denker selten auf die öffentliche Bühne. Sie sollen ihren Job machen, heißt es, also Romane und schöne Geschichten schreiben. Im öffentlichen Diskurs, wenn man die Wort- und Bildfetzen, die in den Bildschirmröhren und Glasfaserkabeln zirkulieren, so bezeichnen möchte, kommen nur die VIPs des audiovisuellen Komplexes zu Wort. Doch manchmal kann man seine Meinung nicht länger für sich behalten. »Der Irakkrieg, die Bush-Regierung, der abnehmende Durchschnitts-IQ der Bevölkerung« – den Machern von *n+1* fallen viele Gründe ein, warum dieses kleine Magazin ausgerechnet jetzt unverzichtbar ist. Es sei beinahe unmöglich geworden, als unabhängiger Autor zu schreiben – entweder arbeite man für eine Universitätspublikation: dann sitzt man in einer warmen Schreibstube, hoch oben im Elfenbeinturm; oder man muss sich als etablierter Literaturkritiker nach den Veröffentlichungsterminen der Kulturindustrie und den Interviewangeboten der PR-Agenturen richten, schreibt nicht über ein Thema, weil man es selbst für wichtig hält, sondern weil es zur Agenda des Augenblicks passt. »Es gibt viele Kanäle für Trendspotting, Rezensionen und Interviews«, sagen sie, »wir wollen, dass ein Essay sein eigener Anlass ist.« Den öffentlichen Intellektuellen, meinen die Macher von *n+1*, gebe es in den USA schon deshalb nicht, weil die Öffentlichkeit nicht zuhöre. Um den Mund aufzumachen, braucht man vor allem Mut und das Vertrauen darauf, dass da draußen jemand ist, der zuhören will, der froh ist, wenn ein Autor sagt: »Hier, das sind meine Gedanken.«

In Interviews bestehen die Redakteure von *n+1* darauf, nicht namentlich zitiert zu werden, sondern als Kollektiv zu sprechen, da das Magazin doch bitte nicht als Rockband funktionieren solle, »bei der immer nur der hübsche Frontman im Scheinwerferlicht steht«. Also nennen sie sich »*n+1* Research«, ein Autorenkollektiv ohne Gesicht und Logo, ein Think Tank, »ein Sozialforschungsinstitut, das zufällig die Form eines Literaturmagazins angenommen hat«. In der Mathematik bezeichnet der Buchstabe n die Menge aller natürlichen Zahlen, *n+1* steht demnach für eine unendliche Reihung von Informationen, einen endlosen Horizont, ein Argument gegen das Ende der Geschichte, den Schlachtruf der Neugierigen. »Denen, die sagen, eine Serie sei an ein Ende gekommen, entgegnen wir: *n+1*!« In dem Literaturmagazin gibt es deshalb nicht nur Rezensionen und Autorenporträts, sondern Texte über »alle Dinge, die Menschen in einer definierten Gesellschaft machen«. Es geht um Bücher, Filme, Kultur, die Praktiken des alltäglichen Lebens: Dating, Essen,

Reality-TV, die NBA Playoffs oder den zunehmenden Gebrauch von Antidepressiva. Dieser weite Kulturbegriff passt zu der Definition des Titels. *n+1* zeichnet sich nicht durch Themensetzung aus, sondern durch »eine Sensibilität, die wir teilen«, einen Algorithmus, eine mathematische Formel, mit deren Hilfe die Autoren die Umwelt und ihre Reize prozessieren.

Jede Ausgabe des zweimal jährlich erscheinenden Magazins ist einem großen Wort gewidmet: »Glück« zum Beispiel, »Negation« oder aktuell »Mainstream«. Unter diesem begrifflichen Schirm lebt ein heterogener Themen-Mix: ein Traktat über die Lesegewohnheiten der Menschen oder die Philosophie der Popmusik, eine Hymne auf einen russischen Autorenfilmer, Essays, Gedichte, Kurzgeschichten oder Hybrid-Formate, Texte, die getrieben sind von Ehrfurcht, Selbstbewusstsein und Spielwitz, die durch die Mischung aus akademischer Esoterik, handlicher Theorie und dem Vokabular des MTV- und Web-2.0-Zeitalters einen ganz eigenen Sound bekommen. Die Sätze sind lang, kompliziert und auf eine beinahe altmodische Art und Weise verdrechselt, für die amerikanische Umgangssprache, der man alle Nuancen abgeschliffen hat, um sie der Welt als Marketing-Vehikel anzudienen, haben sie wenig übrig.

Die Ausdifferenzierung des Medienmarktes hat eine Vielzahl von Mikro-Medien geschaffen, Special-Interest-Magazine, die nur für klar definierte Milieus von Interesse sind, für Computerfreaks, Segler, Autobastler, Männer, Frauen. *n+1* soll ein Makro-Medium sein, ein Magazin, das alle lesen können, das das große Ganze im Blick behält. Das Heft trat, trotz der Eliteausbildung der Macher, im Jahr 2004 ziemlich rüpelhaft auf die Bühne der amerikanischen Literaturszene. Ein Underdog muss sich im Establishment eben Respekt verschaffen, auch auf der Agora gilt das Gesetz der Straße. In der Premierenausgabe legte sich der New Yorker »Think Tank« gleich mit der renommierten Zeitschrift *The New Republic* an, die Autoren unterstellten den Machern, nur Klassiker zu schätzen und den Lesebetrieb etwa 1950 eingestellt zu haben. In *n+1*, so lautet eine Regel, wird nicht über tote Autoren geschrieben. Auch junge Konkurrenten wie *The Believer*, das von dem Schriftsteller Dave Eggers

(*Ein herzzerreißendes Werk von umwerfender Genialität*) redigiert wird, kamen nicht gut weg: zu naiv, zu beliebig, zu nett. *n+1* propagiert eine »historistische, materialistische, polemische Form der Literaturkritik«, die sich zeitgenössische Phänomene recht handgreiflich zur Brust nimmt und fragt: Was fangen wir damit an? Was können wir darüber erfahren? Was bedeutet das eigentlich alles? »Wir sind wütend«, heißt es in der Premierenausgabe. Über den Zustand der Welt. Die große Koalition der Sedierten. Im semi-adoleszenten Gestus der Selbstermächtigung feiern sie »die Negation, die Debatte, den Kampf der Ideen«. Bücher, Kultur, Ideen seien im 21. Jahrhundert nur Produkte, die Menschen kaufen, weil sie ein gewisses Interesse daran haben. »Aber das führt nur dazu, dass man nicht mehr kritisieren und nicht mehr gemein sein darf«, heißt es, »dass es sich um Geschmack handelt, und nicht um Ideen«. *n+1* Research kämpfe gegen eine Gesellschaft, in der auf folgende Art und Weise über Politik diskutiert werde: »Ich war ja ein großer Fan der Demokratie, bevor das universelle Wahlrecht eingeführt wurde. Der Sozialismus hat mich einmal begeistert, heute ist es so muffig, so *working class*.« Früher habe man für Bücher und Ideen gestritten, heißt es, heute müsse man sich für Konsumentscheidungen nicht mehr rechtfertigen. *n+1* aber will streiten, über Politik, Ideologien und Geschmack, genau wie über Fashion Codes, Softdrinks, Videospiele, und die Frage, welchen fiktionalen Gehalt die Figur von Sokrates in den platonischen Dialogen besitzt.

Das Format des *small magazine* hat eine lange Tradition im amerikanischen Kulturbetrieb, seit mit Schreibmaschine, Mimeograf und modernem Postsystem die technologisch-logistischen Mittel zu seiner Produktion und Verbreitung zur Verfügung standen (und heute gibt es zusätzlich natürlich Laserdrucker und die Möglichkeiten der EDV). Die großen Vorbilder von *n+1* heißen *Dissent*, William F. Buckleys *National Review* und vor allem die *Partisan Review*. Das Magazin wurde 1934 von William Phillips und Philip Rahv gegründet und galt zunächst als der belesene Arm der kommunistischen Partei, bevor es sich als Forum der antistalinistischen Linken etablierte. In der *Partisan Review* schrieben die Giganten des amerikanischen Essays: T. S. Eliot, Hannah Arendt und Susan Sontag (über *camp*). *n+1* orientiert sich auch im Layout am Low-Fi-Look des *small magazine*, durch den Verzicht auf Fotos und Grafikdesignexperimente, durch das bedingungslose »Ja!« zur Bleiwüste.

Die erste Ausgabe beginnt mit den Worten: »Spät aufwachen. Unergründliche Kopfschmerzen. Wir schleppen uns schwitzend zur Haustür, um die Post zu holen.« Durch den Verweis auf das Morgen-Ritual des Mitzwanzigers, dem am Vorabend über Wein und Büchern mal wieder die Prioritäten verrutscht sind, vereinnahmen sie eine Generation bzw. ein Milieu als Ansprechpartner, das Benjamin Kunkel in seinem Roman *Unentschlossen* beschrieben hat: Der Protagonist Dwight Wilmerding steckt in der Quarterlife-Crisis und einem Callcenter fest – ist zu gebildet, zu melancholisch und zu entfremdet von sich selbst, um mit Überzeugung auf das wilde Karriere-Karussell zu steigen. Er fühle sich, lässt Kunkel seinen Anti-Rebellen sagen, »wie ein Fetzen Soziologie, den es in den für ihn vorgesehenen Winkel der Welt geweht hatte. Aber einem Klischee entkommt man noch nicht, bloß weil man es als Klischee entlarvt. Seine Erfahrungen muss man trotzdem weiter so erfahren, als hätte das noch nie zuvor jemand getan.« Wilmerding versucht seine Entscheidungsschwäche zunächst mit Psychopharmaka zu bekämpfen, bevor er gegen Ende des Buches zu einem demokratischen (und vollkommen postironischen) Sozialisten mutiert. Auch die Seiten von *n+1* sind voll von kämpferischen Worten: »Wir müssen unsere Ideen ernsthaft vertreten und unser Leben danach ausrichten«, »Wir sind jung: deshalb hauen wir jetzt ab und gehen zu den anderen Jungen« oder: »Es ist Zeit, dass wir sagen, was wir denken.« *n+1* liegt kein Mitgliedsantrag für die Internationale bei. Aber trotzdem ist das Magazin mit jeder Seite ein Aufruf zu intellektueller Arbeit und Engagement. »Jetzt wäre es ein großer Fehler, wenn es nicht gelänge, weiterhin an das zu glauben, was uns Theorie einmal bedeutet hat«, schreiben sie, sie erinnern sich an den ersten Kontakt mit Büchern von Adorno und Foucault, den magischen Moment, als man als Teenager das Gefühl hatte, die Weltzusammenhänge zum ersten Mal zu erkennen. Erwachsen werden heißt die Enttäuschung dieser

Euphorie zu ertragen, ohne die Hoffnung zu verlieren, »denn sonst wird das linke Denken zu einer Qual«, heißt es. »Theorie ist tot, lang lebe die Theorie.«

Durch den verärgerten Tonfall, die Vielfalt der Untersuchungsgegenstände, die Idee, dass im Kleinen das Große, in der Obduktion des Alltäglichen die DNA der realen Machtverhältnisse zu finden ist, stellt sich *n+1*, wie man in Amerika sagt, »loud and proud« in die Tradition der Kritischen Theorie. Hinter den Texten versteckt sich ein *call to arms*, eine Absage an die Normalbiografie, den Desillusionierungsprozess, dem viele Menschen mit Ende zwanzig, Anfang dreißig unterliegen, wenn die alltäglichen Fragen nach der Steuerklasse, der Familienplanung und dem 3er-BMW die alten Fragen nach dem richtigen Leben verdrängen. »*n*+1«, schrieb A. O. Scott im Magazin der *New York Times*, »versucht, einen Generationenaufstand anzuzetteln gegen Faulheit und Zynismus, erneut eine Lanze zu brechen für kreativen Enthusiasmus und intellektuelles Engagement [...] beweist dabei ein gutes Gespür und zeigt sich nicht nur dann ausgesprochen jugendlich, wenn es um generationstypische Interessen – in diesem Fall die nonchalante Mischung von Popkultur und Theorie oder die entnervende Fähigkeit, gleichzeitig spöttisch und sehr ernsthaft zu sein – geht, sondern auch in dem Mut und dem Groll, die auf jeder Seite zu spüren sind.«

Im 21. Jahrhundert ein Magazin zu gründen, ist ungefähr so zeitgemäß, wie das Morsegerät zu benutzen oder in einem öffentlichen Gebäude eine Zigarette zu rauchen. Wenn junge Menschen etwas zu sagen haben, dann schreiben sie einen Weblog – und können so ihre Meinung verbreiten, ohne sich mit Druckkosten, Anzeigenkunden und Vertrieb herumzuschlagen. *n+1* ist der Anti-Blog, meinen die Redakteure, von denen man wenige positive Worte über Blogs hören wird, diese »schlampigen, gehetzten, unreflektierten Aufmerksamkeitsfallen, geschrieben von selbstsüchtigen Menschen ...«. In den harten Worten zeigt sich weniger eine grundsätzliche Abneigung gegen das webbasierte Publizieren als vielmehr die tiefe Zuneigung für einen anderen Modus des Literaturbetriebs. *n+1* feiert die Langsamkeit, die Ernsthaftigkeit und die Geduld zur ausführlichen

Reflexion. Das Magazin bewegt sich im Zeitalter der Interkontinentaljets und Live-Streams mit der Geschwindigkeit eines Dampfschiffs oder eines solarbetriebenen Autos voran, ist entweder ein aus der Zeit gefallenes Relikt oder etwas ganz Neues.

n+1 wurde zu Beginn aus dem Wohnzimmer von Keith Gessen in Brooklyn publiziert, aber das »stetige Wachstum« und, so heißt es, »der enorme Andrang von Praktikanten« haben die Macher dazu gebracht, ein Büro in der Lower Eastside anzumieten, nicht weit entfernt vom CBGB, wo der Punk erfunden wurde. Das Magazin hat die Aufmerksamkeit der intellektuellen Szene von New York, zu seinen Fans gehören unter anderem Jonathan Franzen und Barbara Epstein. *n+1* ist ein Talent-Pool. Die Autoren schreiben mittlerweile auch für den *New Yorker*, ihre Geschichten werden in *Harper's Bazar* nachgedruckt, »Gegen das Training« (siehe Seite 30) schaffte es in die Anthologie »Best American Essays 2005«.

Jede Ausgabe des Magazins beginnt mit der Rubrik »Zur intellektuellen Lage«, einem Intro, in dem ein Autorenkollektiv dokumentiert, was »wir« gerade so über die Welt denken, eine Art mentales Koordinatensystem. Die Rubrik ähnelt in Aufbau und Layout dem berühmten »Talk of the Town« des *New Yorker*, nur dass hier nicht nur über die Szene in Manhattan bzw. den Five Boroughs berichtet wird, sondern über den etwas weiter gefassten Kosmos der allgemeinen Lebensführung. Wer ist dieses »Wir«, das dort über den Zustand der Welt räsoniert? Und wer gibt diesen Ivy-League-Burschen eigentlich das Recht, sich so kategorisch zu äußern?, fragen manche Kritiker. Was wissen New Yorker Autoren schon über das Leben im »echten Amerika«? Die Tatsache, dass sich Kunkel, Gessen, Greif und Roth vor Jahren in Harvard getroffen haben, bringt dem Magazin zuweilen den Vorwurf ein, es handle sich um ein Eliten-Produkt. Die Redakteure entstammen mit Ausnahme von Kunkel der jüdischen Ostküsten-Intelligenzija. Das Gegenargument der Redaktion kommt in typischer *n+1*-Manier daher, als Mischung aus Materialismus, Humor und offenherziger Verzweiflung über die Welt: »Wir haben das Magazin mit einem Startkapital von 8000 Dollar gegründet. Unsere Auflage liegt unter 10 000 Exemplaren.

Zumindest ökonomisch gehören wir nicht zur Oberschicht. Außerdem: Es ist nicht schwer, als Elite zu gelten, wenn das halbe Land nicht lesen kann.« +

Nummer 1

Negation

(Herbst 2004)

Editorial der Herausgeber

Wir leben in einer Zeit durchgedrehter Selbstzensur. All die ehemals privaten Angelegenheiten – die Funktionen des Körpers, die Jagd nach Liebe und Geld, das Unglück der Familie – sind heutzutage der allergewöhnlichste Stoff des öffentlichen Lebens. Wir sind verdorben vor lauter Bekenntniswahn. Aber versuchen Sie einmal auszusprechen, dass die Ereignisse, die wir »Krieg« nennen, sehr viel exakter als Massaker zu bezeichnen wären und dass der Zustand, den wir »Besatzung« nennen, sehr viel genauer als Krieg zu bezeichnen wäre; dass die in- und ausländischen Verschwörungstheorien, die bisher weder von Seymour Hersh noch vom Obersten Rechnungshof bestätigt worden sind, wahrscheinlich, trotz allem, wahr sind; oder dass unsere so sehr geschätzten und tatsächlich auch so sehr notwendigen politischen Freiheiten zugleich die Masken einer noch viel umfassenderen, heimtückischeren Unterdrückung sind – versuchen Sie einmal, all dies oder nur irgendetwas davon auszusprechen, und schauen Sie, wie weit Sie damit kommen. Dann versuchen Sie es ein wenig komplexer zu formulieren, ausführlicher, und bringen Sie auf diese Weise einen ganz konkreten menschlichen Wesenszug zum Ausdruck.

Wir leben in einer Zeit, in der Nabokov und Henry James in Teheran gelesen werden; aber wir holen uns Pornografie und die Öffentlichkeit nach Hause; in einer Zeit, in der ernst zu nehmendes Schreiben über Kultur zum ausschließlichen Betätigungsfeld von Rüpeln, Reaktionären und Engländern geworden ist; in einer Zeit, in der Journalisten eine überragende Persönlichkeit der russischen Postmoderne wie Wladimir Sorokin als einen »schockierenden« Autor bezeichnen können, der ein »Beststeller« geworden sei, nachdem eine neofaschistische Jugendorganisation in der Öffentlichkeit auf seinen Büchern herumgetrampelt habe; in einer Zeit, in der ein Magazin wie *Lingua Franca* nicht veröffentlichen kann, Publikationen wie *Zagat Survey* hingegen florieren. Man wird auf sie als eine Zeit zurückschauen, in der einige der besten Leute unserer intellektuellen Klasse ein überhebliches und selbstmörderisches Abenteuer im Irak »kritisch unterstützt« haben.

Das Problem liegt wohl kaum darin, dass es an Magazinen mangelte, nicht einmal an literarischen Magazinen. Kultur ist heutzutage in der Lage, so weit zu expandieren, bis sie den Superstore füllt. Aber Zivilisation meint den Traum vom Fortschritt – das Neue zu finden oder das, was wir aus der Vergangenheit kennen, und es mit derjenigen Sorgfalt auszusprechen, auf die nur die Lebenden einen Anspruch erheben können. »Man muss im Exil gewesen sein und in der Wildnis, um eine neue Zeitschrift wirklich zu schätzen«, hat Alexander Herzen, Gründer der großartigen *Glocke*, gesagt. Vielleicht leben Sie in einer Klein- oder Großstadt und inmitten der Geborgenheit Ihres eigenen Landes. Aber Sie haben das Exil kennengelernt und sind mit der Wildnis vertraut. +

Mark Greif

W.

1. W.: Geheimnisse des Organismus

In George W. Bush haben wir einen Präsidenten, für den das Ablesen von einem Teleprompter eine körperliche Strapaze ist. Nach jeder bewältigten Zeile erfolgt ein atemlos keuchendes Schnaufen. Seine hervorragendste Charaktereigenschaft ist seine Hartnäckigkeit. Jeder andere hätte seine Schwächen eingesehen und versucht, etwas gegen sie zu tun. Doch neben seiner edlen Geburt sind W.s größte Stärken seine Gleichgültigkeit gegenüber seinen Unzulänglichkeiten und seine schamlose Bereitschaft, Dinge zu tun, zu denen er unfähig ist – z. B. Lesen, Sprechen und das Führen einer politischen Gemeinschaft.

Charakter zeigt sich bei öffentlichen Auftritten. W. wirkt häufig verwirrt. Seine Augenbrauen ziehen sich zusammen, als ertrüge er einen Schmerz, den er nicht recht lokalisieren kann. Vielleicht in seinem Fuß, in seinen Eingeweiden? Aber es ist nichts als der Schmerz des Denkens oder Sprechens.

Seine Unterlippe hebt sich, um sich über ihre Kameradin zu stülpen. Ähnlich der gefrorenen Mastikation geistig Zurückgebliebener bringt sein Kinn sein Gesicht von unten zum Einsturz. Das weit vorgestreckte Kinn ist so sehr charakteristischer Ausdruck für W. wie für die Geisteskranken Charcots. Die zwei nach unten zeigenden Linien, die zwischen seinen Augenbrauen auftauchen, wenn er glaubt, dass er zornig wirkt, ähneln dem Ausdruck auf dem stummen Gesicht eines Babys, kurz bevor es einen Trotzanfall bekommt. Sie sind die Mimikry von Zorn in einem stark beeinträchtigten Gesicht.

W. hält wenig von Individualdistanz. Einmal gestattete er Brit Hume, ihn zur besten Fernsehzeit zu interviewen, weil seine Umfragewerte niedrig waren. Er zeigte Amerika sein Putten beim Golf, seine Hunde, seine Art, mit Kindern zu sprechen, wie geschickt er sitzt. Er demonstrierte seine Wahrhaftigkeit. Man konnte sehen, dass sogar Brit Hume nervös wurde, weil er fand, dass W. ihm zu nahe kam. Da es ihm an Charakter mangelt, ist W. bemüht, die Tiefenschärfe anderer in seiner Nähe abzusaugen – als ob er sichergehen wolle, dass ihre Rechtschaffenheit auch ihn aufrecht halten wird, solange sie sich innerhalb des Abstands einer Armeslänge befinden.

W. ist ein Lippenlecker. Immer wieder kann man während einer Rede diesen kleinen rosa Muskel zwischen seinen blassen Lippen zappeln sehen. W.s Zunge ist die auf sich aufmerksam machende Seele eines Kobolds, die amorphe, fötusähnliche, feuchte jugendliche Unreife im Inneren der Schaufensterpuppe.

Wenn er sich dem Ende seiner Reden nähert, wird er selbstgefällig. Man sieht ein verdorbenes Grinsen aufblitzen. Es scheint zu sagen: »Ich bin wieder einmal damit durchgekommen.« W. ist eine jener sonderbaren Gestalten, die gelernt haben, ungestraft mit Dingen davonkommen zu können, die gar nicht rebellisch gewesen sind. Das, womit er durchgekommen ist, war gehorsamer Konformismus.

W.s Heroismus ist der des Einfach-nur-Funktionierens. Unser Anführer hat sich auf seine Art zu einem Experten entwickelt. Wir haben ihm dabei zusehen können, wie er Schritt für Schritt selbstsicherer geworden ist. Sein Triumph über widrige Umstände hat ihm die Möglichkeit gegeben, Auslandsbeziehungen zu ruinieren, die Umwelt auszuplündern und den Tod Unschuldiger zu verantworten. Wenn es einem gelingt, den Überblick über die kleinen Dinge zu bewahren, so wie W., kann man die großen Dinge völlig zugrunde richten.

Bedauernswerterweise ist W. in Krisenzeiten unser Präsident. Denn tatsächlich wäre W. ein Präsident für eine Zeit, in der alle Probleme gelöst sind, in der die Armut beseitigt ist, Krankheit und Konkurrenzkämpfe abgeschafft sind und Frieden und Güte dauerhaft garantiert. Seine Regierungszeit spricht von einer Zeit der Perfektion, während deren sogar ein Trottel herrschen könnte. Sein Aufstieg auf den Thron ist der Ausdruck vollendeter Demokratie. In diesem Himmel könnte selbst dem mittelmäßigsten Bürger die Lenkung des Staates anvertraut werden. In der gehemmten Physiognomie George W. Bushs entdecken wir den utopischsten Ausdruck des amerikanischen Lebens: ein Spiegelbild des gesegneten Landes, über das zu herrschen sogar diesem Mann zugetraut werden konnte.

2. Der autonome Mitläufer

Einige Linke vergleichen W. mit Hitler. Nichts könnte falscher sein.

Der uns beschämende Unterschied liegt darin, dass die Vereinigten Staaten sich einen Mitläufer als Führer zugelegt haben. Der jüngere Bush ist ein Gläubiger. Man kann ihn sich nicht auf dem Podium in Nürnberg vorstellen. Nein, man sieht ihn in der dritten Reihe der Menge auf dem Reichsparteitagsgelände. Sehen Sie sein Gesicht, da, mitten unter den anderen Söhnen? Erleben Sie unseren kleinen Mann W. Sein Gesicht glänzt vor Schweiß, er legt all seine Seele in den Gruß des Regimes. Wie elegant er alles schluckt. Für den Führer! Für Homeland Security! (*Für die Sicherheit der Heimat!*[1])

Als er auf der USS Abraham Lincoln seinen Kampfanzug trug, stand er treu zu etwas, das tief in ihm drinsteckte. Es hatte ein eng sitzendes, zu kleines Outfit sein müssen, eine Uniform, die er vorne bis ganz nach oben zuziehen konnte. Der Anzug eines Staatsmannes, Präsidententracht, fühlt sich ihm vermutlich unpassend an. Er will an seine glücklichen Tage als Cheerleader in Andover erinnert werden. Er möchte seinen Schritt in ganz eng anliegendem Nylon geborgen wissen und sich so sicher fühlen wie jemand, der im Flugzeug eines anderen mitfliegt.

Ist W. womöglich ein historisch ganz neuartiger Typus? Lassen Sie uns an ihn als »den autonomen Mitläufer« denken.

In den alten Zeiten des bürokratischen Konformismus sprach man

1 Im Original deutsch (Anmerkung des Übersetzers)

vom Mitläufer, vom Mann der Organisation. Ein solcher Funktionär konnte grausame und dumme Taten begehen, indem er einfach nur Anweisungen befolgte. Haben wir nicht alle den typischen Vollidioten vor Augen, der ganze Völker vernichtet und Kontinente zerstört, der ohne mit der Wimper zu zucken Kriminelle hinrichtet, Kriegsgefangene misshandelt und enorme Mengen einheimischer und ausländischer Opfer schafft, einzig und allein, weil es ihm ein höheres Tier befohlen hat? Er habe »nur Anweisungen befolgt«. Dies ist die eine Seite einer rationalisierten Hierarchie. Aber W. bringt ähnliche Desaster zustande, ohne dass ihm irgendjemand Anweisungen gäbe. Es ist kaum zu glauben, aber er ist derjenige, der die Anweisungen gibt. Und dennoch scheint er selber kein *Führer*[2] zu sein.

W. scheint zu führen, d.h. funktionale Entscheidungen zu treffen, die ihm nicht vorgeschrieben werden. Er hat seine Berater, deren Fragen er nach dem Prinzip der Einfachheit beantwortet und zu seinen Doktrinen macht. Aber die Quelle des Rechts liegt irgendwo außerhalb von W., bei seinem Gott oder seiner Auffassung von Gut und Böse. Indem er sie ohne jeden Zweifel außerhalb seiner selbst verortet, wirft er ihren schrecklichen Heiligenschein auch auf das Weiße Haus und die Ministerien. Wir erleben eine Regierung, die Politik mit Glauben vermischt und sie vom Denken separiert hat.

Die Conditio sine qua non des autonomen Mitläufers ist, dass er an die bewusstlose Handlung ohne eigentlichen Handelnden glaubt. Alle guten Menschen, und er am meisten von allen, sind nichts als Instrumente einer ein für alle Mal gegebenen Anweisung.

Vielleicht ist es Papa Bush gewesen, um es psychologisch auszudrücken, der diese Anweisung gegeben hat. Vielleicht auch unser himmlischer Vater, theologisch formuliert. Vielleicht wissen W.s Berater, wer es gewesen ist, und vielleicht verraten sie es ihm eines Tages. Vielleicht war es auch die »Demokratie«, die W. nur in Gestalt eines gewaltigen, ihm hilfreichen und den gesamten Globus schleifenden Mechanismus schätzt, eine Teleologie des Weltgeistes – vielleicht haben freie Marktwirtschaft und Demokratie diese Anweisung unausweichlich gemacht.

2 Im Original deutsch (Anm. d. Übers.)

Freiheit, W.s Lieblingswort, ist dasjenige Wort, das er am wenigsten versteht. Seine besinnungslose Philosophie ist deterministisch. Fragen Sie ihn, welche Fehler er gemacht hat, und er wird sich an keine erinnern können. Um einen Fehler zu machen, muss man eine Wahl gehabt haben.

Auf diese Weise kann er, ohne überheblich oder übermäßig ambitiös zu wirken, für selbstverständlich annehmen, dass er ein Instrument des Guten ist. Das ist mit das Attraktivste an ihm. »Ich bin ein armer Sünder«, verkündet er seinen evangelikalen Wählern und erinnert sich auf diese Weise daran, wie er sich selber von der Verantwortung freigestellt hat, und an seine Erlösung durch göttliche Unfreiheit. Er erfindet Anweisungen, die aus solcherlei Tand wie Weisungen, Belehrungen, erinnerten Sprichwörtern, Kindheitserfahrungen, gefühlter Gesetzgebung und Bibelstellen als Ansammlung von Faden, Papiermüll und Fetzen heller Folie zusammengebastelt sind.

Als kleiner Junge ist W. viele, viele Male belehrt worden. Diese Belehrungen machen seine Wahrheit aus. Das kann man in jeder Rede sehen und hören. Das ist es, was seinem Gesicht sein außergewöhnliches Flair von Unerfahrenheit gibt, von Unschuld. Er stellt sich der Realität nicht und versucht nicht einmal zu denken; er blinzelt und versucht sich seiner Lektionen zu erinnern. Wenn W. sich an die Bösen wendet, um ihren Untergang anzukündigen, und er die anständigen Leute dazu auffordert, auf das Gute zu vertrauen, das da kommen wird – wenn er, ungeachtet der Realität, alles Mögliche verspricht, seinen Zuhörern versichert, dass sie nichts zu befürchten haben und nichts zu bezahlen, weil in einer Welt endgültiger Sicherheit, in der zwei plus zwei entweder vier ergibt oder fünf, nichts irgendetwas kosten wird –, hören wir W., wie er mit sich selber spricht, nicht mit Amerika. Er erteilt sich dann selber eine Lektion. +

Mark Greif

Ein Haufen Niemande

»Wer den lebenden menschlichen Körper
herabsetzt oder schändet, soll verflucht sein.
Wer den Körper der Toten herabsetzt
oder schändet, soll nicht mehr verflucht sein.«
Walt Whitman

Zwei Gruppen von Bildern durchziehen unseren gesamten Irakkrieg: zu Beginn die Fotos der Proteste nackter Männer und Frauen, auf denen der denkbar wirkungsloseste oder vorsätzlich belangloseste Widerspruch zu einer Zeit zu sehen war, als noch nicht einmal mehr der unüberhörbare massenhafte Widerspruch den Krieg aufhalten konnte. Heute sehen wir die Fotos nackter, aufeinandergestapelter Männerkörper mit Säcken über den Köpfen, die von Amerikanern ausgelacht werden.

Die nackten Proteste, die am 22. November 2002 in West Marin, Kalifornien, in einem Ort namens Love Field begannen, mögen skurril gewesen sein, aber im Vorfeld des Krieges waren sie die bewegendsten und am nachhaltigsten in der Erinnerung verbliebenen Gesten des Protestes. Es ging einfach nur darum, Fleisch zu zeigen: jene gesunden Körper, die über die Diskussionen um Massenvernichtungswaffen und über die Macht der Vereinigten Staaten vergessen worden waren. Sehr seltsam, dass man den Krieg diskutieren kann, ohne sich immer und immer wieder sagen zu müssen: »Wir werden Menschen töten, wir werden versehren, wir werden Fleisch vernichten, wir werden brennen und Schaden anrichten. Ja, genau das haben wir vor.«

Die nackten Proteste, die sich über den ganzen Globus verbreiteten, waren eine Erinnerung an das, was unausgesprochen geblieben war. Weil die Bilder von oben herab geschossen worden waren, brachten sie die Erinnerung zurück an die Bomben, die fallen würden. Ein Friedenszeichen sah wie eine Zielscheibe aus. Oder die menschlichen Friedenszeichen malten imaginierte Zielscheiben in die Landschaft, um sie somit in Friedenszeichen zurückzuverwandeln. Der Zweck dieser von Nachbarn, Fremden und den Einwohnern vor Ort in die Landschaft eingeschriebenen Botschaften war nichts anderes als zu sagen, dass jedes menschliche Wesen, das sich im Visier einer Schusswaffe befindet, Frieden fordern würde, wenn es ausdrücken könnte, was es wirklich fühlt. Wenn nur die Bombenschützen die Menschen sehen könnten, die sie töten – ohne ihre Uniform oder Nationaltracht –, würden sie sehen, dass sie gewöhnliches, weiches Fleisch töten. Wenn nur die vielen Tausend gefährdeten Körper in ihrer bloßen menschlichen Körperlichkeit wahrgenommen werden könnten, ihren winzigen Spuren von Individualität – die Frau mit den roten Haaren, der Mann, der so und so groß ist ... Wie könnten die Piloten dann noch ihre Abzüge drücken? Man sieht, wie schwer es ist, in Worte zu fassen, was diese Bilder einen empfinden lassen. Die Worte sind abgedroschen, die Empfindungen alt. Aber es ist wahr: Niemand will von diesen Bomben bei lebendigem Leib verbrannt werden.

Es ist eine Aktion gewesen von Menschen, die sich bewusst geäußert haben – nicht als Individuen, sondern als menschliche Wesen. Es ist ihnen möglich gewesen, den Körper zu einem Zeichen umzugestalten, weil er eine einfache Botschaft überbrachte, die an alle verwundbaren Menschen als solche gerichtet war.

(Das war der Anfang unseres Kriegs, für einige von uns. Dann gingen die College-Studenten in die Frühlingssemesterferien, sie entblößten ihre Oberkörper und zogen ihre Shorts runter, sie fotografierten sich gegenseitig in Hotelzimmern ausgestreckt, und sie wussten, dass sie die beste Zeit ihres Lebens in der besten Nation der Welt verbrachten.)

Sex ist eines der ersten Dinge, die wir in den Mittleren Osten exportieren werden. Die US-amerikanische sexuelle Ikonografie hat von Indien bis Jordanien bereits ihre Spuren in anderen Kulturen hinterlassen. Die Fotos aus Abu Ghuraib sind der logische nächste

Schritt dessen, was wir bereits tun, und ein Maßstab dafür, wie dumm wir geworden sind. Unsere Fernsehsender haben sich überschlagen, um uns alle Fakten zu liefern, von denen sie dachten, dass wir sie nicht herausfinden würden, es war wie im Anthropologieunterricht: Muslime mögen es nicht, nackt miteinander abgebildet zu werden. Es könnte erniedrigend sein, mit einer fremden Frau oder mit anderen Männern zusammen auf einen Haufen geworfen oder dazu gezwungen zu werden, vor der Kamera Sex zu simulieren. Ist es so weit gekommen, dass uns derlei mitgeteilt werden muss? Als die Bilder auf dem Bildschirm aufflackerten, ereilte einen die Ekel erregende Erkenntnis, dass unsere wunderschönen Freiheiten dazu benutzt wurden, um zu foltern.

Abu Ghuraib hat etwas, das wir Amerikaner zum Spaß tun, in eine Waffe verwandelt. Die Grausamkeit war vollständig in die Flagge eingewickelt. Um in Amerika frei zu sein, gefährlich und trotzdem sicher, ein Outlaw und dennoch ganz normal, benötigt man nichts weiter als ein Tattoo, eine Reise zum Mardi Gras oder eine Digitalkamera und bereitwillige Bekannte. Zufällig mögen die Amerikaner in Studentenwohnheimen und in Schlafzimmern und, vor allem, in Kellern aufgenommene Sex-Selbstporträts. Wir legen uns auf Teppiche aus grober Wolle, lehnen an schäbigen Raufaserwänden oder liegen in Verliesen, die nichts anderes sind als eine um eine Weight Bench geschlungene Fahrradkette, und fragen uns, wie wohl unsere Grimassen vor der Kamera aussehen. Derlei ist die Underground-Daguerreotypie der Nation. Aber wir hätten sie nicht mit in andere Länder nehmen sollen.

Welchen Zweck hat die Freiheit? Entweder geht es um die Freiheit, frei von den Lasten der Gleichförmigkeit, des Zwangs und von Erwartungshaltungen leben zu können, oder um die Freiheit, Macht über andere Menschen zu gewinnen. Aufgrund dessen, wie wir leben, füllt sich der Bodensatz des amerikanischen Verstandes mit der sexuellen Verwendung anderer Menschen auf. Sogar in der U-Bahn und auf der Straße entspringen unserem geistigen Sucher Tagträume in Pornicolor. In sexueller Hinsicht sind wir Regisseure, Schauspieler und Zuschauer, aber keine Partner oder Mitwirkenden mehr.

Unseren Bomben kann man vielleicht entkommen – unserem Spaß nicht. +

Mark Greif

Gegen das Training

Würde Franz Kakfa heute seine Erzählung »In der Strafkolonie« schreiben, käme darin vielleicht ein Fitnessgerät vor. Man würde dem Opfer keinen Satz eintätowieren, sondern lange Reihen von Zahlenkolonnen: So und so viele Kalorien, so und so viele Kilometer, so und so viel Watt, so und so viele Runden.

Beim *work out* merken wir, dass in uns eine Maschine steckt. Wenn es irgendeines Beweises bedurfte für unsere nostalgische Sehnsucht nach der harten physischen Maloche in der Fabrik, dann ist es das moderne Fitnessstudio. Heute gibt nicht länger der Hebel der Stanzmaschine unseren Arbeitsrhythmus vor, doch mit den Studios haben wir die letzten Spuren der übrig gebliebenen Ausrüstung des Industriezeitalters in unsere Freizeit hinübergerettet. Wir verlassen das Büro, stellen uns aufs Laufband und rennen, als ob der Teufel hinter uns her wäre. Wir stecken unsere Beine freiwillig in die Quetschmaschine und umfassen mit steifen Händen die Presse.

Die Apparate müssen möglichst einfach sein – das ist entscheidend. Die geneigten Bänder, Nadeln, Hebel, Flaschenzüge, Riegel, Winden, Werkbänke und Riemen der Nautilus und der Fitnessgeräte machen uns frühere Stadien aus der Geschiche des technischen Fortschritts zugänglich. Wir können die einzelnen Elemente sehen, wir verstehen sie und wissen, wie man sie benutzt, doch sie werden uns nicht gefährlich. Aus dem ursprünglichen Kontext gerissen, neutralisiert, handelt es sich dabei um Erinnerungen an eine ehemalige Notwendigkeit, der wir uns nicht länger mit Bedacht und Einfallsreichtum stellen müssen. Bauern benutzten Flaschenzüge, Schnüre und Stangen früher, um Dachbalken in die Höhe zu hieven; heute benutzt man dieselben Werkzeuge, um seine Lats zu trainieren.

In einer Zeit, in der wir gelernt haben, uns unsere Gehirne als Computer vorzustellen, hat die Idee eines Maschinenmenschen, ob nun von Descartes oder La Mettrie, etwas Altmodisches: Der Blutdruck entspricht der Hydraulik, die Kraft der Mechanik, die Ernährung der Verbrennung, die Glieder Hebeln, die Gelenke Scharnieren. In der Ära der Fitnessstudios behauptet niemand mehr, Männer oder Frauen seien Maschinen. Das waren wir nämlich schon lange, zumindest, wenn man Naturwissenschaftler fragt. Im Studio kommt vielmehr der Wille jedes Individuums zum Ausdruck, die maschinellen Prozesse im eigenen Körper zu entdecken und zu steuern.

Die einzige Belohnung, die wir dafür kurzfristig bekommen, ist das Gefühl, all das freiwillig zu tun. Genau diese Freiheit ist schon genug. Die Geräte erlauben es uns, an unseren Körpern Experimente durchzuführen. Wir verbergen die wahren Gründe, aus denen wir diese Mühen auf uns nehmen, gedankenlos behandeln wir sie als eine neue Notwendigkeit. Niemand fragt uns, warum wir unsere müden Körper freiwillig ins Reich der Fitness schleppen. Wir haben gar keine Wahl: Der Sport kommt zu uns als eine Art Botschafter aus dem Reich der biologischen Prozesse. Er fällt in den Bereich der Pflichten des reinen Lebens, die nur autodestruktive Persönlichkeiten vernachlässigen. Angeblich hängt unsere Zukunft an manipulierten Genen, gescannten Gehirnen, den Neurowissenschaften, Laserstrahlen. Über all diese Dinge führen wir laute Debatten ohne Ergebnis – die wirklich historischen Veränderungen vollziehen sich gleichzeitig auf Gymnastikmatten aus Gummi, zum Klang von Schwungrädern und knarrenden Laufbändern.

Im Studio werden wir Zeugen, wie die Menschen sich einem elementaren biologischen Prozess der Selbststeuerung unterwerfen. All das findet ausschließlich im privaten Bereich statt. Damit stellt sich die Frage, warum das Training nicht privat bleibt. Warum findet es nicht zu Hause statt, wie alle vergleichbaren Tätigkeiten? Wie das Essen, Schlafen, Defäzieren, Putzen, der Sex, das Masturbieren?

Trainierender, was siehst du in den Spiegeln des Studios? Du machst ein Gesicht, das eigentlich zum Schmerz gehört, zu Tränen, Orgasmen, es hat einen Ausdruck, der andere unter normalen Umständen dazu veranlassen würde, dir zu Hilfe zu eilen. Doch du versteckst dieses Gesicht nicht. Du stöhnst, als ob du dir vor Qualen die Eingeweide hieltest, du vollführst furchtbare Tätigkeiten, als ob du den Boden schrubben müsstest. Du wirst wütend, du schreist, du strengst dich an. Du stehst dort in einem engen und dennoch merkwürdig formlosen Kostüm aus Lycra. Diese Klamotten zeigen den anderen die Umrisse deiner Genitalien, deine gequetschten und bandagierten Brüste, doch um sexuelle Reize geht es dabei gar nicht.

Auch wenn das Wort *gym* vom griechischen *gymnasion* abstammt, haben unsere Fitnessstudios mit den Ideen der Griechen wenig gemein. In der Antike war Sport öffentlich, er war immer gekoppelt an einen Wettstreit zwischen Gegnern. Man bereitete Knaben auf öffentliche Wettkämpfe vor. Am nächsten kommt dem antiken *gymnasion* in der Moderne die Boxhalle – mit dem Unterschied, dass ins *gymnasion* ältere Männer gingen, um schöne Jünglinge zu bewundern und sie im griechischen Sinne in ihrer sexuellen Entwicklung anzuleiten. Das *gymnasion* war der ideale Ort, um die Jugendlichen systematisch auszubilden, den Alten bot es die Möglichkeit zu zwanglosen Unterhaltungen, es war das Modell der intellektuellen Gemeinschaft jenseits der eigentlichen Politik, das am Anfang der modernen westlichen Philosophie stand. Sokrates verbrachte den Großteil seines Lebens an solchen Orten; Aristoteles gründete seine Schule in den überdachten Wandelgängen einer Turnhalle.

Mit sokratischen oder peripatetischen Methoden kann man in einem modernen *gym* wenig anfangen. Was wir Heutigen dort treiben, gehört in den Bereich des Stumm-Privaten. Bei den Griechen waren wirklich private Tätigkeiten einem abgeschlossenen Bereich vorbehalten, dem *oikos*. Dorthin gehörte alles, was mit dem elementaren biologischen Dasein zu tun hatte – der Hausarbeit und der Pflege des eigenen Körpers, dem Anbau von Nahrung und ihrem Verzehr, der Erziehung und dem Füttern der Kinder. Hannah Arendt interpretierte diese strikte Trennung des Haushalts von der Öffentlichkeit als Symbol einer tieferen Wahrheit: Sie glaubte an die Notwendigkeit, Handlungen, die dem nackten Überleben dienten, vor den Blicken der Mitmenschen zu verbergen. Und eine geschützte Sphäre, die nicht beobachtet werden konnte, sei die Grundlage jeder öffentlichen Person – nur wer sich in seiner Privatheit sicher fühlt, ist stark genug, die drastischen Risiken des öffentlichen Lebens auf sich zu nehmen, nachzudenken, seine Meinung gegen Widerstände zu vertreten, unabhängige Entscheidungen zu treffen. Im Privaten, allein mit der Familie, dominiert die Notwendigkeit, die Befriedigung unartikulierbarer Bedürfnisse, es ist die Sphäre der unbewussten und doch schmerzhaften Sorge für das eigene Überleben.

Unsere Sportstudios sollten besser »Fitness-Clubs« heißen als *gyms*, nur, dass es sich dabei nicht um Clubs handelt, in denen sich gleichberechtigte Mitglieder begegnen. In dieser atomisierten Sphäre verrichten wir vor aller Augen Tätigkeiten, die einst als privat galten, in der Einsamkeit des Körpers, der so tut, als wäre er immer noch im privaten Raum. Wir experimentieren mit diesen neuen Unterscheidungen zwischen öffentlich und privat, wir geben unser privates Leben auf und bauen es neu zusammen; und wenn wir uns damit nicht eigentlich an die körperlich Anwesenden wenden, dann vielleicht an einen imaginierten kollektiven »Anderen«.

In modernen Fitnessstudios verlagern sich biologische Prozesse in eine Sphäre der nichtsozialen Gegenwart anderer. Man existiert nebeneinander, soll aber auf keinen Fall genau hinschauen, was die anderen treiben; man soll so lange Hanteln stemmen, bis das Metall seinen Glanz verliert, und Liegestütze machen, bis sich das Gummi von den Matten löst – und danach spurlos verschwinden. Genau wie im Aufzug die ungeschriebene Regel gilt, immer nach vorne zu sehen und nie zur Seite.

Es ist, als ob wir für unsere Befreiung bestraft würden. Die lästigsten Formen der Notwendigkeit – der Kampf ums tägliche Brot oder gegen Krankheiten –, Tätigkeiten, die immer mit harter Arbeit einhergingen, sind längst überwunden. Vielleicht war es naiv zu glauben, dass die Menschen diese Freiheit nutzen würden, um eine Gesellschaft zu schaffen, in der sich alle zusammen um die Belange der Gemeinschaft kümmern oder in der man, wie im Athen des Perikles, einfach das Leben genießen kann wie einst im Garten Eden. Doch die wichtigste Folgeerscheinung einer Gesellschaftsordnung, die ausschließlich auf private Freiheiten und Vergnügungen baut, war eine, mit der niemand gerechnet hatte: eine ganze Reihe von

Pflichten der körperlichen Selbstregulierung, die die letzten Überbleibsel des biologischen Lebens als soziale Attraktionen ans Licht zerren.

Letzten Endes sind die wichtigsten Ausrüstungsgegenstände für den modernen Sport die Zahlen. Ob im Fitnessstudio oder beim Joggen: Die Grundrechenarten sind die entscheidende Form der Technologie. Wir rechnen die Gewichte zusammen, die wir hochgewuchtet haben, addieren die Strecken, die wir gerannt sind, die Minuten, die wir trainiert haben, die Phasen mit erhöhter Herzfrequenz.

Wenn man wissen will, ob eine Aktivität zum Bereich der modernen Körperertüchtigung gehört, muss man sich fragen, ob man sie sinnvollerweise ausführen kann, ohne zu zählen. (Natürlich können Zahlen im Sport auch ganz andere Funktionen haben: Ergebnisse und Spielstände dienen dazu, genuin soziale Wettkämpfe messbar zu machen.) Sportarten wie Jogging, für die keinerlei technische Ausrüstung erforderlich ist, sind ohne Zahlen sinnlos.

Beim Training lernt man, den eigenen Körper als Aggregat von Zahlen zu begreifen, die für bestimmte Fähigkeiten stehen. Der einzige andere Ort, an dem Zahlen eine vergleichbare prophetische Bedeutung zukommt, ist die Arztpraxis.

Die Grenze zwischen den Sportstätten und den Orten, an denen Menschen untersucht und gepflegt werden oder sterben, verschwimmt. Beim Arzt, im Labor und im Krankenhaus ist man der Gnade zählender Experten ausgesetzt. Die Laborassistentin im weißen Kittel nimmt Blut ab; eine Krankenschwester pumpt ein Blutdruckmessgerät auf, das sich um den Arm zusammenzieht, sie schließt einen an ein EKG an, misst elementare Kennzeichen: Größe und Gewicht. Das Formular mit unserem Namen geht von Hand zu Hand. Am Ende setzt sich ein Arzt zu uns, ein Mechaniker im weißen Gewand eines Engels, arrogant wie ein Vorgesetzter. In irgendeinem Fachchinesisch, unter Ausnutzung unserer Neugier und unserer Angst, verkündet er unseren Cholesterinwert, den Anteil der weißen Blutkörperchen, den Eisengehalt im Blut, den Zustand des Immunsystems, Urinwerte usw. Der Arzt muss einen nicht extra darauf hinweisen, dass diese Zahlen sehr eng mit unseren Überlebenschancen zusammenhängen.

Woher nehmen wir aber den Mut, unser Selbst auf ein Bündel von Zahlenreihen zu reduzieren? Wenn man sich ins Fitnessstudio begibt oder auf die Laufstrecke, verfügt man über die merkwürdige Freiheit, sich selbst zu zählen. Aus Übungen werden Gerichtsverfahren, wir bekommen es mit Dingen zu tun, die wir anfassen können: mit unserer äußeren Rüstung aus Muskeln und Fett. Man versichert uns, dass unsere Lebensdauer nicht nur von den Zahlenreihen in der Akte des Arztes abhängt, sondern auch von diesen Werten. Mit Willensstärke und genügend Disziplin, wenn wir uns selbst harten Regeln unterwerfen, können wir uns verändern.

Fitnessstudios sind wie Krankenhäuser, in die wir uns freiwillig einliefern. Die Mitarbeiter sind zugleich die Patienten. Es gibt Maschinen, in die man gefesselt wird, allerdings so, dass man sich befreien kann; andere befreien einen von der Abhängigkeit vom Beatmungsgerät, sie bringen uns bei, unsere Lungen wieder selbst zu füllen, während wir unsere Herzfrequenz auf dem Display verfolgen. Die Ergebnisse dieser Selbstversuche werden uns zu einer Art zweiten Natur; eine Entwicklung, die noch unterstützt wird durch die Liebe, die man für Schmerzen empfinden kann.

Unser Selbst besteht heute aus einer merkwürdigen Sammlung von Zahlen, sie machen einen Teil unserer Freiheit aus, vielleicht sogar den wichtigsten, sie beschäftigen uns mehr als unsere Gedanken oder Träume. Man entdeckt, dass man sehr hohe Werte erreichen und dadurch beinahe unsterblich werden kann. Denn du, Verwegener, wirst ewig leben. Dein Leben wird ewig erhalten.

Die wichtigste Rechtfertigung für diese ganze Pflicht zu trainieren ist natürlich die Gesundheit. Genauer gesagt: Indem wir unsere Übungsstunden mit buchhalterischer Präzision erfassen, verwandeln wir Gesundheit in etwas Ökonomisches. Aus den Zahlen lässt sich genauestens ableiten, wie viele Tag wir noch zu leben haben.

Heute sind wir in der Lage, unser Überleben über einen längeren Zeitraum hinweg sicherzustellen als jemals zuvor. Die Mittel, die wir dazu benötigen, sind zuverlässig und billig zu haben. Der

Druck, unser Dasein auch wirklich auszukosten, lässt nach. Die Versuchung, ewig zu leben, wächst. Wir kümmern uns peinlich genau darum, dass der lebende Kadaver in Form bleibt, ohne dass wir wüssten, was wir damit anfangen sollen. Es geht uns dabei ausschließlich um das gute Gefühl der ewigen Fitness, um Zutrauen und Sicherheit. Wir horten unser Kapital wegen der Zinsen und ernähren uns tagtäglich von Brotkrumen. Aber wenn wir einmal sterben, wird niemand unseren guten Gesundheitszustand erben. Das Guthaben auf dem Lebenszeitkonto wird mit dem Tod des Inhabers erlöschen.

Wer nicht ins Fitnessstudio geht, gilt den anderen als Selbstmörder auf Raten. Er hat nicht die Kraft, Verantwortung für das eigene Leben zu übernehmen, und strengt sich nicht genug an, um den eigenen Tod hinauszuzögern. Und so beginnen wir zu glauben, dass er ihn aktiv herbeiführt.

Nehmen wir einmal an, ein Freund unserer Eltern stirbt. Dann kann es für uns ein Trost sein, uns daran zu erinnern, dass er sich ungesund ernährt hat und nie laufen gegangen ist. Wer keinen Sport treibt, fällt für uns in dieselbe Kategorie wie eine ganze Reihe anderer sozialer Typen, die wir ebenfalls verachten. Ihr Leben ist noch nicht einmal ein Prozent des unseren wert, und daran sind sie selbst schuld. Sie verlieren an Wert, weil sie es nicht schaffen, den bestmöglichen physischen Zustand zu erreichen und sicherzustellen. Wer keinen Sport treibt, fällt in dieselbe Kategorie wie all jene, die ebenfalls nicht fit sind für das moderne Leben: die Langsamen, Alten, Armen, die Hoffnungslosen. »Ja willst du denn nicht ›leben‹?«, fragen wir dann vielleicht – und keine Antwort könnte unseren Zorn besänftigen.

Stellen wir uns einen Moment vor, es gebe eine Gesellschaft, in der alle glauben, man könne die Sinne aufbrauchen. Die Augen würden immer schlechter, je mehr Dinge man sähe; die Ohren ließen nach, wenn man zu viele schrille Töne hörte. Diese Vorstellung würde den Lebensrhythmus der Menschen nach und nach vollkommen verändern, sie würden ihre Tage ganz anders organisieren: Würden sie ihre Kräfte weiterhin verschwenden, indem sie besonders intensive Farben betrachteten oder besonders mitreißende Musik hörten? Oder würden sich die Menschen in dieser Welt nicht eher ganz still verhalten, regungslos, mit geschlossenen Augen und zugehaltenen Ohren, um ihre schwindenden Kräfte zu schonen? Ganz ähnlich ist es heute mit der Gesundheit: Wir leben in dem Glauben, dass wir unser Leben nicht leben, sondern dass es vielmehr vom Alterungsprozess nach und nach aufgefressen wird. Deshalb verschwenden wir verzweifelt unsere Zeit. Wir glauben nicht länger an die materialistischen Gratifikationen des hedonistischen Zeitalters, in der es nur um Komfort und ums Glück im Hier und Jetzt ging. Stattdessen suchen wir Zuflucht bei der Ökonomie der Gesundheit, verzweifelt versuchen wir, die Zeit zu verlängern, die uns noch bleibt, schieben dabei jedoch das Glück selbst immer weiter hinaus, wir verzichten auf Genuss, während wir den Großteil unserer Zeit damit verbringen, unser Dasein zu verlängern.

Wenn man trainiert, wird man zu einem statistischen Objekt, das man bestimmten, nach der Lebenserwartung sortierten Kategorien von Menschen zuordnen kann. Mit dem Training steigen unsere Chancen. Genau darin liegt die wichtigste Quelle der Rechtfertigung für die Milliarden Mann-(und Frau-)stunden, die wir im Fitnessstudio verbringen. In Wahrheit vermittelt uns dieser Zustand der Gesundheit ein radikal anderes Lebensgefühl. Besonders glühende Fitnessjünger suchen beim Training in seiner zeitgenössischen Form einen ganz bestimmten Seelenzustand. Manche jungen Leute sind geradezu physisch unglücklich, weil sie nie trainieren; häufiger trifft man allerdings Menschen, die darunter leiden, dass sie ein oder zwei Übungsstunden verpasst haben. Doch der am weitesten verbreitete Typus ist jenes Individuum, das jeden Moment (laut) darüber nachdenkt, wie es objektiv um seine Gesundheit bestellt ist. Dabei zieht es in Rechnung, was es gegessen und getrunken hat, wie viel es wann trainiert hat, wie es sich dabei gefühlt hat und wie sich das alles zu den Empfehlungen oder Warnungen verhält, die gerade im Fitnessteil der Fernsehnachrichten zu hören waren. So fühlt man sich gesünder, selbst wenn der Körper gar keinen erkennbaren Unterschied wahrzunehmen vermag. Und vielleicht fühlt sich der Körper gerade dadurch leichter, kräftiger, effizienter, weniger toxisch an –

auf eine Art allerdings, die gar nicht das Ergebnis der Übungen sein kann, die man gerade hinter sich gebracht hat. Diese Form der psychischen »Medizinalisierung« des menschlichen Lebens ist möglicherweise wichtiger als all das, was ein Arzt mit seinen Untersuchungen bewirken kann.

Eine vielleicht weniger anerkannte, dafür aber umso bedeutendere Rechtfertigung für das tägliche Training ist es, schlank zu sein. Dabei geht es eher darum, einen schwachen Willen zu disziplinieren, als um die prinzipiell sinnvolle Verantwortung, die Körpermaschine am Laufen zu halten und ihren Kapitalstock zu bewahren.

Frauen befreien ihre Körper von Fettschichten, bis sie eine Figur haben, die von dem ganz normalen Zuviel an Masse befreit ist. Obwohl heute viel von der weiblichen Athletik die Rede ist, besteht die wichtigste Aufgabe der Frauen im Fitnessstudio nach wie vor darin, schlank zu werden. Auch Männer wollen schlank sein, doch ihnen geht es noch vielmehr darum, bestimmte Muskeln, die großen Stränge im Bizeps, in der Brust und in den Schenkeln, anschwellen zu lassen. Damit erwecken sie eine Muskulatur zum Leben, die Arbeit oder alltägliche Tätigkeiten nie in dieser Form zum Vorschein bringen würden. Hier geht es um Expansion und Entdeckung. Wenn Frauen immer magerer werden, dann verdrehen andere Frauen die Augen, man spricht vom »Röntgenblick der Gesellschaft« oder der Schauspielerin, die nur noch »Haut und Knochen« sei. Wenn Männer jedoch stolz ihre sechs Bauchmuskeln freigelegt und ausdefiniert haben, bis sie dem segmentierten Exoskelett der Insekten gleichen, dann bezeichnet man das Ergebnis mit einem Begriff, der Beschreibung und Scherz zugleich ist: In der Metapher des »Sixpacks« kommen das Training und die Männlichkeit des Trinkens zusammen.

Anders als im Gesundheitsmodell, hier geht es darum, kontinuierlich die eigene Sterblichkeit hinauszuzögern, funktionieren Schlankheit und Muskelaufbau innerhalb einer grausamen Ökonomie des beschleunigten Verfalls. Sterblich sind wir, seit Adam und Eva aus dem Paradies vertrieben wurden. Jeder muss sterben, aber niemand zwingt uns, an unserer Figur zu arbeiten, und sobald man einmal begonnen hat, den eigenen Körper zu formen, wird diese Pflicht zu etwas noch Unausweichlicherem als der Tod. Jeder, der Sport treibt, weiß, dass die natürliche Neigung des Körpers, Gewicht zuzulegen, der Ausdruck eines moralischen Sündenfalls ist. Jeder, der Sport treibt, weiß, dass die Tendenz des Körpers, weich zu werden, anstatt hart zu bleiben, sobald Bequemlichkeit einreißt oder man eine Pause macht, auf mangelnde Disziplin zurückzuführen ist. So schmecken die Früchte vom modernen Baum der Erkenntnis. Im Zeitalter des Überflusses gilt uns Nahrung nur noch als etwas, das dick macht anstatt satt und gesund; Vergnügen macht einen schlaff, nicht zufrieden, und nur Magersüchtige haben die Willensstärke, mit dem Essen ganz aufzuhören und zu sterben.

Für junge Leute, denen nichts wichtiger ist, als ihre sexuelle Attraktivität zu bewahren, bedeutet Sport noch einmal etwas anderes. Dabei wird Jugend etwas Dauerhaftes, auch Erwachsene sind aufgerufen, nach außen den Anschein jugendlicher Sexualität zu wahren. Der Körper selbst wird zum Träger der sexuellen Attraktion, er hat die Kleidung, den Charme oder das Charisma abgelöst. Die Gesellschaft schätzt Persönlichkeit zwar immer noch hoch ein, doch derjenige, der trainiert, imaginiert ein Publikum, das nicht existiert. Das Traurigste an der Sache ist der Glaube, dass ein optimierter Körper auch den Ungeliebten und Ausgeschlossenen etwas Glanz verleiht.

Die Sturmtruppen der Fitness sind junge Frauen, die gerade mit dem College fertig geworden sind. Die 22-Jährige, die noch nicht lange über einen sexuell ausgereiften Körper verfügt und die zu den wenigen Menschen in unserer Kultur gehört, die auf natürliche Weise zu jenem schlanken Körper gekommen ist, den wir alle – jeden Tag ein bisschen unverhohlener und vehementer – bewundern, ist im Zusammenhang mit dem Training eine paradoxe Figur. Sie gehört noch nicht zu den Abgehalfterten, doch sie kennt ihr Schicksal. Deshalb setzt sie sich in dem Rennen, in dem es darum geht, eine Figur ohne jedes unnötige Gramm Masse zu bewahren, sofort an die Spitze. Oft hat das Verhalten von Sporttreibenden, die sich noch nicht in die öffentliche Gesundheitsideologie verstrickt haben, etwas erfrischend Ehrliches. Die Tatsache, dass immer mehr junge

Frauen rauchen, beunruhigt die Gesundheitsapostel, dass parallel dazu auch immer mehr Frauen ins Fitnessstudio gehen, dagegen nicht. Während die Zigaretten den Appetit zügeln (was als anstößig gilt), attackiert der Stepper die Kalorien (was sozial akzeptiert wird). Beides kann auf eine intensive, ja erotische Art Vergnügen bereiten, und bei beidem geht es nicht wirklich um Gesundheit oder ein langes Leben.

Die Schlankheitsdoktrin etabliert tief in den Körpern die Fantasie des Trainings. Sie ermöglicht es, von einem Körper zu träumen, der frei ist von jeder exzessiven Körperlichkeit. Thanatos betritt die Bühne durch die Tür, die Eros geöffnet hat, und der Trainierende liebäugelt mit dem Verlangen, den unattraktiven Körper lieber zu vernichten, als seine Lebenserwartung zu verlängern. Ohne die dazugehörige Ideologie der Gesundheit würde der Schlankheitswahn überhaupt keine Grenzen mehr kennen und eine Totenkopfvision des Trainings hervorbringen. Seltsamerweise kommt gerade hier die Gesundheit als die einzige Beschränkung einer Praxis wieder ins Spiel, aus der sonst eine Form der reinen Aggression gegen den eigenen Körper würde.

Solange Gesundheit als Wert existiert, verlagert sich die Aggression dagegen auf die psychische Ebene. Sie wächst langsam an, dann beginnt der unterschwellige Hass auf diese korrumpierte menschliche Form, die permanent die ganze Arbeit zunichte macht, die man in sie investiert. Die 60 Kilo eigenes Fleisch fühlen sich auf einmal an wie der Felsbrocken des Sisyphos. Dennoch: Die Bitterkeit, die man empfindet, wenn man sieht, wie der eigene Körper die eigene Arbeit zunichte macht, wird begrenzt durch eine merkwürdige Kompensation, die Sisyphos nicht zuteil wurde. Solange der verhasste Körper ein Schlachtfeld darstellt, bringt der unendliche Kampf wenigstens kontinuierlich Vergnügen hervor, und in einer hedonistischen Ordnung, die in sich gespalten ist und die mit ihrem angenehmen Luxus zu kämpfen hat, hört zumindest *dieses* Vergnügen niemals auf.

Eines der größten Rätsel des Trainings besteht darin, dass die Fitnessjünger irgendwann anfangen, andere zu missionieren. Menschen, die viel Sport treiben, sind immer auf der Suche nach jemandem, mit dem sie ihre Erfahrung teilen können. Doch warum sollen alle anderen trainieren, nur weil ein Einzelner es tut?

Niemand, der Eishockey oder Baseball spielt, verlangt von allen anderen, dass sie auch damit anfangen. Seine Siege werden ohnehin im Rahmen der vorübergehenden Öffentlichkeit der Spiele sichtbar. Vielleicht kann man Erfolge, die die anderen unmittelbar miterleben, eher auf sich beruhen lassen. Wer jedoch ins Fitnessstudio geht, ist ein einsamer Missionar. Er wird immer wieder an unsere Tür klopfen, damit wir die Kraft erkennen, die ihn nicht in Frieden lässt: Auch du sollst trainieren. Selbst wenn er sich für unsere Rettung einsetzen mag, trägt er doch den Schimmer desjenigen im Gesicht, der uns schon weit voraus, von Gott auserwählt ist.

Joggen ist besonders heimtückisch, weil die Missionare damit den begrenzten Raum des Studios hinter sich lassen. Beim Joggen handelt es sich um eine richtiggehende Invasion des öffentlichen Raums. Es kombiniert das Zählen, die kontrollierte Wut, die bekannten Klamotten, von denen man nicht genau weiß, ob es sich dabei um Unter- oder Oberwäsche handelt, und die äußere Erscheinung eines Skeletts mit der alltäglichen Praxis des Spazierengehens. Im Fitnessstudio gibt es immerhin so etwas wie einen unausgesprochenen Pakt, der all jene zusammenschweißt, die in diesem verspiegelten Hangar des Schmerzes trainieren. Alle sind damit einverstanden, dass jeder sich nur um die eigenen Exerzitien zu kümmern und jeden Blick auf die anderen peinlichst zu vermeiden hat – wie in einem gut organisierten Masturbatorium. In diesem Sinn ist das Fitnessstudio ein höflicherer Ort als das schmale Flussufer, die enge Straße, der Pfad in der freien Natur oder all die anderen öffentlichen Räume, die die Jogger für sich reklamieren. Mit ihrer Geschwindigkeit und narzisstischen Intensität verderben sie die Orte des Flanierens, des Denkens, Redens, der alltäglichen Kontakte. Sie rempeln den Müßiggänger aus seinen Tagträumen, rennen mitten zwischen Fußgängern hindurch, die sich gerade unterhalten. Der Laufende widersetzt sich der Geselligkeit wie der Einsamkeit, indem er vor aller Augen darauf schwitzt.

Dass es unmöglich ist, gemeinsam zu trainieren, stimuliert zweifellos eine ganz besondere Form der Einsamkeit.

Es gibt Formen des Trainings, an denen mehrere Menschen teilnehmen, die sich gegenseitig sehen können: Aerobic etwa, was dem Tanz ähnelt, oder intensives Bodybuilding, das etwas Brüderliches, ja Erotisches hat. Doch dann ähnelt es der Kunst oder dem Sport, und das Training verändert vollkommen seinen Charakter. Und wer im privaten Zuhause, in der menschenleeren Landschaft ohne formale Methode, ohne Apparate und ohne Zählen trainiert, der entdeckt bestimmte exzentrische Freiheiten, die typisch sind für andere Praktiken der Suche nach Sinn oder nach dem Selbst.

Doch abgesehen davon geht es beim modernen Fitnesstraining weder um einen kreativen Prozess der Reproduktion (wie bei vielen gemeinschaftlichen Aktivitäten), noch um die Entdeckung der reinen Einsamkeit (wie bei privaten esoterischen Übungen). Es geht vielmehr um eine Idee der Replikation. Indem wir trainieren, replizieren wir die Form und die Fähigkeiten anderer mit dem Material des eigenen Körpers, wir erfinden also nichts Neues, wir tauschen uns mit niemandem aus, es findet kein Austausch von Material zwischen den Ichs statt.

Eine besonders spannende Frage, die sich dabei stellt, ist die: Sind der Trainierende und sein Körper während des Trainings eigentlich ein und dasselbe? Auf der einen Seite sind die Menschen im Studio ja aufgerufen, sich hochgradig mit ihren Körpern zu identifizieren; wenn man diese Körper jedoch einer gemeinsamen Arbeit unterwirft, hat es zugleich den Anschein, als ob sie sich von jenem Körper entfremdeten, um den sie sich kümmern müssen, den es zu planen und zu gestalten gilt. Wo ist die »Fitness« eigentlich zu Hause? Man möchte meinen: ganz tief in uns. Doch dieses Innere ist inzwischen an eine unstete wandelbare Oberfläche aufgestiegen. Und diese Oberfläche kann man nicht länger einfach abwerfen wie etwa Kostüme, die zu älteren Formen der Perfektionierung der Reize gehören. Historiker, die sich mit Mode beschäftigen, haben darauf hingewiesen, dass Frauen sich nur von externen Korsetten befreiten, um interne anzulegen, indem sie ihre Bauch- und Brustmuskeln stärkten und mit Diäten und Sport die letzten Spuren der Wohlgenährtheit verbrannten, die einst durch Korsettstangen aus Walfischknochen vorübergehend im Zaum gehalten wurden. Wenngleich der Übende also an seinem Selbst arbeiten mag, verschmilzt dieses Selbst doch immer stärker mit der sichtbaren Oberfläche. Und obwohl er den eigenen Körper in Form bringen will, sorgt der Prozess der Replikation dafür, dass dieser zu jedermanns Körper wird.

Liegt dieser Kritik ein Hass gegenüber dem Körperlichen zugrunde? Im Gegenteil. Das Ethos des Fitnessstudios zerstört die Sicherheitszone, die die Menschen sonst um ihre Körper ziehen. Offensichtlich schämen sich Männer und Frauen unter den gegenwärtigen Bedingungen der biologischen Exponiertheit wesentlich eher für ihre wirklichen Körper als in den Zeiten, in denen es noch keine Fitnessstudios gab. In der Ära des Trainings haben Obsessionen und Selbsthass zu-, nicht abgenommen.

Ein alter Einwand der Feministinnen wird dabei immer wichtiger: Prinzipiell ist es vielleicht möglich, die Menschen davon zu überzeugen, dass es kein Problem ist, wenn die anderen einem beim Altwerden zusehen. Das war immer das Ziel des Feminismus, dem es darum ging, ein Patriarchat anzugreifen, das den natürlichen Körper abwertete und dem biologische Prozesse als ein Anlass zur Scham und als Anzeichen für Minderwertigkeit galten. Doch die neuen Formen des Zurschaustellens haben mit der feministischen Befreiung des Unkonditionierten nichts zu tun. Das Patriarchat machte aus dem Biologischen ein negatives Spektakel, einen Makel, den es zu verstecken galt. Unter dem Ethos des Trainings wird daraus ein positives Spektakel, ein kompetitives Faszinosum, das ans Licht gezerrt werden muss. Man kann die Rhetorik der »Liebe zum eigenen Körper« also offensichtlich auch missbrauchen. Dazu kommt noch das Klischee, nach dem es gilt, sich gerade nicht für seinen Körper zu schämen ...

Wenn man versucht, sich gegen dieses Zurschaustellen zu wehren, seinen Körper, seine Gesundheit, Erregung oder Selbstregulierung vor den Blicken der Öffentlichkeit zu verbergen, so gilt dies als Retrogression, als moralische Verfehlung, als ob diese Art der Privatheit prüde oder repressiv wäre. Sobald der Körper dieser neuen Form der Sozialisation im Hinblick auf biologische Prozesse ausgesetzt ist, erfährt er eine neue Art der Erniedrigung, die sich nicht länger auf die Unterscheidung zwischen dem bloßgestellten und dem versteckten, zwischen dem natürlichen und dem schamhaften, dem erotischen Ideal und der physischen Realität zurückführen lässt, sondern auf das viel schlimmere Verbrechen, als das Unregulierte, das Ungeformte, das Unfitte, das sexuell nicht Attraktive zu existieren.

All diese Praktiken kehren unser Innerstes nach außen. Aus unserem verborgenen Fleisch wird unsere öffentliche Fassade. Aus einer privaten Wahrheit – unserem körperlichen Gesundheitszustand – wird ein elementarer Bestandteil unserer psychischen Selbstachtung. Das Handeln in der Öffentlichkeit, in der Anwesenheit bekannter, aber auch fremder Menschen spielt in der Lebenswirklichkeit der Bürger keine Rolle mehr, an seine Stelle ist das öffentliche Training getreten, die Konversation wird durch ein biologisches Spektakel ersetzt.

Im Rahmen des Trainings nehmen zwei Wettkämpfe den obersten Rang ein: der um das ewige Leben und der um den Sex. Angesichts der eigenen Sterblichkeit hält sich der Besucher des Fitnessstudios für einen Apostel der Gesundheit – während er sich selbst zum perfekten Patienten macht. Und im Hinblick auf den sexuellen Wettkampf versucht er, sich einen Vorteil zu verschaffen, wodurch er eine Welt hervorbringt, in der die Konkurrenz eine immer größere Rolle spielt.

Das technische Potential des Fitnesstrainings verändert gleichzeitig soziale Wertvorstellungen und Forderungen. Der Trainierende passt sich an, er hat teil an der einflussreichsten konformistischen Praxis unseres Zeitalters. Doch das Training selbst treibt die Medizin und die sexuellen Reize zu immer neuen Extremen. Anstatt es zu stabilisieren, radikalisiert das Feedback das System, Jahr für Jahr. Nur in einer Fitnessstudiokultur ist es denkbar, dass Übergewicht zur »zweitwichtigsten Todesursache« wird und nicht länger als eine Korrelation, eine relative Kennziffer gilt, die positiv mit jenen Krankheiten (Herzinfarkte, Krebs, Organversagen) korreliert ist, die wir früher als Todesursachen betrachteten. Nur in einer solchen Kultur werden aus physischen Merkmalen, die einst als abstoßend galten, Zeichen der sexuellen Überlegenheit. (Wir sind heute ganz heiß danach zu sehen, wie durch Training und Diäten das weibliche Fleisch verschwindet, das früheren Menschen als attraktiv erschien; wir schauen dabei zu, wie es in seiner natürlichen Form weggehungert wird, um dann selektiv durch Brustimplantate, Kollagen-Injektionen und künstlich optimierte Hintern ersetzt zu werden. Wir haben uns daran gewöhnt, es als erregend zu empfinden, wenn auf ausdefinierten Muskeln die Adern pochen, normale Männer entwickeln sich zu Kopien der Comicfigur des Incredible Hulk, und mit ihren Muskeln schleppen sie dann Papiere durchs Büro.) Weil wir Gesundheit und Sex heute für die Werte halten, auf die es wirklich ankommt, müssen diese neu geprägten Ideale als Erkenntnisse der Medizin oder als Ergebnis des kontinuierlichen, »evolutionären« Fortschreitens der menschlichen Bedürfnisse ausgegeben werden.

Das führt zu einer ganzen Reihe von Konsequenzen: Unser Bewusstsein wird geflutet von der Vorstellung eines regulierten, statistisch durchsichtigen Körpers, angesichts unseres unablässigen Strebens, unser Leben zu verlängern, vergessen wir das Leben selbst, und das Wichtigste: Die letzten unberührten Sphären der Privatheit werden kolonisiert, aus dem biologischen Leben selbst wird ein Spektakel.

»Du bist verdammt. Du bist verdammt. Du bist verdammt.« Das ist der Gesang, den die Fitnessgeräte uns – mitten im Getöse des Studios – zu ihrem mahlenden Rhythmus ins Ohr singen. Vor langer Zeit hatten die Autorität der Gesundheit und das öffentliche Ausstellen unserer Körper und der entsprechenden biologischen Prozesse etwas Angenehmes, ja Befreiendes. Bald würden wir alle Krankheiten und die prüde viktorianische Moral überwinden. Aber unsere Pfeile verfehlten ihre Ziele, und einige von ihnen durchlöcherten stattdessen unsere Privatsphäre.

Die Schlankheit, der wir nachlaufen, bekommt etwas Spirituelles.

Das ist nicht die Zukunft, die wir anstrebten. Das Prickeln, das auf seiner Haut spürt, wer im Studio von seiner Tretmühle heruntersteigt, ist sein neues Selbst, seine reduzierte Existenz. Indem es an der Oberfläche kratzt, versucht es, endgültig von innen nach außen zu gelangen. +

Aus dem Englischen von Heinrich Geiselberger

Marco Roth

Warum Literatur etwas bedeutet, wenn sie woanders stattfindet

Das Lesen ist schon immer ein zweischneidiges Schwert gewesen. Als eines der ersten Dinge, die wir erlernen, ist es eng mit unseren Beziehungen zu jenen Institutionen verknüpft, die unser Leben prägen: Familie, Schule, ein gut bezahlter Job. Es ist außerdem eines der wenigen Dinge, die wir allein und nur für uns tun. Es ist ein allgemein anerkanntes Vergnügen, aber die komplizierteste aller Vergnügungen. Die Gründe, warum man liest, können so hehr und so nieder sein wie die eines jeden menschlichen Tuns, sie können auf unzählige Arten qualifiziert sein: Wir lesen zum Vergnügen oder der Macht wegen, um zu entfliehen, zu beeindrucken, um zu bewältigen, unsere Geborgenheit gestört zu sehen, um stillschweigend bevormunden zu können, um uns uns selber gegenüber zu rechtfertigen oder um erschüttert zu werden, um uns über das Unrecht der Welt mit einer Geschichte zu trösten, in der Rechtschaffenheit noch belohnt wird. Es kann vorkommen, dass wir mit erschöpfter Distanz oder mit zu viel Nähe lesen.

All diese Beweggründe müssen berücksichtigt werden, wenn wir uns die Popularität eines Buches genauer ansehen. Verleger betreiben Marktforschung, aber man kann nie sicher sein, was ein Buch in die Bestseller-Listen bringt. Es gibt gute Gründe, misstrauisch gegenüber dem zu sein, was die Leute einem Interviewer sagen oder auf eine Umfrage antworten, wenn sie gebeten werden, ihre Vorlieben geordnet aufzulisten. Wenn wir uns selber darüber täuschen können, wie und warum wir lesen, warum sollten wir nicht auch andere täuschen? Sehen wir uns, als Fallbeispiel, das Phänomen *Lolita lesen in Teheran* genauer an. Letztes Jahr schien es so, als läsen es alle. Azar Nafisis Autobiografie über ihre Jahre als Englisch-Professorin im Iran beschreibt die amerikanische Literatur als Schmuggelwarenkulturgut, als das sie gegen Mitte der sechziger Jahre für eine dahinschwindende Gruppe gebildeter iranischer Frauen der Mittelschicht existierte. Nach und nach von einer bizarren Reihe von Disziplinarmaßnahmen aus den Universitäten verjagt, trafen sich Dozentinnen und Studentinnen heimlich, um über *Lolita*, *Daisy Miller*, *Der große Gatsby* und andere Romane zu sprechen, die sie in Seminaren erstmals gründlich gelesen hatten und nun als kopierte Heftchen erneut lasen (Importe ausländischer Bücher waren verboten). Bei Gebäck und Kaffee legten sie ihre Schleier und formlosen schwarzen Kleider ab, fürchteten, dass ihre Sitzungen der Polizei gemeldet werden oder ihre Eltern, Brüder oder Ehemänner etwas gegen diese Treffen haben und sie im Haus einsperren könnten.

Es gibt naheliegende Gründe, warum eine größere Anzahl von Amerikanern an solch einer Geschichte interessiert sein sollte. Sie bestätigt unser Bewusstsein dafür, wie wichtig die amerikanische Kultur für diejenigen ist, die im Ausland unter einer Diktatur leiden. Unsere patriotischen Gefühle werden angesprochen. Man kann sich einen Highschool-Kurs vorstellen, dessen Lehrer überzeugt davon ist, dass es seine Pflicht ist, seinen Schülern mit *Lolita lesen* moderne amerikanische staatsbürgerliche Werte beizubringen. Frauen, die hierzulande etwa als Unternehmensanwältinnen, Lehrerinnen oder Musikerinnen arbeiten würden, sind im Iran an ihre Haushalte und ihre Gedanken gefesselt. Das ist unrecht. Man darf dem iranischen Regime nicht entgegenkommen. Es ist Teil der Funktion des Buches, dieses Bewusstsein bei seinen nichtiranischen Lesern hervorzurufen. Obwohl Nafisi Nabokov nicht als antikommunistischen Autor hochhält, erhärtet ihre Wahl Nabokovs die dünnen geistigen Verbindungen zwischen unserem Kampf gegen die Sowjetunion und unserem gegenwärtigen Zweifrontenkrieg gegen zwei Theokratien: die der Sunniten und der Schiiten. *Lolita lesen* wird zu einer Art *Sonnenfinsternis* oder *1984* unserer Zeit.

Eine Autobiografie ist jedoch keine Propaganda. Wir können uns einen besseren Kurs vorstellen, ein College-Seminar beispielsweise, das das Buch als Dokument und Objekt des blühenden Feldes der transnationalen Studien aufgreift. Ähnlich der Globalisierung impliziert »Transnationalismus« eine Auflösung nationaler Beschränkungen als desjenigen Kontexts, in dem literarische Bedeutungen erschlossen und gewichtige Urteile gefällt werden können. Im Idealfall dient das Feld der transnationalen Studien als Korrektiv des Einflusses der alten Blut-und-Boden-Nationalisten, die die meisten Literaturfachbereiche gegründet haben. In Bestform ist diese Forschungsrichtung in der Lage, uns über versteckte Einflüsse aufzuklären. Wussten Sie, dass die mittelalterliche französische Dichtung eigentlich eine Mischung aus provenzalischer und beduinischer Liebeslyrik ist, die im neunten Jahrhundert von maurischen Invasoren importiert und dann durch die interkulturellen Begegnungen während der Kreuzzüge weiter verbreitet wurde? Aber nicht alle besitzen die Sprachkenntnisse und den intellektuellen Hintergrund für eine solche Arbeit. Also erforschen die meisten Transnationalisten, wie mit der englischen und amerikanischen Literatur in anderen, nicht englischsprachigen Ländern umgegangen wird. Für diese Menschen wird diese Autobiografie über iranische Frauen, die Nabokov, Fitzgerald und Henry James lesen, ein Schlüsseltext der kommenden Jahre sein.

Den meisten amerikanischen Lesern erscheint es nach den Kriegen um den Kanon der achtziger Jahre eine drollige Vorstellung, dass solche Autorinnen Teil eines subversiven feministischen Kreises sein oder gefährliches liberatorisches Potential besitzen könnten. Warum nicht unser schlagkräftiges Arsenal von Büchern der Frauenbefreiung: Kate Chopin, Virginia Woolf, Doris Lessing, Adrienne Rich, bell hooks oder sogar Erica Jong? Sind James und Nabokov, nachdem sie lange als Teil der »hoch modernistischen« Tradition eines abgehobenen Ästhetizismus angesehen worden waren, wirklich diejenige amerikanische Kultur, die Persien aus dem Fundamentalismus befreien wird? Keiner von beiden ist überhaupt ein typischer Amerikaner: James wanderte ein, Nabokov wanderte ein und wanderte wieder aus, sobald er konnte. Keiner von beiden verteidigte Amerika, den Kapitalismus oder den Liberalismus mit Leidenschaft.

Für die Transnationalisten ist die offenkundige Unangemessenheit dieser Texte der entscheidende Punkt. Wir können nicht voraussagen, was mit der Bedeutung oder dem Wert eines Werkes geschieht, wenn es Grenzen überschreitet. Jetzt, da wir als Teil des großen amerikanischen Spiels jederzeit strategisch zu denken haben, muss eine naheliegende politische Schlussfolgerung gezogen werden – Amerika funktioniert als abwesende Macht am besten, als Schatten einer Vorstellung von Freiheit, die selber unsichtbar bleibt. Es ist eine Vorstellung, die anderen erlaubt, sich das Amerika ihrer Träume auszumalen – ohne dass ihnen der amerikanische Traum aufgezwungen würde. Von dem Gewicht der historischen Kontexte und von Überlegungen über die Absichten und die Biografie des Autors befreit, erhält die amerikanische Literatur einen besonderen Wert, der sich von dem Klima unterscheidet, in dem sie geschaffen worden ist.

Nafisi hält zwei Arten von Reaktionen fest: Viele junge Männer, die an Nafisis ersten geschlechtlich gemischten Universitätsseminaren teilnahmen, beharrten darauf, durch die eingebildeten Augen älterer Autoritätsfiguren zu lesen, in ihrem Fall der Mullahs Chomeinis. Einer von ihnen ahmt die Zensur nach, der sie im täglichen Leben unterliegen, als er über Gatsby sagt: »Das einzig Gute an diesem Buch ist, dass es die Unmoral und Dekadenz der amerikanischen Gesellschaft bloßlegt, aber wir haben dafür gekämpft, uns von solchem Schund zu befreien, und es ist höchste Zeit, dass solche Bücher verboten werden.« Ein anderer Student, Mr. Bahri, wünscht sich, ein wenig intelligenter, einen großen iranischen Autoren, der es mit Mark Twain aufnimmt, begnügt sich aber schließlich damit, Studentinnen nachzuspionieren, um sicherzugehen, dass sie sich angemessen verhalten.

Die Frauen lernen viel besser zu lesen als die Männer, denn sie sind gezwungen zu verstehen, was ihnen widerfahren ist. Sie sind weniger bemüht, moralisch über Kunstwerke zu urteilen, sondern lernen die Romane, die sie lesen, zu benutzen, um ihre Position innerhalb der iranischen Gesellschaft in Worte zu fassen. Ihre Reaktionen auf *Lolita* erscheinen zunächst merkwürdig. Schließlich ist

Humbert Humberts »extravaganter Prosastil« der Star des Buches. Nur sehr wenig der Figur Lolita stellt sich anders dar als durch den Filter von Humberts großer leidenschaftlicher Rechtfertigung. Und dann begreift man, dass diese Mädchen die Form des Romans – die Geständnisse des Romantikers, Entführers und Mörders Humbert Humbert – als erweiterte Metapher verstehen, die ihnen mit einem Mal erlaubt, ihr Leben in Worte zu fassen.

Diese Frauen verstehen, dass sie zu Objekten reduziert worden sind, zu Fantasiespielzeug. Sie werden nicht so gesehen, wie sie sind, sondern so, wie die Mullahs sie sich wünschen, und jede Abweichung von dem Ideal wird bestraft, nicht immer offen, aber häufig durch die Vermittlung eines einfachen Schuldgefühls. Für Nafisi wird das »Bild von Lolita [...] in der Vorstellung der Leser für immer verbunden sein mit dem ihres Kerkermeisters. Lolita an sich hat keine Bedeutung, nur durch die Gitterstäbe ihres Gefängnisses erwacht sie zum Leben.« Eine der Frauen prägt den Ausdruck »solipsistische Aneignung«, um zu beschreiben, wie Lolita vom unabhängigen kleinen Mädchen in den exklusiven Besitz des widerlichen alten HH verwandelt wird, und Nafisi wendet den Ausdruck darauf an, wie die Mullahs mit ihren Studentinnen umgehen. Missgunst, in gewöhnlichem Englisch, würde ebenso gut passen. Wie immer bei Missgunst gerät eine Deutung außer Kontrolle, und alle Deutungen verweisen auf das Unerlaubte und auf Betrug. Über einem Schleier aufblitzende Augen, eine Handbewegung, das Geräusch einer lachenden Frau sind allesamt Zeichen, die eifrig von denjenigen Männern interpretiert werden, die, selber nach Genüssen hungernd, jedem Anzeichen von Freude nachspüren, um es zu ahnden. Die »Moralpolizei« kann gemischte Gruppen auflösen, die Frauen ins Gefängnis werfen und wie Prostituierte behandeln. Ebenso sehr wie Humbert sich wünscht, dass Lolita Papas kleines Mädchen bleibt, ist die Fantasievorstellung einer muslimischen Familie, die aus keuschen gehorsamen Ehefrauen und Töchtern sowie strengen, überwachenden Ehemännern und Vätern besteht, zur Basis der politischen Ordnung des Irans geworden.

In diesem Licht wird klarer, warum Nafisi James und Nabokov

dem westlichen feministischen Kanon vorgezogen hat. In den Erzählungen, die sie auswählt, genießt die Leserin nicht das passive Vergnügen, sich mit einem kämpferischen weiblichen Subjekt identifizieren zu können, sei dies nun die Stimme der Autorin oder diejenige der Figur, sondern sie muss gegen den Strich der Narration lesen, um der Art und Weise, wie Frauen von den anderen Figuren bewertet oder zu eigen gemacht werden, entgegenzutreten. Dies ist kein Lesen als Form einer Identitätspolitik oder einer »Ermächtigung«. Es ist eine Überlebensstrategie, Nafisi greift immer wieder, vielleicht unbewusst, Bücher auf, in denen Protagonistinnen falsch beurteilt werden oder übermächtigen Einflüssen unterworfen sind. Innerhalb dieser Bücher konzentriert sie sich auf sinnbildliche Szenen, die das enge Gehäuse von Schauspiel, Erscheinung und Handlung aufbrechen. Diese Szenen sind im Wesentlichen Wahrnehmungsfehler, z. B. als Humbert einen Schmetterling für eine Motte hält, oder Winterbourne, der einfach nicht verstehen will, dass Daisy nachts mit einem Mann in den Ruinen des Kolosseums sein könnte. Indem sie auf solche Szenen näher eingeht, legt Nafisi nahe, dass der Wert dieser Romane darin liegt, dass sie ihren Leserinnen die Gelegenheit bieten, die Sinnestäuschungen der Figuren zu korrigieren, indem sie selber triumphierend die Wahrheit entdecken.

Auf der Handlungsebene jedoch sind die von Nafisi hochgehaltenen Romane Tragödien. *Gatsby*, *Lolita*, *Einladung zur Enthauptung*, *Daisy Miller* und *Washington Square* sind durchzogen von verstümmelten Leben und gescheiterten Fluchten. Die konservativeren männlichen Studenten, deren brutale Dummheit die Maskerade einer pervertierten Sentimentalität ist, wollen, dass alle Enden glückliche Enden sind; sie kämpfen darum, die Schicksale der Opfer in poetische Gerechtigkeit zu verwandeln. »Daisy ist böse und stirbt zu Recht«, sagt ein Student, während sich der iranisch-irakische Krieg auf dem Höhepunkt befindet. Er bekräftigt seine Behauptung, indem er darauf hinweist, dass die Iraner das Böse kennen, weil sie sich im Krieg mit ihm befinden.

Die unglücklichen Roman-Enden sind auch für die Frauen wichtig. Sie sind nicht enttäuscht von ihnen, schließlich haben sie nichts anderes erwartet. Nafisi bezieht sich auf die Überreste der iranischen Intelligenzija als »Versager, wie sie im Buche stehen«, und beklagt ihre eigene Irrelevanz, während die iranische Gesellschaft ohne Frauen oder Literatur weiterzieht. Aber solche Klagen sind nicht frei von Stolz. Obwohl sie in den Sackgassen der Romane, über die sie Seminare veranstaltet, ein Echo ihres eigenen Lebens ausmacht, erlaubt ihr gerade diese Erkenntnis den Hauch eines Triumphes. Weil sie die Leben der Figuren, über die sie sprechen, miteinander teilen, sind Nafisi und ihre Studentinnen davon überzeugt, dass sie deren Schicksale nicht teilen werden. Dies verleiht ihnen ein ironisches Bewusstsein für die Tyrannei; sie lachen über die offensichtlichen Absurditäten des Regimes wie z. B. die Ernennung eines blinden Filmzensors oder den Anblick bärtiger Männer, die die Rolle nervtötender Mütter einnehmen: »Willst du wirklich so auf die Straße gehen?«

Einem öffentlichen Leben gegenüber, das Tragödie und Posse in eins setzt, sind Rückzugsorte und jenes kleine bisschen Privatsphäre, das Frauen für sich selber gewinnen, wichtig, aber längst nicht genug. Ähnlich den Zauberern im Märchen haben sie gelernt, wie das schlagende Herz ihrer Leben in geheimen Schachteln zu deponieren ist, während ihre Körper herumlaufen und der Gefahr ausgesetzt sind. Diese Schachteln sind ihre Bücher, und ein optimistischer Leser empfindet die wechselseitige Beziehung zwischen iranischen Frauen und amerikanischen Büchern als einen neuen utopischen literarischen Raum – der weder in Teheran liegt noch außerhalb davon. Er mag noch immer eine Art Hölle sein, und die gewonnene intellektuelle Freiheit sollte nicht mit politischer Freiheit verwechselt werden, aber sie ist ein notwendiger erster Schritt in ihre Richtung.

Eine solche Lesart des Buches wäre sogar noch auf dem abgehobenen und unnahbaren Level der wissenschaftlichen Forschung eine, die mehr daran interessiert ist, was es für Amerikaner bedeutet, über Iraner zu lesen, als daran, was das Buch an sich auf den amerikanischen Bestsellerlisten treibt. Die Nationalisten und die Transnationalisten haben immerhin so viel gemein: Sie sind über das amerikanische imperiale Projekt miteinander verbunden. Einem Kampf ausgesetzt, in dem sie ihre Existenz gegenüber zunehmend serviceorientierten Sachbearbeitern und konsumgeilen Grundstudiums-Studenten rechtfertigen müssen, für die die Errechnung sofortigen Nutzwerts und der Kapitalrendite durch vorberufliche Praxiserfahrung die traditionellen Werte der »freien Künste« (Ausgewogenheit, Aufgeschlossenheit, Kreativität und kulturelle Bildung) ersetzt hat, haben die Literaturfachbereiche versucht, ihren Anteil der Regierungszuschüsse zu erhalten, die an Universitäten fließen, welche die Erforschung islamischer Kulturen als ein unerlässliches nationales Sicherheitsinteresse fördern.[1] In einer solchen Atmosphäre riskiert *Lolita in Teheran*, trotz bester Absichten transnationaler Forscher, nichts weiter, als eine gut lesbare Einführung in das persische Denken zu sein, ein Handbuch einer einheimischen Informantin zur Lesepsychologie der Iraner.

Die Transnationalisierungsforschung arbeitet jedoch in beide Richtungen. Genauso wie die im Amerika der fünfziger Jahre niedergeschriebene Geschichte eines gelehrten kosmopolitischen Pädophilen für Nafisi und ihre Studentinnen zu einem Träger verdrängter Erkenntnis wird, sollte uns unsere Lesart des Buches ein ähnliches Erkenntniserlebnis ermöglichen. Das wird nur geschehen, wenn wir uns gestatten, es als mehr als nur einen dokumentarischen Beweis dafür zu lesen, wie schlecht und absurd Iraner ihre Frauen behandeln – nämlich als die Beschreibung einer Lesekultur, die unserer eigenen sehr ähnlich ist.

Nafisi erinnert uns daran, dass Regierungen wie Autoren sind; sie stülpen der Gesellschaft eine Narration über. Die iranischen Zensoren sind wie alle Ankläger der Kunst seit Platon so zuvorkommend, die Literatur ernst zu nehmen. Sie sehen sich selber im Wett-

1 »Die Konferenzteilnehmer halten fest, dass unsere nationale Sicherheit, Stabilität und ökonomische Lebenskraft zum Teil von amerikanischen Experten abhängen, die hoch entwickelte Sprachkenntnisse und kulturelles Fachwissen über die verschiedenen Gegenden der Welt besitzen. Es existiert dringender Bedarf, unser Detailwissen über die Erdteile und transnationalen Angelegenheiten sowie die Fähigkeiten von US-Bürgern in Sprachen, die für das Verständnis von Gesellschaften relevant sind, in denen islamische und/oder muslimische Kulturen, Politik, Religion und Wirtschaft bedeutende Faktoren sind, weiterzuentwickeln.« (Bericht des Conference Committee zum Appropriations Act, Frühjahr 2002)

bewerb mit den Erzählungen anderer Menschen, und sie haben recht, dass Nabokov und Henry James eine Bedrohung darstellen, weil sie die Geschichten unterminieren, von denen der Staat wünscht, dass seine Bürger sie glauben. Lesen ist nicht immer eine ordnungsgemäß soziale und institutionelle Aktivität. Unsere Reaktionen werden sich nicht immer mit den Wünschen der Mehrheit oder der Regierung decken.

Und vielleicht kann *Lolita lesen* auch uns ein wenig gefährlich werden Das Buch ist eindeutig auch außerhalb der beiden oben beschriebenen Kreise von Lesern populär gewesen – es mag eine Menge Nationalisten geben, aber es gibt nicht so viele Transnationalisten. Welchen Effekt würde Nafisis Buch auf Leser ohne offenkundige ideologische Interessen haben? Würden sie die Frage wiederholen, die eine von Nafisis Studentinnen stellte, während sie nach einem Stück Gebäck griff: »Warum machen uns Geschichten wie *Lolita* oder *Madame Bovary* – so traurige, so tragische Geschichten – so glücklich?« Vielleicht, und das wäre am gefährlichsten, würden sie auch so etwas wie Neid oder Verlangen empfinden. Die Romane und Autobiografien, die sie nur zum Vergnügen konsumieren, um ihr »fröstelndes Leben an einem Tod, von [dem sie lesen], zu wärmen«, wie Walter Benjamin schrieb, sind für diese Iranerinnen so wichtig wie Sauerstoff.

Man kann sich den Essay »Jetzt sind wir alle iranische Frauen« vorstellen. Aber das sind wir nicht. Wir müssen uns dennoch die Fantasie erlauben, dass das Lesen für uns ein so heroischer Akt sein kann wie für sie. Diese Fantasie ist in vielerlei Hinsicht eine unsoziale Geste. Wir würden abstreiten, dass wir wir selber seien: der gelangweilte Berufspendler, das Buchclub-Mitglied, der Zeitschriftenredakteur, der Lehrer, der amerikanische Staatsbürger. Vorübergehend würden wir unsere Verbindungen und Verpflichtungen in der Welt auflösen, die wir als die unsere kennen. Eindringlich zu lesen bedeutet in dieser Hinsicht, sich in einer ethischen Beziehung zu dem Buch selber und zu seinen Figuren zu befinden; eine Beziehung, die uns aus dem Alltag heraus und doch zurück zu unserem Leben und dem Leben der anderen in unserer unmittelbaren Umgebung trägt. Gedankenlos eine Figur zu verdammen, wäre so, als hießen wir den Tod eines Freundes gut oder täten uns selber Gewalt an. Die Figuren werden zu Teilnehmern an unserem eigenen Leben, wie Dämonen, die uns ins Ohr flüstern, und das uns zur Verfügung stehende Feld der Beziehungen des echten Lebens erweitert sich um diese Figuren, denen wir Gesellschaft geleistet haben, während wir in die Privatsphäre unseres Leseraumes weggeschlossen gewesen waren.

Entsprechend dem Verlauf unsozialer Handlungen, scheint diese Art des veredelten, intensiven Lesens ein unverfängliches und relativ wirkungsloses zu sein. Dennoch haben die Amerikaner eine bemerkenswerte Fähigkeit darin bewiesen, andere, krassere Formen unsozialen Verhaltens in das Gewebe unserer Kultur aufzusaugen und ihre Wut in harmlose Gruppenaktivitäten zu verwandeln: Die Ekstase des einsamen Tänzers breitet sich im Rave über die anderen aus; der Dichter liest anderen Dichtern bei Poetry Slams vor und ist nicht länger einsam; und Sex, das große Glücksversprechen, das uns von allen möglichen Erscheinungsformen der Engstirnigkeit hatte emanzipieren sollen, ist in seiner Allgegenwärtigkeit repressiv geworden. Es gibt nur wenige Erzählungen über Rebellion, in die wir unser Leben einschreiben können, insbesondere da uns unser hegemoniales Narrativ dazu anspornt, dass wir uns uns als von unbeschränkten Möglichkeiten umgeben vorzustellen haben. Dennoch ist das Outlaw-Gefühl anwesend wie ein Gespenst. Der vielen Arten zum Trotz, auf die unsere Lesegewohnheiten von den Institutionen, innerhalb derer wir lesen, bedingt und begradigt werden, ist das einfache Lesen die wohl letzte nicht gesellschaftlich konditionierte Handlung, die uns bleibt.

Damit soll nicht gesagt werden, dass es in irgendeiner Form subversiv wäre, sich einfach nur mit einem Roman hinzusetzen. Dafür ist unser kulturelles Alter zu fortgeschritten. Sogar das Wort »lesen« wird heute ganz allgemein auf alle Arten von Zeichen angewandt, von Filmen bis zur Körpersprache. Einige sprechen jetzt sogar von postverbalem Lesen. Dies einfach so stehen zu lassen, wäre ebenfalls ein Fehler. Dem, was wir im Alltag lesen können, sind Grenzen gesetzt.

Amerika ist noch kein vollendetes Land. Wir wissen nicht, wer wir sind oder was wir sein werden. Dass wir uns ununterbrochen ekstatisch selbst beglückwünschen, sollte uns in dieser Sache nicht täuschen. Dass es uns erlaubt ist, viel mehr von uns zu zeigen als den Iranern, bedeutet nicht, dass wir nur Oberfläche sind. In dem Café, in dem ich lese, hat sich das Mädchen am Tisch gegenüber auf punkige Görenart zurechtgemacht. Sehr schlank, vielleicht sogar abgemagert, mit ihren feinen Gesichtszügen könnte sie sechzehn oder dreißig sein. Sie trägt ein an der Brust eng anliegendes Shirt mit Leopardendruck und langen wallenden Ärmeln über einem ziemlich zurückhaltenden, bis knapp über die Knie reichenden schwarzen Mini und – süßer Touch – pelzigen Legwarmern, die oberhalb von roten Puma-Sneakern aufsteigen. Ein Tattoo vage keltischen Designs schlängelt sich oben aus einem der Legwarmer heraus und auf die Rückseite des Knies. Sie bemerkt, dass ich sie anschaue, und wirft dem Typ in Buttondown-Hemd und Jeans einen kalten Blick zu. Ihre Brille ist von einer Hässlichkeit, die ich anrührend finde: der dicke, rostfarbene Plastikrahmen, dem nur das Klebeband über dem Ohrstück fehlt. Durch ihr Septum ist ein baumelnder Ochsenring gepierct. Sie hat ganz schön etwas in dieses Outfit investiert, und ich frage mich, was das bedeutet. Die Legwarmer sind zurück, eine ironische Hommage an die Reagan-Jahre (in die wir mit jenem benebelten Gefühl zurückgekehrt sind, das wir von den nächtlichen Wiederholungen im Fernsehen kennen). Aber Tattoo und Nasenring ordnen sie jenseits der lediglich trendigen Opposition ein in einen dauerhaften Kult des Schmerzes und der Langeweile. Ich kann mir vorstellen, dass sie nach einem Weg sucht, ihren Zorn zu meistern, ihre Angst. Sie will, dass wir wissen, dass sie sich selber wie ein Freak vorkommt, und ihr Look hält den Rest von uns dazu an, es ehrlich zuzugeben. Er besagt, dass wir alle Monster sind und die meisten von uns Masochisten, ich hingegen bin meinen Schmerz und meine Selbstverstümmelung viel ehrlicher angegangen als ihr, die ihr sie nach innen tragt, verdeckt von dieser Freizeituniform. Meine Abnormalität ist meine Gesundheit, eure körperliche Unversehrtheit eure Krankheit.

Natürlich lese ich, und ich mag vollkommen falsch liegen. Ihre Punk-Verkleidung drückt vielleicht nichts weiter aus als Gefolgschaft, ein Mitgliedsabzeichen jenes besonderen Clubs von Outsidern, in welchem sie die vollkommene Insiderin ist. Es gibt keine Botschaft für mich außer ein Zeichen, das besagt: Privatbesitz, draußen bleiben, so ziehe ich mich an. Ich habe der Zwickmühle, in die die amerikanische Kultur totaler Toleranz die Imagination bringt, ordentlich eine verpasst. Mit offenen Augen in Amerika zu leben, bedeutet, kultureller Anthropologe und Amateurenthusiast für Oberflächen zu sein. Kleidung ist ein Zeichen, aber was sie bedeutet, kann vollkommen bedeutungslos sein oder hoffnungslos überdeterminiert. Was als Expressionismus begonnen hat, sich nach außen zu tragen, ist zur Ausdruckslosigkeit verkommen, zu einer Maske, die nichts preisgibt. Die punkige Göre wird ausgestellt, aber sie ist kein Ausstellungsstück zu meinem Vergnügen. Denn nach dem wenigen, das ich über ihr inneres Leben weiß, könnte sie ebenso gut einen Hidschab tragen.

Letztlich besitzen wir unterhalb des sich stetig verändernden Spiels der Entscheidungen und der endlosen Reihe von Identitäten, die wir im Alltag präsentieren, doch noch ein Seelenleben, Psychodramen und Geschichten. Sogar in unserer freien Gesellschaft gibt es Amerikaner – eine ganze Menge sogar –, die eingeschüchtert sind, die sich immer wieder falsch entscheiden oder sich gar nicht entscheiden, deren Leben Drehbüchern folgen, die von ganz anderen, viel Mächtigeren geschrieben worden sind. In einer Gesellschaft wie der unseren, die Transparenz und *what you see is what you get* predigt, legen wir diese Konflikte und Mächte bei, um uns unserer eigenen Mythen zu erfreuen. Die Dynamik offener Unterdrückung ist einfacher zu fassen als der subtilere Druck, dem wir uns heute gegenübersehen. Sie kommen von weit her, als Metaphern überschreiten sie unsere seelischen Grenzen; sie dringen in unser Denken ein, um unserer vagen Vorahnung eines namenlosen Unglücks Form zu verleihen, unserem luxuriösen Ennui, der grundlos erscheinen mag, es aber nicht ist. Aber wir können uns nicht allein auf egoistische Aneignungen anderer Leben anderswo verlassen. Auch wir müssen amerikanische Romane lesen, als ob wir Ausländer wären, die von Amerika träumen. Unsere Aufmerksamkeit muss uns an dem Schleier der Zeichen des Alltags vorbeimanövrieren und mit Komödien, Tragödien und Geschichtsschreibungen aufdecken, dass das so scheinbar glatte und zufriedene Oberflächenbild gesprungen und ausgestrichen ist. Wenn wir wieder zu lesen lernen, zu lesen, als wenn unser Leben auf dem Spiel stünde, werden wir es den Iranerinnen zu danken haben. +

Nummer 2

Glück

(Frühjahr 2005)

Zur intellektuellen Lage

Ein Tagebuch

Spät aufwachen. Oder früh? Haben wir überhaupt geschlafen? Wieder einmal starren wir uns im Spiegel an. Die dunkel geränderten Augen, die eingefallenen Wangen. Was hat Orwell gesagt – mit 40 hat jeder das Gesicht, das er verdient? Nun, es scheint, dass man schon mit 30 einige deutliche Hinweise darauf erhält.

Das Arzneischränkchen aufschwingen. Das hier hatten wir ja ganz vergessen. Und dabei war es die ganze Zeit hinter unserem Spiegelbild! Sicherheitsverschlossen, opulent: Wir haben Prozac, Paxil, Zoloft, schnell wirkendes Adderall, leckeres Xanax, außerdem Johanniskraut und ein Fotofilmdöschen Gras. Alles mit ins Schlafzimmer nehmen, alles auf die Bettdecke fallen lassen und mit schuldbewusst flackernden Augen den Blick über die Bücherregale schweifen lassen. Junge Junge, hatten wir alles anders machen wollen!

Eine Geschichte des Glücks

Die Geschichte des Glücks zu schreiben ist eine komische Angelegenheit, da das Glück lange Zeit lediglich als die Abwesenheit von Geschichte betrachtet wurde. Niemand hat für das Glück gelebt, wie wir es heute tun. Für den Einzelnen wäre Glück ein Leben ohne katastrophenartige Vorkommnisse gewesen. Als Zweck einer Epoche oder einer Zivilisation hätte es hingegen Stillstand bedeutet – dass absolut nichts geschieht. Wenn man den Leerlauf-Jackpot des Glücks gewann, war das Beste, was man tun konnte, tot umzufallen.

Dann kam die Moderne. Die antike Anschauung zusammenfassend, verkündete Hegel: »Perioden des Glücks sind leere Blätter im Buch der Geschichte«, und er fuhr fort, sie mit Tinte vollzuschütten.

Die optimistischeren Gelehrten seiner Zeit begannen, das Glück unmittelbar in die Geschichte einzuschreiben, in das Leben. Sie erklärten das Glück zum Ziel der Zivilisation und des Daseins des Einzelnen innerhalb der Zivilisation. Der junge Saint-Just übertrieb vermutlich, um rhetorisch zu glänzen, als er 1792 verkündete: »Das Glück ist eine neue Idee in Europa.« Aber er lag nicht falsch. Er hätte auch einen Blick über den Ozean werfen sollen. Mit der Amerikanischen und der Französischen Revolution kamen die Ingenieure des Glücks dauerhaft an die Macht. Entwürfe wie »das Streben nach Glück« und »das größtmögliche Glück für die größtmögliche Zahl« gelangten von den Akademien und Salons der Denker des 18. Jahrhunderts in den Kontinentalkongress und in die Nationalversammlung. Während der fröhliche Bentham Pläne für sein perfektes Gefängnis kritzelte, machte der finstere Carlyle den Utilitarismus und seine Freuden als die »Götzen der Zeit« aus.

Das Prinzip des Glücks sollte den Schlüssel zu einer Newton'schen Wissenschaft des Menschen bereitstellen. Unternehmer und Schatzmeister waren außer sich vor Freude: Das Eigeninteresse würde mit breitem Grinsen Gier und Moral in eins setzen. Man verlangte nach Definitionen des Glücks, und Experten traten hervor, um sie bereitzustellen. Die Obrigkeit fiel ein und weilt noch immer unter uns: Ökonomen, Politikwissenschaftler und Gehirndoktoren.

Nicht alle begaben sich im 19. Jahrhundert auf die Rutschbahn zum endlosen Glück. Immer wieder haben Romanautoren betont, dass sie niemals das Glück darstellen würden. Tolstois Eröffnungssatz, dem zufolge alle glücklichen Familien gleich seien, ist die bekannteste Äußerung dieser Art, aber auch Balzac hat gesagt: »Le Bonheuer n'a pas d'histoire«, das Glück hat keine Geschichte. Der einzige konkrete Ausdruck des Glücks im Roman – die Ehe – schien gegen Ende des Jahrhunderts mehr und mehr zu einer Art düsterem Witz zu werden. Nach all den Schwierigkeiten, so der Witz, heiratet man Gilbert Osmond. Diejenigen, die versucht haben, dem Eheplot zu entkommen, indem sie ihr eigenes Glück suchten – Tess, Emma Bovary, Anna Karenina –, bekamen genau das, was sie nicht verdienten. Der Roman machte keinerlei Versprechen. Ganz im

Gegenteil: Er hätte vom Leben abschrecken können. Aber irgendwie brachte einen all dies ihm angeborene Unglück dazu, leben zu wollen.

Und in ihrer sehr eigenen Art des institutionalisierten Unglücks – der Kritik – hatte auch die philosophische Tradition ein Gegenmittel bereitgehalten. Von Marx, Nietzsche und Freud bis zum westlichen Marxismus des 20. Jahrhunderts lag in dem unglücklichen Bewusstsein einer bestimmten Art von Philosophen die einzige Hoffnung, die mit derjenigen des Romans vergleichbar gewesen wäre. Wo der Roman individuen- und personenbezogen war, agierte die Kritik historisch und gesellschaftlich. Adorno: »Der Splitter in unserem Auge ist das beste Vergrößerungsglas.«

Aber heute scheint es, als hätten die Happiness-Doktoren gewonnen. Totalitäre Staaten haben das Glück mit Liebe zur Gewalt, Verehrung des Terrors und dem Untertauchen in der Volksmasse durchgesetzt. Unbekümmerter ist die liberale Demokratie mit dem Glück umgegangen, und das hat sich als klüger erwiesen. Tabletten halten uns bei Laune; Sex ist ein gesundes Training, ein seichtes, aber gewalttätiges Unterhaltungsprogramm bringt die Zeit herum. Gleich nachdem *1984* erschienen war, schrieb Aldous Huxley einen Brief an George Orwell, in dem er dessen Big-Brother-Vision rühmte, aber doch bemerken musste, dass er denke, dass seine eigene Vorhersage der Zukunft sehr viel näher an der Wahrheit sein würde: keine Stiefel, die in alle Ewigkeit auf anderen herumtrampeln, sondern eine Gesellschaft, in der es, weil man kein zweitrangiges Ersatzglück wolle, völlig unvorstellbar sein würde, dem Unglück den Vorzug zu geben. Man erzählt uns, dass die Terroristen unsere Freiheiten hassen – aber wer sollte denn noch freier sein als diese Typen, die in Pickups und mit Kalaschnikows in Afghanistan herumfahren? Es sind nicht unsere Freiheiten, die wir den Völkern der Welt bringen werden. Nein, wir werden ihnen unser *Glück* bringen.

Im Augenblick könnten auch wir ein bisschen davon vertragen. Aber die Fläschchen sind leer. Wir haben nie sehr artig unsere Rezepte eingelöst. Und in der kleinen Plastiktüte in dem Filmdöschen befinden sich nur Halme und Samen. Nicht, dass wir uns noch mehr von Bad Andy leisten könnten ... Es sei denn ...

In einer Reihe unter dem Bett verläuft, ein wenig verstaubt, die Hauptader. Bücher über Bücher. Zahllose bonbonfarbene University-of-Michigan-Taschenbücher – Lyotard, de Man, Irigaray –, alle etwa in derselben Farbe wie die Tabletten. Diese Bücher würden allem Falschen eine Abfuhr erteilen. Wir würden diese falsche Zivilisation abschaffen. Nun, zur Hölle mit dir, Foucault! Und zur Hölle mit dir, Lacan!

Der Buchhändler schaut auf seine Uhr.

»Theorie ist tot«, sagt er. »Seit einem Jahr.«

»Heißt das, Sie kaufen die Bücher nicht?«, fragen wir.

»Wenn Sie sie gegen eine Gutschrift eintauschen.«

Derridas überdimensionales Gesicht starrt uns geradewegs an, im Tod wie im Leben aus Granit gehauen. Dieses Gesicht ist für Mount Rushmore gemacht worden. Derrida scheint zu sagen: »Nehmt die Gutschrift.«

Der Tod ist nicht das Ende

Ist Theorie ein riesiger Schwindel gewesen? Im Gegenteil. Nachdem die amerikanischen Denker und Schriftsteller in zwei gewaltigen Wellen abgedankt hatten, ist sie 20 Jahre lang die einzige Rettung gewesen. Ab ungefähr 1975 bis 1995 wurde durch einen historischen Unfall ein großer Teil des amerikanischen Denkens und Geisteslebens von Leuten erledigt, die Franzosen waren, und von jungen Amerikanern, die den Franzosen folgten.

Die zwei großen Abdankungen: Die eine fand in den universitären Philosophiefachbereichen statt, die andere in der amerikanischen erzählenden Literatur. In der Philosophie hatte seit den dreißiger Jahren eine revolutionäre Gruppe innerhalb der Universitäten dafür gekämpft, die »Tradition« zu überwinden. Dieser Aufstand, zuerst »Logischer Positivismus« genannt oder »Logischer Empirismus«, dann einfach »analytische Philosophie«, war das Beste, was zu seiner Zeit geschah. Der Gedanke war, dass eine logische Analyse der Sprache zeigen würde, welche philosophischen Probleme gelöst werden könnten und welche gründlich beseitigt gehörten, weil sie in klarer logischer Sprache nicht zu formulieren waren. Dies bedeutete, das meiste dessen zur Seite zu fegen, was Hegel uns als Philosophie hinterlassen hatte und Europa noch immer unter Philosophie verstand – einschließlich der Geschichte, dem Sein, dem Tod, der Erkenntnis, der Liebe. Noch brandneu in den Dreißigern (Carnap, Russell, Ayer), als man versuchte, eine ideale logische Sprache zu entwickeln, war die analytische Philosophie innerhalb des analytischen Pragmatismus der Fünfziger und Sechziger (Quine) gerade erst institutionalisiert worden, um rechtzeitig in den Siebzigern (Kripke) wieder angekurbelt und durch die Wiedereinführung naiver Annahmen, die zu Beginn abgelehnt worden waren, vor dem Ende gerettet zu werden.

Sie lagen nicht falsch, die Positivisten – man musste nicht sonderlich weit in den akademischen Idealismus eindringen, um zu erkennen, wie unangemessen all das war. Das Tragische an der analytischen Philosophie war die Tatsache, dass sie in den US-Philosophiefachbereichen im vollkommen falschen Augenblick so entscheidend an Raum *gewonnen* und ihre traditionalistische Konkurrenz aufgerieben hat. Sie feierte in den Sechzigern Triumphe, als die damaligen Erschütterungen der US-amerikanischen Gesellschaft nach einem rundum erneuerten Umgang mit Liebe, Freiheit, dem Anderen, Politik und Geschichte verlangten – die angeblichen »Pseudo-Probleme« wurden plötzlich äußerst real. Es war schön, dass man John Searle hatte, der in Berkeley für die SDS Verständnis zeigte, und Hilary Putnam, der in Harvard maoistische Parolen sang; aber die Studis in Paris hatten Foucault.

In der Literatur waren die Dinge komplizierter. Aber das eigentliche Problem sollte bekannt sein. Während derselben Jahrzehnte zur Mitte des Jahrhunderts, in denen die analytische Philosophie alle anderen Mitbewerber aus dem Weg räumte, verherrlichte die amerikanische Kultur den Roman, als besäße er eine nahezu biblische Kraft, zu bewerten und zu prophezeien. (Bellow über Chicago:

»Eine schreckliche Sprachlosigkeit bedeckte die Stadt, wie ein Urteilsspruch, der seine Worte niemals finden würde.« Aber damals in *Augie March* verfügte er über jene Worte). In den Vierzigern und Fünfzigern, als junge Kritiker beides beherrschten, die kleinen literarischen Magazine und die Universitäten, wurde die amerikanische Größe zu einem geschlossenen System. Weil die Kritiker gerade erst zwei verschiedene Kanons gleichzeitig festgesetzt hatten – ein Altes Testament der amerikanischen Renaissance (Emerson, Hawthorne, Melville, Whitman) und ein Neues Testament des amerikanischen Moderne (James, Eliot, Hemingway, Faulkner) –, gab es für sie keinerlei Notwendigkeit, darüber hinauszuschauen. Es gab ein Modell und ein Gegenmodell, die zwanziger Jahre des 20. Jahrhunderts kommunizierten mit den fünfziger Jahren des 19. und umgekehrt, vollbrachten alles Mögliche, und zeitgenössische Nachkriegsautoren wurden im Regen stehengelassen. Die Nachfrage nach neuen Romanciers, nach einem »großen amerikanischen Roman«, der auf diese Evangelien folgen könnte, war zu groß geworden, um sie zu erfüllen. Das Erstaunliche war, dass einige Künstler gelegentlich sogar noch etwas ablieferten, wie es z. B. Ellison und Bellow jeder einmal getan haben – doch dies waren Enden, keine Anfänge.

Gegen Mitte der Sechziger stieß der Literatur etwas Lähmendes zu, immer noch ziemlich schwer zu erklären: Einige redegewandte Schriftsteller gaben dem hellen Wahnsinn des American Life (Roth) oder der »Erschöpfung« der Formen (Barth) die Schuld. Da war der Druck der Kritik, der sogar eine in der Wolle gefärbte Kritikerin wie Sontag dazu bringen konnte, sich »gegen Interpretation« auszusprechen; andere verwiesen auf die akademischen Schreibkurse und die Gruppentherapie des Workshops. Bald kam 1968 und dann die chaotischen Siebziger, eine Ära, die – anstelle von *Germinal* oder *Die Erziehung der Gefühle* oder *Die Dämonen* oder sogar *Die Früchte des Zorns*! – Thomas Pynchons *Die Enden der Parabel* und William Gaddis' *JR* empfing. Das eine stellte sich als symbolistisch-enzyklopädischer Epos schamlos neben Joyce, das andere (das nach einer dem weniger bedeutenden englischen Modernisten Henry Green gestohlenen Methode einen Tod-den-Rechten-Dialog und kurze deskriptive Passagen von halluzinativer Brillanz miteinander abwechseln ließ und von Gaddis zu einer wahnsinnigen Erhabenheit erhöht wurde) ein Roman, der sich mit nichts weniger als dem amerikanischen Kapitalismus auseinandersetzt. Aber im Rückblick erscheinen diese Bücher unwesentlich, wo sich doch alles um den »großen amerikanischen Roman« hätte drehen sollen, um heroische Seufzer der Auszehrung anstatt um Antrittshymnen.

Terry Eagleton hat einmal darauf hingewiesen, dass die französischen Theoretiker die Tradition der Moderne in der Literatur am Leben erhalten haben, als es die Prosaautoren nicht mehr taten. Geschwätzig, voller Anspielungen, experimentell, aber immer mit einem Ziel – zu erklären, dass man bestimmte Gedanken ausschließlich in einer bestimmten Art von Worten haben könne –, ja, das war Theorie. Aber noch viel bezeichnender ist, dass Theorie die intellektuelle Funktion der Literatur ebenso übernahm wie die stilistische: Sie verfuhr mit der Sozialwissenschaft auf dieselbe Weise, wie es der Roman schon seit jeher getan hatte, mehr der befreienden Kraft wegen denn der strengen Treue zur Wissenschaft, und brachte die wilde Spekulation als den Weg zur individuellen Aufklärung ins Spiel. Theorie hat während einer ganzen Epoche die Arbeit des Romans erledigt: Sie hat die zugleich literarischen und intellektuellen Texte hervorgebracht, die die unmittelbaren Nachwirkungen der Sechziger bewältigten.

Viele Klassiker dieser Zeit eröffneten mit Prosakunststücken, an die sich die amerikanischen Romane der Siebziger und Achtziger nur selten wagten. Lévi-Strauss konnte in *Tristes Tropiques* einen Sonnenuntergang länger beschreiben, als die Sonne benötigt, um unterzugehen. Foucault verbrachte 14 Seiten mit einem einzigen Gemälde, Velazquez' »Las Meninas«. Dann gab es da noch den Schwung und die Verwegenheit der *Geschichte der Sexualität*, Band 1: »Lange Zeitalter hindurch, heißt es, haben wir ein viktorianisches Regime ertragen«, die das Proustianische *longtemps* abgeworfen hatte, die so voller Lebendigkeit war – und das als historiografischer Text! Man stand von einem Buch wie diesem auf und war in der Lage, nahezu alles in der Zeitung und auf der Straße ganz neu zu verstehen. Ah, nicht die unterdrückten, sondern die wuchernden Diskurse über Sex und den Körper stützen die illusorische moderne »Wahrheit« über das Selbst! Es war sehr hilfreich, dass diese theoretischen Entwürfe so kompliziert waren, dass nur ein Neunzehnjähriger sie verstehen konnte.

Ganz ehrlich: An wen wandte man sich, wenn man etwas über die Gesellschaft erfahren wollte? An Bret Easton Ellis' *American Psycho*? Das hat Lyotard in *Libidinöse Ökonomie* besser und noch viel beängstigender gekonnt – ohne pornografisches Blutvergießen. Eine Zivilisation, die vielleicht weniger, aber besser gestraft hat, indem sie ihre Überwachungsmaßnahmen aus dem Innern des Kopfes des Einzelnen heraus verwaltete (*Überwachen und Strafen*) oder die echte Welt durch eine von den Medien gestaltete Welt der Simulationen ersetzte (*Requiem für die Medien*) oder einen ökonomischen Anreiz dafür besaß, disparates Wissen in messbare »Information« umzugestalten (*Das postmoderne Wissen*) – nun, dies war sehr eindeutig die Welt, in der wir lebten. Demgegenüber die niedlichen Geschichtchen und traurigen Offenbarungen in *Best American Short Stories 1989* – das war vielleicht eine triviale Scheiße.

Die besten und aufregendsten Romane derselben Zeit, diejenigen, die einen glauben ließen, dass die Vorstellung vom »großen amerikanischen Roman« die ganze Zeit über gar nicht misskonzipiert gewesen war, reagierten offen auf die Theoretiker. Don DeLillos *Weißes Rauschen* führte einen Theoretiker als Protagonisten ein. Pat Barkers *Regeneration*-Trilogie (O. K., sie ist Britin) triumphierte insbesondere mit *Das Auge in der Tür* als ein kontrolliertes Experiment der Anwendung feministischer Theorien auf Erzählungen (in diesem Fall über den Ersten Weltkrieg), derer sich eine ganze Nation sicher gewesen war.

Theorie konnte in den letzten fünf Jahren nur deshalb »sterben«, weil sie aus einem Land importiert worden war, Frankreich, das die Produktion dieses Modells eingestellt hatte, während die meisten sichtbaren amerikanischen Erben Exegeten und Epigonen waren, Übersetzer und Jünger – und daher durchschnittlich. Theorie starb auch im wörtlichen Sinne. Kaum einer der alten Helden lebt noch.

Die Ausnahmen sind Baudrillard (lebendig[1], aber zynisch), Habermas (alt und gesund, aber Deutscher) und, unglaublich, Claude Lévi-Strauss. Lebt Althusser eigentlich noch, im Gefängnis? Nein, tot. Nachfolgekandidaten aus dem Rest Europas, Leute wie Žižek, Badiou, Ferry, Virilio, Agamben, Negri, Vattimo, Sloterdijk, Luhmann, Kittler, scheinen irgendwie, na ja, vergleichsweise *klein*. Optische Täuschung? Nein, sie sind wirklich kleiner. Oder sie machen etwas anderes.

Jetzt wäre es ein großer Fehler, wenn es nicht gelänge, weiterhin an das zu glauben, was uns Theorie einmal bedeutet hat. Man kann diejenigen lautstark vor Erleichterung kollektiv aufatmen hören, die »das Zeug« nun nicht mehr lesen müssen – diejenigen, die es sowieso nie gelesen haben. Aber wer wird solche Leute von nun an beleidigen, ihr Leben als Selbstbetrug bloßstellen, ihre Medien als Hindernisse zur Wahrheit, ihre so gewöhnliche Weisheit als Ideologie? Es wird unerträglich sein, mit solchen Leuten zu leben, wenn sie nicht regelmäßig beleidigt werden.

Es können doch nicht alle, die ihre prägenden Jahre wie wir mit der Kritik des Zeichens verbracht haben, in die Werbung gegangen sein. Also wird Theorie auf unerwarteten Wegen zurückkehren. *Die Korrekturen*, eine monumentale Erneuerung des sozialkritischen Romans, verbringen seine ersten 100 Seiten in der Haut eines Theoriedozenten. Chip endet als Haus- und Ehemann einer erfolgreichen Ärztin. Franzen selber hat eine größere Herausforderung auf sich genommen und etwas regelrecht Romanhaftes aus Phänomenen gemacht, die zu erklären auch er sich mit Theorie beschäftigt hat – wie Chip, wie wir alle.

Theorie ist tot, lang lebe die Theorie. Die designierte Trauergemeinde hat sowieso Anstellungen auf Lebenszeit, also wird sie noch ein Weilchen da sein. Was den Rest von uns angeht, hat sich im Roman und im Verstand eine Leerstelle aufgetan. Was fangen wir damit an?

In *Die Korrekturen* verkauft Chip seine Theoriebände – einfach

1 Jean Baudrillard verstarb im März 2007.

so. Führen wir im Leben aus, was in der Literatur bereits geschehen ist? Sind wir nur eine Emanation des Zeitgeists?

»Ich sage Ihnen was«, sagt der Antiquar, »ich nehme den *Anti-Ödipus*, beide Bände, die Kunststudenten lesen das immer noch.«

Nein! Schon seit 1987 haben wir uns immer wieder vorgenommen, den endlich zu lesen. Ah, nicht den Glauben an Jugendträume verlieren! Wir sammeln die Bücher wie Waisen zusammen.

Als wir auf die Straße hinaustreten, halten wir in beide Richtungen nach Wäschereiwagen Ausschau. Wir sind auf dem Weg zu einer Lesung. Wir gehen zu Barnes & Noble, setzen uns auf einen der Metallklappstühle und bereiten uns darauf vor, begeistert zu werden.

Aufhören!

Wenn Sie je den Fehler gemacht haben, zu einer literarischen Lesung zu gehen, wissen Sie, dass sie allein dadurch erträglich wird, wenn man bei jedem lustigen Fitzelchen »Ha« macht und »Ah« bei jeder cleveren Beobachtung und »Oh« bei jeder grotesken Wendung. Bei solchen Gelegenheiten rettet das Mitleid die Kunst. Aber die Kunst kann das Mitleid nicht überleben.

Eine Lesung ist wie ein Besuch am Krankenbett. Das Publikum streckt eine riesige feuchte Hand aus und streicht dem armen Lesenden über das Haar. Oben auf dem Podium sitzt jemand, der sich vorgenommen hat, an seine oder ihre Arbeit zu glauben, aber stattdessen wird er von seinem nervösen Körper und aufgeregtem Lachen im Stich lassen. Der Schriftsteller sieht aus, als zöge seine Mutter ihn an, er hat Rasierbrand im Nacken, wahrscheinlich zittern seine Hände, seine Stimme überschlägt sich. Oder sie – sie hatte immer Angst davor, in der Öffentlichkeit zu sprechen, daher ist sie Schriftstellerin geworden!

Und so, um einen kleinen Lebensretter abzuschicken, lachen Sie an einer Stelle, die vielleicht gar kein Witz hatte sein sollen. Der Schriftsteller sieht auf, ein Lächeln nimmt die eine Seite seines Mundes in Besitz. Er ist witzig? In seinen Augen steigen Tränen auf. Sie haben ihn gerettet. Literatur ist so viel einfacher, als er gedacht hatte. Aber ein erster Lacher aus Mitleid führt zu einem zweiten, bald lachen die Leute ohne jeden Grund. Und der Text, aus dem er liest – na ja, wer kann in diesem Zusammenhang schon sagen, ob er auf dem Papier irgendetwas taugt? Niemand. Und plötzlich ist es sein Leben, über das wir reden – nicht nur die Worte und Zeilen, sondern auch der pathetische Fleiß, dem er sein gesamtes Leben gewidmet hat.

Auf dem Papier mag dieselbe Person ein König sein. Und man selber ist auch ein König, wirft man das Buch an die Wand, wenn es furchtbar ist, und man nur dann lacht oder weint, wenn man sich bewegt fühlt. Zwei Könige, Autor und Leser, treffen sich im Nirgendwo, stolz, unabhängig und wenigstens ein einziges Mal in ihren Leben kein bisschen hinterhältig.

Das private Lesen daheim im Sessel erfordert, dass der Leser vergisst, dass die Person, die dieses Kunstwerk geschaffen hat, eine Person mit einem Gesicht ist. Die physische Existenz des Autors im Kopf des Lesers ist ein Zeichen dafür, dass der Autor darin gescheitert ist, das zu tun, was wirkliches Schreiben tut: nämlich eine in ihrer äußeren Erscheinung andersartige Welt zu erschaffen, eine Welt, die die unsere so minderwertig aussehen lässt, dass man sich gar nicht an sie erinnern möchte. Man kann den Misserfolg so mancher Romane daran messen, wie oft man sich das Autorenfoto ganz hinten angeschaut hat.

Das Autorenfoto: Heutzutage versäumen nur wenige Bücher, ein Porträtfoto mitzuliefern; auf diese Weise wird es noch viel schwieriger, irgendetwas zu lesen. Sogar Buchkritiken bringen Fotos des Autors, und das bedeutet den Triumph der gröbsten Dummheit, die ein Jahrzehnt dazu benötigt hat, sich ihren Weg von den Regionalzeitungen in die *New York Times* zu bahnen. Die Regionalblätter hatten aus Mangel an festen Reportern keine andere Möglichkeit, ihre Spalten zu füllen. Was ist die Entschuldigung der *Times*?

Eigentlich sollte es nichts Irrelevanteres geben als das Gesicht eines Autors. Mit einem Foto betritt man die Zwickmühle der Literatur als Teil einer Celebrity-Kultur: Wenn der Autor attraktiv ist, werden Sie ihm wahrscheinlich viel weniger vertrauen. Wenn er hässlich ist, werden Sie ihn viel weniger wahrscheinlich lesen. Wir erinnern uns daran, dass ein Freund uns dazu gedrängt hat, uns ein Foto von Jhumpa Lahiri auf der Rückseite – warum nicht auf dem Cover? – von *Melancholie der Ankunft* anzusehen. »Hast du das Buch gelesen?«, fragten wir unseren Freund. Er antwortete: »Warum das Buch lesen?«

Die einzigen wirklich rechtfertigbaren öffentlichen Auftritte sind die Auftritte derjenigen, die bereits berühmt genug sind, um Denkmäler zu sein, deren literarische Figuren fest verankert sind in unser aller Bewusstsein, deren Werk wir über alle Maßen lieben, weil es so großartig und außergewöhnlich ist. Dann ist es sogar notwendig, dass sie vor Lesern auftreten, damit sie bestätigen können, dass es wirklich ein menschliches Wesen *war*, das so gut geschrieben hat, und nicht ein Gott.

Und doch wäre es schön, kämen die Autoren einfach nur bei der Tür herein, um – ohne zu lesen! – die immer wiederkehrenden Fragen zu beantworten: *Wie kommen Sie auf Ihre Ideen? Wo schreiben Sie? Benutzen Sie einen Computer?* und, unausgesprochen: *Existieren Sie wirklich?* Lassen Sie sich das Buch signieren, um zu beweisen, dass eine menschliche Hand den Rest geschrieben hat. Belassen Sie es dabei.

Der Weg hinaus ist in

Die Veräußerlichung der Literatur (über öffentliche Auftritte, Lesungen, Fotos) mag ein notwendiges Werbemittel sein, durch das die Verlage, die zunehmend unsicher sind, was sich verkaufen lässt, das Urteilsvermögen der Leser mit aus der Luft gegriffenen Verkaufsargumenten zu verwirren versuchen. Wahrlich gefährlich wird es, wenn Autoren solche Vorstellungen aufgreifen und sie verinnerlichen.

Schriftsteller lesen ihren Freunden ständig Texte vor. In Prager Cafés hat Kafka Max Brod und seinen Kumpels vorgelesen, die während des gesamten *Prozesses* lachten; und die beiden besten Freunde Flauberts rieten ihm, nach einer Marathonlesung von mehreren Tagen, dass er die *Versuchung des heiligen Antonius* nicht veröffentlichen solle, denn der Text sei Scheiße.

Die Tücke der gegenwärtigen Methoden ist, dass sich aus ihnen eine Zunftmentalität entwickelt, die sich von literarischer Freundschaft unterscheidet, weil sie keine Freundin der Literatur ist. Sobald man aus dem papierenen Geschwätz heraushören kann: »Wir sind doch alle Schriftsteller, worüber sollten wir denn nicht übereinstimmen?«, weiß man, dass wir intellektuell tief gefallen sind. Alle denken, aber es gibt keinen Konsens unter Denkern; jeder kann schreiben, warum also sollte es eine Berufssolidarität zwischen Schriftstellern geben? Die Essenz des Schreibens ist, dass es Ideen und Methoden eine Form verleiht – und die erste Wahrheit über die Ideen und Kunst anderer Leute ist, dass sie sich in den meisten Fällen von den eigenen Ideen und der eigenen Kunst unterscheiden, wenn nicht gar ihnen entgegengesetzt sein werden. Die Zunftmentalität verstärkt das Gefühl, dass Schriftsteller weder der allgemeinen Öffentlichkeit noch einander in irgendeiner Form gefährlich werden können. Die Zünftlerei hat bereits die Lyrik nahezu erdrosselt, und ihre Hände schließen sich nun um den Nacken der Prosa. Der PEN existiert, um dafür zu sorgen, dass niemand für das, was er schreibt, gefoltert oder eingesperrt wird; das ist gerade so viel Solidarität, wie der Literatur guttut.

Die Zunftmentalität mag zur Verteidigung gegen eine brutale Ökonomisierung und deren Popularitäts- und Publicitywahn aufkommen. Letztlich kollaboriert sie mit solchen Trends wie dem, das Innere nach außen zu kehren. Die Gier danach, gemocht zu werden, das Verlangen, bemerkt zu werden, der triviale Wunsch, den Atem zu verschlagen und zum Kichern zu bringen, infizieren nach und nach das Schreiben selber.

Es ist nur natürlich, dass Schriftsteller in den Kategorien Berühmtheit und traurige Berühmtheit denken – sie sind Teil unserer Gesellschaft, sie können nichts dafür. Aber was kann dieses gedeihende Schmarotzertum des historischen Celebrity-Romans rechtfertigen? Schlimm genug, dass unsere Zeitgenossen über das Amerika des frühen 19. Jahrhunderts schreiben, über die Belle Époque und die längst veraltete Freakshow, denn jeder einzelne historische Roman beraubt den Autor seines einzigen Kompetenzbereiches: die Gegenwart. Aber erst so richtig beschämend ist der Roman über Lewis und Clark oder Henry James oder Chang und Eng (vor einigen Jahren gab es Zwillingsromane über diese Siamesischen Zwillinge). Der starke Roman erschafft Anna Karenina oder Alexander Portnoy und gibt sie frei, nicht existierende Personen, die ewigen Ruhm verdienen. Der schwache Roman saugt an den bereits Berühmten und erhält sich notdürftig mit geborgtem Blut am Leben. Der hirnlose Verleger unterstützt derlei, weil er weiß, dass Fatty Arbuckle oder Fjodor Dostojewski bereits eine Fangemeinde haben.

Durch sein eifriges Bemühen um ein Ready-made-Publikum hat der Roman immer und immer weniger überhaupt ein Publikum verdient. Der Roman muss endlich das 19. Jahrhundert hinter sich lassen. Etwa hundert Jahre lang ist er die dominante Kunstform der bürgerlichen Zivilisation gewesen. Seitdem, als ob er nicht willens wäre, von seiner alten Stellung abzurücken, hat er versucht, sich gegen das Kino und das Fernsehen und nicht zuletzt gegen die langen Reportagen im *New Yorker* zu behaupten. Heute versucht er, dem Stand-up-Comedy-Programm und, als Memoirenroman, den Nachmittagstalkshows Konkurrenz zu machen. Wie absurd war das Bemühen Robbe-Grillets, das Schreiben in eine Art Film zu verwandeln! Wie dumm von Tom Wolfe, sich einzubilden, dass der Roman ausgerechnet dort – Informationsbeschaffung – gegen den Journalismus antreten sollte, wo er dies nicht kann! Jemand sollte dem Roman sagen, dass er nicht im Sterben liegt und niemals im Sterben gelegen hat; jener Todeskampf ist allenfalls das Gefühl gewesen, dass ein Monopol im Begriff stand, zu Ende zu gehen, ein Gefühl der Atemlosigkeit, die mit dem Verlust von Marktanteilen eintritt. Lassen Sie die Comedians, die Lipgloss-Models, die Filmregisseure, die Journalisten und Historiker in Ruhe. Ihre Arbeit mag im Vergleich zu der des Romanautors zweitklassig sein, aber sie erledigen sie besser als er.

Der Roman ist nur in einer Hinsicht unübertroffen: geistige Inwendigkeit oder: Innerlichkeit zu schaffen. Wie sieht das Leben von innen aus, wie hört es sich dort an, wo keine Öffentlichkeit es beobachtet und wohinein nicht einmal ein Freund hören kann? Zur Beantwortung dieser Frage ist noch kein besseres Werkzeug entwickelt worden als die Prosaliteratur. Neben einem Roman in Bestform ist sogar Wallace Stevens ein unbeholfener Metapherndrescher und Tarkowski jemand, der plump mit Filmmaterial hausieren geht. Das ist noch nicht alles, könnte man sagen, das ist lediglich Rokoko-Phänomenologie, das ist pantheistische Kameraarbeit. Man verlangt nach dem »einen leuchtenden Buch des Lebens«, wie Lawrence es genannt hat. Lawrence besaß die einem Romanautor angemessene Arroganz: »Ich halte mich für dem Heiligen, dem Wissenschaftler, dem Philosophen und dem Dichter überlegen, die zwar allesamt große Meister unter den Lebenden sind, aber niemals aufs Ganze gehen würden.«

Aber um in Sachen Inwendigkeit aufs Ganze zu gehen, muss der Schriftsteller sogar jene kleine mitfühlende Öffentlichkeit vergessen, die aufmerksam auf grauen Metallklappstühlen sitzt. Der Schriftsteller scheitert, wenn er versucht, ein nützliches Werkzeug zu sein, ein gefragtes Massenprodukt oder gar ein *objet d'art*. Er muss noch ein wenig mehr sein als lediglich ein Satz passiver Messgeräte: Wahrnehmungsmessschieber, Emotionschronometer, Luftdruckmesser für Umgangsformen, historiografischer Sternhöhenmesser, soziale Richterskala. Ein Messgerät denkt niemals darüber nach, wie es auf andere wirkt – schon die Frage ist absurd. Was gelangt in den Kopf, was geht durch die lebende Person hindurch? Kann man diese Fragen präzise beantworten, hat effektive Kunst eine Chance.

Es wäre tragisch zu glauben, dass die Innerlichkeit ein Artefakt der Moderne wäre, ein Trip, der in Flauberts Yonville seinen Ausgang genommen hat, durch Musils Kakanien und Faulkners Yoknapatawpha verlaufen und in Becketts Glasgefäß zu Ende gegangen ist. Innerlichkeit beschränkt sich nicht auf Axels Schloss und haust auch nicht ausschließlich in den weitschweifigen Satzgefügen Prousts. Das laute Seufzen, das man in einigen von Fitzgeralds Aperçus hört, ist eine so innerliche Sache wie Prousts byzantinistischste

Reminiszenz. Fitzgerald, dessen sollte man sich bewusst sein, war so verdorben wie jeder von uns: eitel, voller Begehren, hungrig nach Ruhm. Aber er besaß die unerlässliche Disziplin, herausfinden zu wollen, was geschieht, wenn man allein ist. Ein Romancier, der nicht wahrhaftig allein ist, wenn er schreibt, wird einem Leser niemals lohnende Gesellschaft leisten.

Gelangweilt und mit den Gedanken ganz woanders, nehmen wir ein Buch vom Tisch und finden einen Sitzplatz in der Ecke. Hm, dieses Ding heißt *Und jetzt machen alle Huuuiiiiiii!*

Gott, warum lesen wir dieses Zeug? Wir verpassen so viel Leben – und so viele andere Bücher. Außerdem tut unser Hintern weh.

In der Tat, da gräbt sich etwas förmlich in uns hinein. Wir lehnen uns ein wenig vor – oh, ha! Der Brief unseres Freundes aus Frankreich, er steckt gefaltet in unserer hinteren Hosentasche. Den haben wir ja ganz vergessen. Vor einem Jahr hat er New York angeekelt verlassen, er dachte, wahre Literatur könne es hier nicht geben, wo Bier und Zigaretten so viel kosten. Paris sei *die* Stadt, hat er gesagt. Denkt er das immer noch?

Der französische Sexroman

Cher Ami.

Ich bin deprimiert. Hier ist es schlimmer, als ich dachte. Was für ein Durcheinander, und noch schlimmer: Es ist ein provinzielles Durcheinander. Aber lass mich von Anfang an erzählen.

Eine kurze Geschichte der französischen Literatur des 20. Jahrhunderts:

Zu Beginn: Katholizismus, Konservatismus und Dreyfus.

In den Zwanzigern: das Unbewusste und der Kommunismus.

In den Dreißigern: Anthropologie und Kommunismus.

In den Vierzigern, na ja, wir reden nicht viel über die Vierziger, aber es war eine schwierige Zeit, um Romane zu schreiben, und du verstehst, dass man Kompromisse eingehen muss.

In den Fünfzigern: Sprache als Struktur.
In den Sechzigern: Sprache als Destruktur.
In den Siebzigern: Sex, Sex, Sex und weibliches Schreiben.
In den Achtzigern: immer noch Sex, ein wenig Reue und schwuler Sex außerdem.
In den Neunzigern: freie Marktwirtschaft und ein wenig Sex.

Es gibt Ausnahmen von diesem Schema, eigentlich besteht der Kanon großer Literatur des 20. Jahrhunderts zum Großteil aus Ausnahmen: Gide, Proust, Bernanos, Camus, Blanchot, Colette. Dennoch ist die Form zweitrangig. Man gehe nur durch die Büchereiregale für Literatur (grob nach Jahrzehnt und Alphabet), und man wird auf Autoren stoßen, die wie angegossen hineinpassen. Die Franzosen sind sozusagen »Klassizeristen«, und alles, was sie anfassen, wird Klassizismus, sogar Pornografie.

Es gibt komische Käuze, und Louis Calaferte, der Autor von *Septentrion*, ist einer davon. Er war seiner Zeit in Sachen Sex eine Nasenlänge voraus. *Septentrion* wird 1963 veröffentlicht: »Au début était le sexe« (Am Anfang war der Sex) lautet sein erster Satz. Sein beinahe letzter: »Le sexe est la mort et la résurrection« (Der Sex ist der Tod und die Auferstehung). Dazwischen könnte man eine Menge Sex vermuten, mindestens so viel wie bei Henry Miller. In dieser Hinsicht wird man enttäuscht. *Septentrion* ist ein Bildungsroman[2], die Geschichte eines namenlosen Arbeiterklassenjungen, dem es 200 todlangweilige Seiten lang nicht gelingt, Schriftsteller zu werden. Ich habe sie nicht alle gelesen, aber ich fordere alle auf, es zu tun, wenn sie eigentlich Besseres vorhätten. Und das habe ich nicht. Aber trotzdem. Es gibt da ein zwanzigseitiges Loblied auf das Lesen in öffentlichen Toiletten und die Freuden des Scheißens. Eine Weile lang scheint es so, als würde die Autodidaktik über den Sex triumphieren, aber nein, am Ende gewinnt der Sex. Die große Entdeckung des Arbeiterklassenschriftstellers: Die Bourgeoisie ist zu verklemmt, und während sie dann doch Romane schreibt, verpasst sie das Leben.

2 Im Original deutsch (Anm. d. Übers.)

»Das Schreiben ist ein Grab«, verkündet unser Erzähler. Der Roman legt eine umfangreiche Beichte ab, und die französische Tradition des Beichtens ist gefährlich. Rousseau ist ein offensichtliches und immer noch das beste Vorbild. Chateaubriand ist ein reiner Stilist, aber er ist besessen von Religion und Tod. In der damaligen Situation in Frankreich kommt er auf den Gedanken, dass das Schreiben eine Art lebendiger Tod ist und dass man schreibt, wenn man nichts Besseres zu tun hat, Selbstmord allerdings keine Alternative ist. Wie dem auch sei, ich fordere alle auf, Chateaubriands *Memoires d'outre-tombe* zu lesen und sich nicht schrecklich zu langweilen. *Septentrion* ist sehr späte französische Romantik, im Stile Chateaubriands. Irgendwie kommt dieser Roman zu spät und zu früh. Sein Hauptbeitrag zur Tradition scheint sein Plauderton gewesen zu sein, umgangssprachlich, aber auch eine Mischung aus niederer und Hochsprache.

Es dauert bis in die Siebziger, dass der Sex die ganze Macht an sich reißt und das Leitbild des »reinen Schreibens« wird. Der Fall Pierre Guyotat ist aufschlussreich. Pierre, Sohn katholischer Résistants, desertiert während seines Militärdienstes auf dem Höhepunkt des Algerienkrieges und wird ins Gefängnis gesteckt und wahrscheinlich gefoltert. Er taucht im Paris der späten Sechziger als linke Ikone wieder auf. Dann wird sein zweiter Roman *Eden, Eden, Eden* (1971) zum ersten verbotenen Buch seit Baudelaire. Es ist *porno extravaganza*: ohne jede Interpunktion, eine Litanei von Vergewaltigungen und S&M irgendwo in einem namenlosen Kriegsgebiet, das dem Französisch-Algerien der fünfziger Jahre ähnelt. Guyotat, die Figur, ist gegen Gewalt und verzweifelt an der Welt, die nichts als ein Ort ist, an dem die Mächtigen die Machtlosen ausbeuten. In mancherlei Hinsicht kommen seine Visionen wahrscheinlich dem sehr nah, was es bedeutet, in Algerien oder Bosnien oder Kolumbien zu sein. Sie erinnern ein bisschen an *Road Warrior*, allerdings ohne die Genugtuungen des Racheplots – 500 Seiten lang nichts als Serienvergewaltigungen. Guyotat, der Schriftsteller, wird von *Tel Quel* als »*das* Ding« hochgehalten. Reines Schreiben in seiner unreinsten Form. Jedes Schreiben ist Kontrolle, Vergewaltigung, Manipulation, die riesigen Türen des Unbewussten sind weit aufgefickt worden. Guyotat glaubt seiner Presse, redet übers Schreiben, während er masturbiert. Behauptet steif und fest, dass er nur schreibt, während er masturbiert.

Darauf hatte es Hinweise gegeben. Sein erstes Buch *Tombeau pour cinq cents mille soldats* (1967). Es ist genau dasselbe, allerdings mit ein bisschen mehr narrativer Struktur (zuerst wird Rache vorgeschlagen und dann cool abgelehnt), viel Vampirismus und rohem Fleisch. Bemerkenswert, dass das »Feindesland«, das die Weltherrschaft an sich reißt, »Septentrion« heißt, und im Titel klingen die von Calafertes Erzähler über das Schreiben und das Begrabenwerden formulierten Warnungen an. Ist das Ironie? Zufall?

Kritik? Neben Guyotat sind Calaferte und Henry Miller prüde. Ich muss sagen, dass ich so viel Sex und Gewalt ekelhaft finde. Das ist der Punkt. Ich bin richtig spießig, *bien sûr*. Aber ich bin verblüfft, dass Guyotat, der hätte behandelt werden sollen wie ein polemischer Wilder, stattdessen zum erlösenden Genie gekrönt worden ist. Es ist sein Pech, dass er das geglaubt hat. Das ist, als ob französische Intellektuelle den Darwinismus spät entdeckt und die Biologie als Ersatz für den dogmatischen Katholizismus zur schicksalsmächtigen Kraft ernannt hätten, während sie dies als Freiheit feierten und zugleich als Tyrannei verurteilten.

Der 1940 geborene Guyotat lebt noch, aber seit den Siebzigern hat er nichts wirklich Erwähnenswertes getan. Es scheint, als arbeite er an einem dreiteiligen Riesenbuch, das zu lesen irgendjemandem wohl irgendwann einmal misslingen wird. Außerdem ist er inzwischen Aktivist für die Rechte von Prostituierten. Das ist ein weiter Umweg gewesen, nur um zu sagen, dass dies nicht mein Literaturgeschmack ist.

Wie kann ich dann Houellebecq mögen? Houellebecq ist geradezu ein Musterbeispiel positiver Beherrschtheit im Vergleich zu dem, was vorher kam. Er ist so viel aufgeschlossener als die absolutistischen 68er, insbesondere Sollers. Houellebecq bietet immerhin Figuren auf, die in der Lage sind, von den dominierenden sexuellen, politischen, wirtschaftlichen und ästhetischen Modellen abzuweichen. Ich sage Ihnen, Lesen Sie Houellebecq! *Elementarteilchen* bietet zwei mögliche Antworten auf das Problem der Rolle von Sex im Spätkapitalismus an – beide viel eher über die Protagonisten ausgearbeitet denn durch die Form. Bruno findet Liebe und Tragik, er hatte nicht ahnen können, dass so viel spektakuläres S/M Christianes Rücken aufgrund einer Erbkrankheit würde brechen lassen. Michel steht auf einem grauen Kliff und rottet mit Hilfe von Genmanipulationen die Geschlechter wissenschaftlich aus. Und Houellebecq will beides, Tragik und Utopie. Wissen Sie, was er über Huxley sagt? »Ich weiß natürlich, dass man Huxleys Welt im Allgemeinen als einen totalitären Albtraum beschreibt und versucht, in diesem Buch eine scharfe Anklage zu sehen; doch das ist reine Heuchelei. *Brave New World* ist für uns in jeder Hinsicht – sei es, was die genetische Kontrolle, die sexuelle Freiheit, den Kampf gegen das Altern oder die Freizeitkultur betrifft – ein Paradies.« Haben Sie Huxley irgendwann in der letzten Zeit gelesen? O. K., es ist für Kinder, aber trotzdem.

Von Amerika aus betrachtet, scheint also Houellebecq der nächste große programmatische Romanautor zu sein. Nähert man sich ihm von Frankreich aus, empfinden ihn die Leute als geschmacklosen Stilisten, schlechten Autor, populären Schreiberling. Sehen Sie, was da direkt vor Ihrer Nase passiert? Natürlich wäre es hilfreich, wenn er ein weiteres Meisterwerk schriebe. Oder während der Interviews nüchtern bliebe. Oder inszeniert er das nur für Amerikaner, wenn er ohnmächtig in seine Suppe fällt?

Ich werde weitersuchen, mein Freund. In der Zwischenzeit umarme ich dich ...

Dein etc.

So viel Sex, so wenig Nutzen. Gerade wollten wir in die U-Bahn springen. Aber ein Karton mit aufgeprägten Buchstaben hängt gleich neben den Gleisen. Wie lang hängt er dort schon? Wir betrachten seine Botschaft, hier noch einmal:

»Bewerber gesucht, Universitätsabschluss (PhD, MA), Männer und Frauen von 18-32. Gute Bezahlung.«

In dieser Welt gibt es nur einen Ort, an dem man glaubt, dass ein Intellektueller sein oder ihr Gewicht in Gold Wert ist. Und das ist die Samen- und Eizellenbank.

Eine Stunde später sitzen wir im Wartezimmer. Nun, warum auch nicht? Hier gibt es Schnittblumen. Gemütliche Sessel, Leselampen. Und die neueste Ausgabe der *London Review of Books*.

Vielleicht braucht irgendein unfruchtbares Paar ein Kind mit schlechten Augen, Hang zur Melancholie und Lesesucht? Unsere Gameten haben so einige Lesungen mit uns durchgestanden. Wenn es das ist, was ein Banker und eine Anwältin für ihr Kind suchen – wer sind wir, dass wir ihrem Glück im Weg stehen wollten?

Dies könnte der einzige Weg sein, die Mutation am Leben zu erhalten. Intellektuelle: Pflanzt euch fort! Nicht notwendigerweise auf ehrliche Art. Plötzlich empfangen wir eine Vision. Nicht einer, zwei oder zehn kleine Kinder, die mit uns identisch sind, sondern hundert, tausend! So bezaubernd – wenn wir nur ihre Gesichter sehen könnten! Aber sie haben alle ihre Nasen in Büchern vergraben. Es ist der Kreuzzug der Kinder. Da ist die New York Public Library, die Bibliothèque Nationale und der Bodleian Reading Room, von Zwergen übernommen. Aber diese Zwerge sind ja wir! Eine Million von uns! Eigenhändig werden wir weiterhin Sartre drucken! Wir werden die NYRB-Klassiker auf die Beststellerliste bringen!

Die Krankenschwester erscheint, die Musik schwillt an. Unsterblichkeit erwartet uns. +

Marco Roth

Letzte Zigaretten

Prolog: Fumoanalyse

»Ich bin überzeugt, dass die Zigarette anders und bedeutsamer schmeckt, wenn sie die letzte sein soll. Auch andere können einen eigenen Geschmack haben, aber nie einen so intensiven. Die letzte Zigarette hat das Aroma des Gefühls eines Sieges über sich selbst, der Hoffnung auf eine baldige Ära voll Kraft und Gesundheit.«
Zeno

Als ich sechzehn war und noch nicht geraucht habe, las Allen Ginsberg an der Privatschule in Manhattan, auf die ich ging, aus seinen Gedichten. Er trug Blakes »Tiger« vor, begleitete sich dabei auf einer Drehorgel, und noch heute höre ich seine vom Schlaganfall verlangsamte Nuschelstimme, wann immer ich dieses Gedicht lese. Für sein nächstes Stück holte er ein Paar klappernder malische oder Xhosa-Klanghölzer hervor und sang ein eigenes kleines Jingle:

»Don't smoke, don't smoke, don't smoke, click-click,
Smoke dope, smoke dope, smoke dope, smoke dope,
click-click, don't smoke, don't smoke, don't smoke.
Don't smoke, click-click, click-click, click-click,
Suck cock, suck cock, suck cock, suck cock,
suck clit, suck clit, suck clit, suck clit,
Click-click, click-click, don't smoke.«

Auf solch behutsame und großzügige Art wurde uns auferlegt, uns zu bekiffen und anzufangen, Oralsex zu haben, Philip Morris jedoch keine Gefallen zu tun. Heute weiß ich, dass man, wenn ein zotteliger, dionysischer Allen Ginsberg die Rolle des verbietenden Vaters aufgreift und man sich das Laster dennoch zulegt, wirklich auf der falschen Seite der Geschichte steht.

In einer reaktionären Zeit, die vom Ende der Fortschrittlichkeit des öffentlichen Dienstes gekennzeichnet ist, wie wir ihn kannten, können sich die wenigen, die noch voller Hoffnung den New-Deal-Idealen eines Staates nachhängen, der das Leben seiner Bürger zu verbessern bemüht ist, ebenso gut Studien widmen wie den bei Oxford University Press erschienenen *International Smoking Statistics*, ein Bericht, der festhält, dass seit einem Höhepunkt in den sechziger Jahren kontinuierlich weniger geraucht wird. Sogar wenn die Daten von einer hohen Dunkelziffer verzerrt werden, können sich Progressive mit der Anmerkung trösten, dass der Drang zu lügen, wenn es ums Rauchen geht, heute größer ist als jemals zuvor. Von der schamhaften Verleugnung zur totalen Finsternis ist es nur ein Schritt.

Vom Standpunkt der medizinischen Aufklärung aus ist das Ende des Rauchens ein notwendiger Teil des amerikanischen Zivilisierungsprozesses, ähnlich dem Rückgang des Laudanum-Gebrauchs, dem Aufkommen des Händewaschens und der Einführung von Gesundheitskontrollen für Nahrungsmittelfertigungsanlagen und Restaurants zu Beginn des 20. Jahrhunderts. Wir durchleben einen langen Augenblick, der das amerikanische Leben verlängern sollte, wenn er es schon nicht verbessert. Wir dürfen noch immer in uns hineinschlingen, große Autos fahren, uns gefräßig über die Welt verteilen und töten, als trieben wir Sport, aber zu rauchen ist tabu. Jener Marine, der fotografiert wurde, als er gerade eine Zigarette über seiner M16 in den Ruinen von Falludscha rauchte – eine Ikone, die uns kurz zurückführte zu jener »Größten Generation«, als die Zigarette die Freundin des Soldaten war und Soldaten unsere Freunde –, führte dazu, dass die Zeitungen Dutzende von erbosten Briefen druckten, die gegen eine solche Glorifizierung des Rauchens protestierten. Es ist möglich geworden, dass wir uns eine rauchfreie Zukunft ausmalen können, so wie man sich einst weniger bescheiden ein Ende der Armut, die Abschaffung des Privatbesitzes oder Gerechtigkeit für alle ausgemalt hat. Und auch die Raucher, trotzig oder verschämt, sehen es kommen. Ob wir wollen oder nicht, es ist Zeit aufzuhören.

Zugegeben, das Rauchen wird größtenteils mit Hilfe eines unerfreulich regressiven und autoritären Feldzugs zur Umerziehung des Einzelnen ausgerottet. Die Tabakkonzerne haben sich aller Gerichtsverfahren zum Trotz als unverwüstlich erwiesen. Sie profitieren von der aggressiven internationalen Handelspolitik Amerikas, die jenen Staaten, in denen Antirauchergesetze eingeführt werden, die in Amerika längst üblich sind, Sanktionen um die Ohren haut, und sie haben ihre Holdings klug verteilt, um so ziemlich alles abzudecken, was wir in den Mund stecken: Schmelzkäse, Light-Bier, billige Kekse, importierte Schokolade. Auf diese Weise trifft die Last den Einzelnen. Höhere Umsatzsteuern schaden insbesondere den Armen, die auch weiterhin am meisten rauchen.

Es ist schwierig, irgendjemanden in der hyperhygienischen Mittelschicht dazu zu bringen, für diese Ungerechtigkeit Interesse aufzubringen, seitdem die Raucher eine Klasse für sich geworden sind und die Verkörperung der Verwerflichkeit. Neuere Gesetze wie die Rauchverbote in Bars und Restaurants in Kalifornien und New York City behandeln den einzelnen Raucher, als trüge er tödliche Waffen, die noch viel strikteren Umweltschutzregulierungen als Pkw oder Kohlekraftwerke unterliegen. Eine selbstzerstörerische Handlung ist zu einer aggressiven Handlung geworden, die die Raucher, bekanntermaßen sowieso schon eine sehr schuldbeladene Gruppe, noch weiter stigmatisiert. Sogar die Tabakkonzerne glauben an die Wichtigkeit von Gesundheit und Fitness. Ein ehemaliger Philip-Morris-CEO hat sich ohne erkennbare Ironie als »Fitnessfanatiker« beschrieben und behauptet, man würde besser arbeiten, wenn man fit ist.

Latente Puritaner, Effizienzdrohnen, Anti-Corporate- genauso wie New-Age-Aktivisten: Warum wird angesichts der linken und rechten, der kontrollierenden und der gestattenden Kräfte, die sich dagegen aufreihen, auch weiterhin geraucht? Warum fangen so viele mit diesem Krebs erregenden Sozialkrebs an, diesem nutzlosen, schädlichen Vergnügen, das unsere Lungen zerfrisst, unsere Arterien verhärtet, unsere DNS verändert, unsere Sinne beschädigt und unseren Weg hin zu einem staubigen Tod verdunkelt? Warum sträubt man sich auch weiterhin gegen die unvermeidbare letzte Zigarette? Warum mache ich, nach zehn Jahren, wissend, was ich weiß, weiter mit dem, was ich tue?

»Sucht« erklärt nicht sehr viel. Wir kennen die physischen Symptome und Systeme, die schmerzenden Nerven, wenn viel beschäftigte Rezeptoren plötzlich frei werden: Kopfschmerzen, Reizbarkeit, Gewichtszunahme, abwechselnd Durchfall und Verstopfung, das Aufheulen des Körpers aus Protest, das jeden Versuch aufzuhören begleitet. Während ich diesen Text schreibe, verkünden Wissenschaftler, dass sie das Gen isoliert haben, das die Nikotinabhängigkeit kontrolliert. Sie versprechen medizinische Behandlungsmöglichkeiten, die dieselbe Richtung wie Antidepressiva einschlagen, allerdings sogar noch zielgerichteter und wirksamer. Elegante Forschung, aber sie macht nicht deutlich, warum die Sucht so sehr unser Problem ist. Bevor sie in die Reservate abgeschoben wurden, mussten sich die eingeborenen Amerikaner, die – wie aus Rache für die Pocken – Millionen weißer Opfer ihrer Friedenspfeifen für sich verbuchen können, keine Sorgen machen, dass sie tabaksüchtig werden könnten.

Unsere Süchte sind ein Teil unserer Moderne und eine Antwort auf die Moderne, sie sind die Entscheidung, sich geschlagen zu geben. Süchte sind auch Haltungen; zunächst noch eine Angelegenheit des Körpers, werden sie zu einer Perspektive auf die Welt. Wir wissen noch immer nicht, warum sich eine Ratte, wenn sie die Gelegenheit bekommt, bereitwillig mit Nikotin tödlich vergiftet. Aber wenn ich eine Laborratte wäre, würde ich auch rauchen. Wenn Sucht oder zwanghafte Oralfixiertheit tatsächlich Schicksal wären, warum nehmen wir das dann nicht einfach begeistert hin? »Liebe dein Symptom wie dich selbst!«, wie die Lacanianer sagen, in der Hoffnung, dass ein bestimmtes Objekt der Begierde eines Tages daran scheitern wird, das Urbedürfnis zu befriedigen. An diesem Tag werden wir frei sein, einen Augenblick lang, um das nächste auszuwählen, von dem wir gerne hätten, dass es unser Leben bestimmt.

Zigaretten haben etwas an sich, das sich dieser einfachen Geschichte über biologische Langeweile widersetzt. Ich bin über den

Moment des reinen Vergnügens hinaus, und oft frage ich mich vor der Gutenachtzigarette oder kurz nach dem Morgenkaffee, oder wenn ich feststelle, dass ich im Abfall herumstochere, Kaffeesätze und Obstschalen nach der halbleeren Packung durchsiebe, die ich aufgrund eines weiteren guten Vorsatzes, den zu brechen ich im Begriff bin, weggeworfen habe: Was tue ich da eigentlich?

Zeit, eine Fumoanalyse anzugehen. Das ist ein semiparodistisches Unterfangen und nicht einmal das erste seiner Art. Italo Svevo, triestinisch-jüdischer Romancier und Freund von James Joyce, hat den Begriff geprägt und das Genre mit seiner Figur des schmerzhaft lächerlichen bürgerlichen Undergroundmannes eröffnet, in dessen unentschlossenem und selbstzerstörerischem Bild ich mich häufig selber entdecke. Ich kann *Zeno Cosini* nicht einmal lesen, ohne vor körperlich schmerzender Verlegenheit über die gequälte Trägheit des Protagonisten zusammenzuzucken. Eine Fumoanalyse ist keine Psychoanalyse. Es gibt hier keine Psyche, nur etwas, das die Seele ersetzt. Was davor kam, war rhetorisches Löcherstopfen. Jetzt breite ich mich aus und mit mir den Diskurs des Rauchens, in dem ich mich seit dem ersten Mal befunden habe, als ich mir eine angezündet habe, bis zu demjenigen Moment, als ich entschied, dass ich wirklich nicht länger wollte und dennoch weitergemacht habe. Man stelle sich nur eine Sekunde lang vor, dass einige getrocknete Blätter meiner Erfahrung mit einigen Zusätzen der Erfahrungen anderer Menschen vermischt, verpackt und in das feine weiße Papier äußerer Ereignisse und Einflüsse eingerollt wurden und als massenproduzierte Zigaretten im Wert eines ganzen Jahrhunderts in Produktion gegangen sind. Wenn ich sie konsumiere, konsumiere ich mich selber, und ich beobachte die sich kringelnden Ringe, Knoten, Arabesken und Wirbel aus Persönlichkeit aufsteigen und vergehen.

MANCHMAL IST EINE ZIGARETTE NUR EINE ZIGARETTE, ABER EIGENTLICH NICHT ÖFTER ALS EINMAL

Nach einer weiteren fettigen und schwer verdaulichen Mensamahlzeit in einer Woche voller fettiger und schwer verdaulicher Mensamahlzeiten tritt mein Erstsemester-Zimmergenosse L. an seinen Schrankkoffer und taucht mit einem Mäppchen Drum wieder auf. Während er nach Blättchen sucht, reicht er mir den Beutel – kühles Tiefblau –, und das Ganze fühlt sich angenehm altmodisch an, wie ein Requisit in einem Kinderspiel mit Piraten und Entdeckern. Ich öffne den Beutel und schnüffle einen sehr uneindeutigen Geruch: bald nach Rosinen und nasser Erde und Gras, bald nach Bitterschokolade und Mandeln. Einige Minuten lang gibt es keinen Grund, das alles anzuzünden. Da ich an die abgestandene Luft der Diners gewöhnt war, in denen ich meine Highschool-Freunde beim Rauchen von Camels beobacht habe, hatte ich keine Ahnung, dass Tabak so gut sein kann. Die Luft in diesem Teil von Ohio riecht viel schlimmer – eine Mischung aus Kuhscheiße, Autobahnabgasen und der Braterei der Kantine. Wir benötigen ein Gegenmittel, und L. hat eines. Wir laufen ein kleines Stück bis an den Rand eines Feldes, und L. dreht mir meine erste Zigarette. Mir ist kaum etwas davon in Erinnerung geblieben. Huste ich? Misslingt es mir zu inhalieren? Paffe ich nervös? Spucke ich kleine, haarähnliche Stücke Tabak aus? Wahrscheinlich. Jedenfalls bin ich leicht benommen und verblüffenderweise mit mir im Reinen. Umgeben von der ganzen aufgezwungenen Sozialisierung der ersten College-Wochen, ist dies hier endlich ein Augenblick miteinander geteilter Privatsphäre, ein Moment des Vertrauens. L. hat nicht irgendjemanden gefragt, ob er mit ihm rauchen wolle. Er hat mich ausgewählt – der Beginn einer wunderschönen Freundschaft. Einige Wochen später fange ich an, meine eigenen zu drehen, wenn auch erfolglos. Ich werde niemals die Anmut oder Geschwindigkeit erreichen, die mir erlauben würden, mit meinem wachsenden Bedarf Schritt zu halten, aber ich habe den plötzlichen Brechreiz überstanden, der manchmal auf einen tiefen Zug folgt, und nahezu keine Mahlzeit endet ohne Zigarette.

L. und ich rauchen immer näher an unserem Zimmer, manchmal als Lernpause, niemals allein. Eines Tages stellten wir fest, dass wir jeweils fünf geraucht hatten. »Wir sollten besser aufhören«, sagt L., ein Mensch, dessen Gefühl für Selbstdisziplin ich ebenso verehre wie sein Rauchen. Verblüffenderweise tun wir es.

Jede Erfahrung hat ihre Unschuld. Sogar hartgesottene, pathologische Raucher werden manchmal auf ein Gefühl der Urfreude zurückgeworfen, der flüchtigen Würze ihrer ersten Zigarette. Eine Zigarette unter Tausenden wird sie daran erinnern. Sie wird entweder ekelhaft oder wunderbar schmecken, plötzlich aber keine Gewohnheit mehr sein und wieder einmal zu einer neuen Erfahrung werden. Zigaretten schmecken sehr verschieden, und einige Marken sind besser als andere. Billigere Zigaretten beinhalten tatsächlich mehr Chemikalien und weniger Tabak. Ich bilde mir gerne ein, dass ich ein Snob bin, aber aus Verzweiflung habe ich einige sehr schlechte Zigaretten geraucht (von denen die israelische Noblesse die mit Abstand schlechteste war). Je länger man sich ein Gespür für das rein Körperliche erhalten kann, desto besser stehen die Chancen, dass man zu jenem seltenen Geschöpf wird: dem reinen Geselligkeitsraucher.

Die besten und schlechtesten unter den Geselligkeitsrauchern sind Zigarettengourmets – jene Sorte Leute, die Skorpione, Grashüpfer und Kugelfische essen würden, weil sie neugierig sind darauf, was ihre Körper aushalten können, oder aufgrund ihrer freundlichen Bereitschaft, an den bizarr erscheinenden Ritualen einer anderen Kultur teilzunehmen. Vielleicht haben sie Spaß daran, aber es ist undenkbar, dass sie die Unannehmlichkeiten auf sich nähmen, sich ihre Grashüpfer selber zu fangen und einzulegen. Sie sind wie Chad Newsome in *The Ambassadors*, ihr Selbstbewusstsein ist immun gegen jedweden schlechten Einfluss. Was sie tun, verändert ihr Gespür für sich selber nicht und durchlöchert ebenso wenig ihre Aura der Unsterblichkeit. Raucher können diese Leute nur beneiden – und sie bedauern für das, was sie niemals kennen werden.

»Keine Zivilisation ohne Zigaretten«

»Also, was ist, haben Sie auch Zigaretten-Brandwunden?«, fragte Gitanas. Chip zeigte ihm seine Handfläche. »Nichts Schlimmes.« »Selbst zugefügt. Sie armseliger Amerikaner, Sie.« »Andere Art Gefängnis«, sagte Chip.
Die Korrekturen

Ich werde angegriffen, und meine Welt bricht zusammen; mein Vater liegt im Sterben und hat sich gegen mich gewandt. Er droht, mich zu enterben, wenn ich das College in Ohio nicht verlasse, von dem er glaubt, dass es nicht gut genug für seinen Sohn ist, und nach Hause an die Upper West Side zurückkehre. Am Ende lenke ich ein, aber ich bin verbittert und verzweifelt, wahnsinnig vor Ärger und Schuldgefühlen und Kummer. Während nahezu meines gesamten Erwachsenwerdens ist mein Vater unheilbar krank gewesen, aber er hat stets, als wäre dies eine Art Glaubensbekenntnis zwischen uns, darauf bestanden, dass seine Krankheit mir nicht schaden solle. Ich liebte sein großzügiges Wesen, obwohl das hieß, dass wir uns so zu verhalten versuchten, als ob alles in Ordnung wäre. Und wenn dieser Vertrag plötzlich und so brutal aufgekündigt wird, geht damit all das, was mich stützt, verloren. Noch schlimmer, dass er meine Kapitulation wie Gier aussehen lässt, ein Sohn, der allein vom Geld seines Vaters angetrieben wird. Kaum stimme ich zu, nach Hause zu kommen, kehrt er zu seinen üblichen Gewohnheiten zurück und will, dass ich weiterstudiere, als ob alles in Ordnung wäre.

Ich willige ein, und eine alte Bewerbung für die Columbia wird wiederbelebt. Seitdem ich an dem College seiner Wahl angenommen bin, sieht mein Vater keinen Grund, warum ich nicht hingehen sollte. Als ich dort ankomme, wenige U-Bahn-Haltestellen von der Gegend, in der ich aufgewachsen bin, ist da niemand, mit dem ich offen sprechen könnte. Ich bin zu wütend, um zu Hause zu leben, aber die einzig verfügbare Unterkunft ist ein kleines Zimmer mitten im Barnard Campus auf einem Stockwerk mit orthodoxen

Juden und koreanischen Mädchen, deren Verlobte sie an den Wochenenden besuchen kommen. Eines Nachts, um Jom Kippur herum, bemerke ich, dass ich nach Rasierklingen suche, nach so etwas wie dem altmodischen Injector, um mich aufzuschlitzen; ich habe bereits ein Loch in die billige Kleiderschranktür geschlagen und muss mich davon abhalten, nicht zu nah am Fenster zu stehen. Ich will mich nicht umbringen, ich will Gewalt – und irgendwie bin ich in die U-Bahn geraten, donnere downtown, fahre zwischen den Waggons. Ich fasse den Plan, abzuwarten, bis der Zug beinahe leer ist, und dann den ersten tough aussehenden schwarzen Typ zu beleidigen, den ich sehe, damit er mich zusammenschlägt. Als ich diesen Vorsatz nicht ausgeführt habe, als der Zug an der Chambers Street ankommt, gebe ich auf, steige aus und beginne, uptown zu laufen. Auf einem verlassenen Stück der Eighth Avenue trete ich einen Mülleimer aus dem Weg. Irgendwann später betrete ich ein koreanisches Deli und kaufe eine Packung Zigaretten. Mein Highschool-Freund W. L. raucht Dunhill Blues, und weil dies der erste Name ist, der mir einfällt, kaufe ich eine Packung. Ich gehe und rauche und beginne, mich schlecht zu fühlen und mir leidzutun. Als ich in meinem Zimmer ankomme, bin ich erschöpft und schlafe angezogen ein. Die Packung steckt in meiner Hosentasche, ein bisschen zerdrückt, als ich aufwache.

Einer Studie über die Psychologie des Rauchens zufolge sind Zigaretten »eine Form der Selbsttherapie, um normal zu bleiben«. Ihre Macht als Droge beruht nicht auf ihrer Deregulierung der Sinne oder auf einem ausbruchartigen Glücksgefühl. Die Zigarette bietet Menschen, die bereits am Abgrund stehen, Stabilität und die Illusion von Kontrolle. Für M., während dieser Monate meiner einzigen Freundin auf der Columbia, sind Zigaretten ein Teil ihrer langen Meisterschaft darin, sich Verletzungen zuzufügen, der letzte sublimierende Schritt, bevor sie sich die Arme mit Rasierklingen aufschneidet. Nikotin ist eine Droge für diejenigen, die befürchten, im Zorn oder in der Trauer den Bezug zur Realität zu verlieren. Das zu tun, können sie sich nicht leisten, wo doch der Rest der Welt so rücksichtslos erscheint, bedrohlich und nicht vertrauenswürdig, und sie selber die letzte Verteidigungslinie für ihre Familie oder Freunde sind. Noch vor und sogar mit Prozac ist es die Lieblingsdroge der klinisch Depressiven und unheilbar Ängstlichen.

Ich würde sogar noch weiter gehen: Die Zigarette ist die Selbsttherapie der Gewalttätigen in einer gewalttätigen Welt. Die moderne, in Massen hergestellte Zigarette ist genauso alt wie das Senfgas, der Totale Krieg und auch die Psychoanalyse. Als General Pershing seine Infanteristen während des Stellungskriegs aus den Schützengräben hinaus ins Niemandsland jagte, um Raum zu gewinnen, schrieb er an das Kriegsministerium zurück: »Sie fragen, was wir brauchen, um diesen Krieg zu gewinnen. Ich werde es Ihnen verraten. Wir brauchen Tabak, mehr Tabak – sogar noch mehr als Nahrungsmittel.« Wo auch immer es Krieg gibt, Zerstörung und Angst, wird geraucht. Nach der Zerstörung der Twin Towers haben die New Yorker kurzzeitig wieder in größerem Umfang zu rauchen begonnen.

Für Richard Klein, den Autor von *Schöner blauer Dunst*, einem Buch über alle möglichen Aspekte des Rauchens, geschrieben in einem merkwürdigen Tonfall intellektueller Angeberei, verwandelt die Zigarette die Angst vor dem überwältigenden Gefühl eines nahenden Todes – des eigenen oder desjenigen von jemand anderem – in einen Tod, der nach und nach eintritt und den man verarbeiten kann:

> »Indem der Organismus eine bestimmte Quantität Nikotin in sich aufnimmt, beschleunigt er sein Sterben, setzt er sich schädlicheren Auswirkungen aus, als wenn er die Angst ertrüge. Aber der Tod, dem er sich näher bringt, ist sein eigener Tod; er setzt seine Annäherung an den Tod an die Stelle eines Prozesses, über den er keinerlei Kontrolle hat. Zigaretten zu rauchen, um seine Angst zu überwinden, bedeutet so viel, wie einer bestimmten Form des Sterbens den Vorzug vor einer unerträglichen Form des Lebens zu geben.«

So gesehen sind Zigaretten kleine Dosen alltäglicher Unehrlichkeit. Jede einzelne birgt eine Botschaft, ähnlich einem Glückskeks: »Du bist frei«, »Du bist verantwortlich«, »Du kannst es schaffen«. Ja, wie mein Freund S. H. anmerkt, »ohne Zigaretten kann es keine Zivilisation geben, keinerlei Kultur«. Kultur, wie wir sie kennen, verlangt nach Zigaretten, weil Kultur nach Sublimierung verlangt, nicht nur von Sex, sondern auch von Gewalt.[1] Dass so viele Linke eine Bewegung zur Abschaffung des Rauchens unterstützen, ist eigentlich eine Kapitulation vor dem Pessimismus. Sie zielt darauf ab, unerfreuliche Effekte zu beseitigen statt unerfreuliche Ursachen.

Als ich in New York zunächst wieder anfange zu rauchen, tritt die Gewalt an die Oberfläche. Ich habe Angst vor brennenden Streichhölzern; ich könnte mich selber verbrennen oder das Zimmer abfackeln; ich fantasiere, dass meine Kippen auf trockenem Laub im Riverside Park einen Waldbrand entfachen oder dass mir auf der Straße ein brennendes Streichholz in eine Öllache fällt. Wann immer ich ein Streichholz anzünde, rechne ich mit dem Ende der Welt, stattdessen zünde ich eine Zigarette an. Und dann geht sie aus.

Rapaccinis Tochter

Die romantische Gewalt einer Zigarette nutzt sich ab, ähnlich dem Autofahren. Je mehr ich rauche, desto häufiger finde ich Zigaretten einfach schön. Sie sind soziale und erotische Objekte. Das geometrisch Akkurate der Packung, die Primärfarben, die saubere Rundung der Dinger, all das spricht einen Sinn für Ordnung und Propor-

1 Historizisten werden einwenden, dass das Rauchen doch erst kürzlich als gefährlich eingestuft worden ist, und erst heutzutage gehört das Rauchen wohl zu jener Gruppe von Genüssen, die mit Gewalt und Tod in Verbindung gebracht werden. Und doch, während bis in die fünfziger Jahre hinein niemand genau wusste, was so schlecht an Zigaretten sein sollte, hatte die Eingebung, dass es ungesund sein könnte zu rauchen, beinahe schon, seitdem der Tabak in Europa angekommen war, existiert. Es war James I., nicht die Puritaner, der Europas erstes Antirauchergesetz ausprobierte. Noch weniger weit liegt *Zeno Cosini* zurück, das, 1921 veröffentlicht, um tatsächliche und metaphorische Krankheit und Gesundheit herumgebaut ist – Gesellschaften sind wie Individuen –, und das Rauchen befindet sich sehr entschieden auf der Seite der Krankheit.

tionen an. Der *faux*-Wappenschmuck aus Kronen, Sparren, Balken und brüllenden Löwen weckt das Verlangen nach einer nicht existierenden Zeit der Ordnung und des kultivierten Müßiggangs. Abgesehen von Sex ist das Rauchen die einzige Handlung, die für so mimetisch mächtig gehalten wird, dass sie in Filmen oder in der Werbung nicht mehr gezeigt werden darf. Der bloße Anblick eines Rauchers soll uns bereits dazu bringen können, dasselbe tun zu wollen.

Als erotische Objekte sind sie nicht die phallischen Symbole der Legende. Zigaretten sind nicht sexy aufgrund dessen, was sie bedeuten oder für was sie stehen, sondern aufgrund dessen, was sie tun. Sie fokussieren die Aufmerksamkeit auf die Lippen, die Hände, die Stimme des Rauchers. Noch viel mehr als Befriedigung versprechen sie Schwäche und Verlangen. Obwohl sie seit jeher Verfügbarkeit und schamlose Erwartung signalisiert haben, verweisen sie heute, in der Zeit des Arschdekolletés und der Mainstream-Bondage & Discipline-Kleidung, auf die Sinnlichkeit der Unterdrückten und der Prekären. Normalerweise sind Raucher mit sich selber beschäftigt, und sie auf frischer Tat zu ertappen, fasziniert diejenigen, die sie ertappen, so als beobachteten sie jemanden beim Essen oder Schlafen. Für sie ist man unbedeutend, aber auch ein notwendiger Beobachter. In Bars oder auf einer Party sind sie gelangweilt; oder ist das Nervosität? Abseits und gierig, schmachtend, gelassen, aber unruhig, in dieser Ungewissheit und in der Einladung zum Voyeurismus verbirgt sich die Sexualität der Raucher. Beobachte mich bei privaten Dingen – warum beobachtest du mich?

Während einer langen Phase des Zusammenkommens, das von Hunderten von Fortschritten und Rückzügen geprägt ist, sind es die Zigaretten, die M. und mich davon abhalten, voreilig davonzulaufen, bevor wir erfahren haben, dass all die anfängliche Unentschiedenheit letztlich richtig war. Wir lernen, zusammen zu rauchen, treffen uns vor der Low Library, manchmal spät am Abend, wenn sie eine Pause von der Arbeit für die Studentenzeitung benötigt. Es gibt Vorbilder: Belmondo in *Außer Atem*, Bacall jederzeit, jeder Film Noir, der große Junge auf meinem Gang, der eindeutig mehr Zeit damit verbracht hat als wir, sich diese Filme genau anzusehen. »Mein Leben«, schreibt Michel Houellebecq in *Plattform* über ein Leben, das hauptsächlich aus Sex besteht, »war ein Spiel, ein erregendes, zärtliches Spiel, das einzige Spiel, das den Erwachsenen noch bleibt.« Er hat das Rauchen vergessen. Zudem macht das Rauchen so wie auch Sex deutlich, dass es verschiedene Grade der Beherrschbarkeit gibt. Man beginnt zu inhalieren und geht über zum Irischen Wasserfall. Soweit ich es beurteilen kann, raucht M. teilweise aufgrund des Stresses einer Studentin, die viel zu viel zu tun hat, teilweise ihrer Liebe zu einem Exfreund wegen, teilweise, weil es ihr die einzige Entschuldigung liefert, die sie sich selber gegenüber gelten lässt, faul zu sein, und irgendwo in ihr auch aufgrund der feinen Narben auf ihren Unterarmen. Sie ruft mich an, und ich unterbreche, was auch immer ich gerade tue, um ihr eine Zigarette zu bringen, oder wir verabreden uns zu einer bestimmten Zeit, und sie bringt sie mit. Sie mag es, im Gehen zu rauchen. Ich sitze lieber und beobachte Leute. Eines Abends, als wir uns geeinigt haben und vor ihrem Studentenwohnheim stehen und zwei oder drei rauchen, bevor sie hinauf und ins Bett geht, beginne ich zu glauben, dass sie vielleicht nach Ausreden sucht, um bleiben zu können. Zögernd gehe ich zurück, aber zuversichtlich. Obwohl sie die Packung hat, kaufe ich an dem 24-Stunden-Kiosk an der 116th eine weitere. Ich rauche allein, um mich an M. zu erinnern, als ob ich sie durch ausreichend geopfertes Lungengewebe herbeizaubern könnte.

Als wir uns zum ersten Mal trennen, erwäge ich aufzuhören. Stattdessen rauche ich mehr und mehr, um mich an sie zu erinnern. Lange Zeit gelingt es mir, mich mit dem Gedanken zu trösten, dass ich sogar dann gemeinsam mit M. rauche, wenn ich es allein tue oder mit mehreren Rauchern auf einer Party. Alle, mit denen ich rauche, rauchen mit M., und alle Raucher sind M. Natürlich bin ich sofort eifersüchtig, wenn ich mitbekomme, dass sie mit einem anderen Jungen raucht. Das hätten unsere Zigaretten sein sollen! Schlimmer noch, dass ich mich frage, wie ich aufhören soll, solange M. ohne mich weiterraucht. Eigentlich hätten wir vereint sein sollen in unserer Sucht, wir hätten zusammen mit ihr erwachsen, ihrer gleichzeitig überdrüssig werden und uns gegenseitig zur Gesundheit bringen sollen. Von diesem Happy End geblendet, bleibe ich als ein hoffnungsvoller Raucher zurück – ich rauche, um M. treu zu bleiben, damit sie zu mir zurückkommt.

Im Diskurs der Liebenden symbolisiert das Rauchen Verlangen. Ranken aus Rauch treiben hin und weg von den Geliebten. Sichtbar vermengt sich der Atem. Die ersten Zigarettenreklamen hatten dies immerhin verstanden und Rauch in Frauen und Frauen in Rauch verwandelt. Yeats, ein Geschöpf jener Fin-de-Siècle-Tage, in denen *My Lady Nicotine* entstand: »Der Mensch verliebt sich gern in das, was schwindet, / Was soll man sonst noch sagen?« Liebe ich M. also deshalb noch immer, weil sie mich, indem sie mich verlassen hat, freigibt, um zu rauchen und an sie zu denken? Hat sie mir am Ende das gegeben, was ich gewollt hatte: die Freiheit zu grübeln und Rachepläne zu schmieden und zu schmollen und endlos und, mir selber genug, zu träumen; die Freiheit, immer das zu wollen, was ich nicht haben kann, und nicht einmal das zu wollen, sondern durch selbst auferlegtes Leid geläutert zurückzubleiben? Dies ist eine Frage, auf die mich M. eines Abends aufmerksam macht, nachdem wir wieder zusammengekommen sind. Trotz des ersehnten Ergebnisses bin ich noch immer pathologisch eifersüchtig. Und wie alle eifersüchtigen Liebenden bereite ich den Boden für die Realisierung meiner Ängste selber. M. ist klug genug, um sich regelrecht dazu getrieben zu fühlen, mich zu betrügen, aber das hält sie nicht auf. Stattdessen erinnert sie mich daran, dass sie mir ganz am Anfang gesagt hat, ich solle Hawthornes »Rappacinis Tochter« lesen. Um es kurz zu machen: Dieses Mädchen ist Gift! Aber wie die blasse, von ihrem Vater – damit sie in dieser feindlichen Welt überleben kann – mit einem Panzer versehene Heldin zu dem naiven jungen Mann sagt, der davon träumt, sie vor sich selber zu retten: »Oh, war da nicht von Anfang an mehr Gift in deinem Wesen als in meinem.«

Stunden des Müßiggangs

»Et pour tuer le temps en attendant la mort
Je fume au nez des dieux de fines cigarettes.«
Jules LaForgue

Selbstregulativ und rebellisch zugleich, sind Zigaretten beides: eine alternative Form, die Zeit anzuzeigen und sie totzuschlagen. Jonathan Franzen: »Dass mich das Rauchen reizt, liegt wohl am ehesten daran, dass ich einer Personengruppe angehöre, deren Leben unzureichend strukturiert ist. Auch Geisteskranke und Mittellose gehören dazu. Wir öffnen uns einem so tödlichen [. . .] Giftstoff wie Nikotin, weil wir noch keine Freuden oder Routinehandlungen gefunden haben, die den tröstlichen, strukturierenden Rhythmus aus Bedürfnis und Befriedigung ersetzen können, den eine Zigarette bietet.« Das ist Franzen in selbstverachtender Kleinbürgerbestform. Zigaretten sind ein Mittel, die Leere zu strukturieren und etwas zu tun, wenn man nichts tut, ein einfaches, einer Meditation verwandtes Bewusstsein für den eigenen Körper zu schaffen. Es verwandelt das Atmen in so etwas wie Essen. Einfach nur herumzustehen wird zu einer gewichtigen und absichtsvollen Handlung. Dies ist ein Teil der Attraktivität, die Zigaretten auf Reisende ausüben, und einer der Gründe, warum Rauchverbote in Flughäfen und auf Bahnhöfen besonders grausam sind.

Ähnlich den Armen sind Reisende jedoch keine Menschen, deren Leben »unzulänglich strukturiert« sind, wie Franzen es ausdrückt. Ihre Leben werden von oben herab strukturiert. Die Armen sind auch arm an Zeit. Sie besitzen ihre Zeit so wenig, wie sie irgendwas anderes besitzen. Sie stehen Schlange, um Schecks einzulösen, oder vor einem Arbeitsamt oder vor Suppenküchen. Große Teile ihres Lebens verbringen sie wartend, nicht auf Almosen, sondern auf eine richtige Chance, die ihren Fähigkeiten entspricht. Zigaretten sind dazu da, um Trost zu spenden und das Gefühl zu ermöglichen, inmitten der Monotonie die Wahl haben zu können, das Warten in Abhängen zu verwandeln. Für Menschen, die so glücklich sind, einen Job zu haben, wird die Rauchpause zu einem momenthaften Verstoß gegen die Stechuhr. Sie ist ein kleiner Protest gegen das Zeitmanagement, das diejenigen auf Seiten des Zeitmanagements, die Führungsschichten, nicht wirklich teilen können. Für solche Leute, Schriftsteller wie Franzen gehören dazu, ist das Rauchen entweder ein gekünsteltes Gehabe, eine Art Edelproletentum oder eine Handlung, die einem tiefen Gefühl der Entfremdung von den eigenen regulativen Impulsen folgt. Gerade in der Disziplin des Rauchens ist es diese Entfremdung von der Selbstdisziplin, die es zu einer antibürgerlichen Droge macht, und während Schriftsteller in finanzieller Hinsicht wohl der Unterschicht angehören, sind sie gewissermaßen die Aristokraten der Zeit.

Worüber Franzen in Form des Wunsches nach einem vollkommen regulierten Leben eigentlich klagt, ist die von Schriftstellern und Nichtschriftstellern gleichermaßen geteilte Neigung, sich zu langweilen. Langeweile ist nichts Klassenspezifisches, und die Menschen langweilen sich nicht, weil sie unzureichend reglementiert wären. Langeweile bedeutet Unzufriedenheit mit dem existierenden Regime, ein Gefühl des Eingesperrtseins und der Limitierung. Auf einer niedrigeren Ebene registriert das Gefühl der Langeweile einen ästhetischen Ekel gegenüber der Zeit, wie wir sie im Alltag erfahren.

Langeweile ist ein Moment der Gefahr. Zigaretten können ein Mittel sein, sich diese Gefahr zu Nutze zu machen, die Selbstvertrauenskrise, die entsteht, wenn ein Schriftsteller feststeckt oder einsam ist und sich fragt, ob sein Regime wirklich ein Regime ist, eine achtbare, unabhängig gewählte Struktur, oder, wie er zweifellos während seines gesamten amerikanischen Lebens immer wieder gehört hat, eine extravagante Art, sich vor etwas zu drücken. Er muss allen beweisen, dass sie unrecht haben, und zeigen, was für ein guter Arbeiter er ist. Tippen, innehalten, anzünden, tippen, tippen, tippen, aschen, tippen, inhalieren, tippen. Die Zigarette ist dazu da, um Konzentration und Willensfreiheit zurückzugeben; um zu beweisen, dass man die Oberhand über die Zeit behält, und dennoch steigt mit jeder weiteren Wiederholung das Risiko, dass die Zigarette die Konzentration ersetzt und die Willensfreiheit verdrängt.

Sie kann auch zu einer Masche werden. Irgendwann nach drei Jahren regelmäßigen Rauchens beginne ich, langsamer zu schreiben. Der Absatz ist nicht länger eine Einheit, sondern eine Herausforderung. Ein einzelner Satz ist bereits mehr als genug und reicht so gerade eben aus. Mir gefällt der Gedanke, dass ich in eine Phase Flaubert'schen Ästhetizismus eingetreten bin: »Je veux écrire un livre qui ne constiste que des phrases.« Mir macht es Spaß, Zitate zu finden und sie als Motti zu benutzen, als frei stehende kleine Einheiten zusätzlichen Sinnpotentials. So wie das Rauchen ist auch exzessives Zitieren ein Laster derjenigen, die undefinierbare Freuden in Einzelpackungen mögen. Exegese ist arbeitsintensiv und nicht dasselbe wie der rasche Erfolg, der sich einstellt, lässt man eine Zeile von Wilde, eine zweite von Flaubert und eine dritte von Walter Benjamin unmittelbar aufeinanderfolgen. Ich entwickele einen merkwürdigen Schreibrhythmus: Tippen eines Zitats, eine Zigarette rauchen und dann warten. Ich stelle fest, dass ich eine Stunde damit verbracht habe, in meiner lang gezogenen Einzimmerwohnung umherzuschauen, Bücher zu durchblättern, an Mädchen oder Sport zu denken. Ich rauche ununterbrochen und mit bei jedem Wetter offen stehendem Fenster. Trotzdem ich rauche, bleibe ich ein Frischluftfanatiker. Ich schiebe Deadlines hinaus und schreibe erst im letzten Moment. Das Rauchen rettet mich über das wachsende Schamgefühl hinweg, über das Gefühl, dass ich einem Teil von mir nicht gerecht geworden bin. Solange ich rauche, halte ich dieses Gefühl lange genug in Schach, um mein Studium zu beenden, lange genug, um mit der Graduate School zu beginnen, so gerade eben lang genug. Irgendwann einmal werde ich vor meinem Computer sitzen und rauchen, ohne irgendetwas anderes zu tun, bis mir übel wird und ich mich hinlege, ein Invalide und zu nichts zu gebrauchen.

Augies Laden

Ein Klempner kommt, um in dem Haus, das ich in Philadelphia gemietet habe, eine riesige undichte Stelle zu reparieren. Er ist groß, fast dreißig Zentimeter größer als ich, und er stampft mit fugendichtungsmittelfleckigen Timberland-Stiefeln über meinen Wohnzimmerteppich. Grunzend fängt er an, den Kühlschrank herauszuzerren, um an die Rohre zu kommen. Ich frage, ob alles in Ordnung sei. »Ich schaff das schon, Mann«, sagt er. Ich frage mich, wie ich denn etwas anderes hatte annehmen können, und gehe hinaus in den Garten, um einen Roman zu lesen. Als er fertig ist, kommt er an, um mir das mitzuteilen. Er verteilt sich auf der Veranda, bemerkt, dass ich rauche, und holt eine zerknitterte Packung Monarchs hervor, die sich als leer erweist. Ich biete ihm eine von meinen an – immer noch Dunhills, inzwischen Lights. Er hat selbst gemacht aussehende Tattoos auf seinen Händen und Unterarmen, und ich frage mich, ob er im Gefängnis gewesen ist. Er berichtet mir, dass er das gebrochene Rohr durch ein gutes altes kupfernes ersetzt hat, weil Kupfer noch immer das Beste sei. Er schiebt sein Bandana zurück und wischt sich über die Stirn. Er sei nicht gut in der Schule gewesen, sagt er, aber er habe gelernt, dass man das Beste benutzen muss, um das Beste zu tun. Ich pflichte bei, dass das ein gutes Prinzip sei. Sein Chef sei der Gewiefte, der Verhandler. Er sei nur ein Arbeiter, sagt er. Er will gute Arbeit abliefern. Dinge gehen kaputt, er repariert sie. Er ist ein Nachbarschaftstyp, Italiener. Ich bin aus New York. Wir sprechen über die Eagles. Als wir fertig geraucht haben, schütteln wir uns die Hände.

Paul Auster, ein Schriftsteller, der aus dem Zufall ein umfangreiches Werk geschaffen hat, fängt diesen Aspekt des Rauchens in seinem Drehbuch zu *Smoke* perfekt ein. In einem von Harvey Keitels Verkäufer Augie[2] geführten Tabakgeschäft entsteht aus einigen Zu-

2 Austers Augie ist nach dem Inhaber einer namengebenden Jazzbar auf der 107. Straße benannt. Augie war Kettenraucher, Kettenredner und ein so schlechter Schachspieler, dass alle bei ihm die gleichen Chancen hatten. Er herrschte über eine

fallsbegegnungen eine ganze Reihe von Ereignissen und unwahrscheinlichen Freundschaften. Schwarz, weiß, reich, arm, Mann, Frau, Raucher kennen den Rauchercode und gehen den Raucherbund ein. Dies ist eine Grundform der Solidarität, eine der wenigen, die es noch gibt. Man wird nach einer Zigarette gefragt, man gibt sie bereitwillig: Feuer? Kein Problem. Von da an kann alles passieren oder nichts weiter. Es ist ein seltener Moment des Teilens unter Fremden, eine nahezu archaische Form der Freundlichkeit innerhalb der unfreundlichen Kultur der großen modernen Städte.

Wenn ich darüber nachdenke aufzuhören, denke ich an all die zukünftigen Begegnungen dieser Art, die ich versäumen werde, und an diejenigen, die ich gehabt habe. Dank der Zigaretten habe ich einen an AIDS sterbenden Marokkaner getroffen, der auf einen Zug nach Casablanca wartete, einen verbitterten israelischen Soldaten, einen Architekten mit einer Pechsträhne, der mit John Edgar Wideman befreundet war. Ich habe mit Frauen gesprochen, die mich normalerweise eingeschüchtert hätten, und habe mich mit ihnen angefreundet. Dies ist die Art von Leuten, an denen ich, wenn ich den Gesetzen meiner Schicht oder den Geschlechtergeboten folgte, unbeachtet vorbeilaufen würde. Hätte ich jemals mit ihnen zu tun, dann nicht als Gleicher, sondern als Kunde oder Repräsentant irgendeiner Institution: als Journalist, Sozialdienstleister, Arzt, Lehrer. Mit Herablassung gratuliere ich mir dazu, dass ich niemanden herablassend behandele. Aber ich bin nicht besser als sie, und das ist der Punkt. Wenn wir zusammen rauchen, sind wir über dieses Bedürfnis vereint und davon vielleicht auch ein wenig peinlich berührt. Was mich von ihnen zu trennen scheint, ist das Gefühl, dass ich nur vorübergehend rauche und mich auf eine Art nur unters Volk mische; aber das Gefühl, dass ich aufhöre, sobald ich dazu be-

Generation junger Musiker von der Manhattan School of Music und aus den Straßen von New York. Er servierte frühreifen Highschool-Schülern und Columbia-Erstsemesterstudierenden Bier. Es war die Art von Bar, in der man wahrscheinlich sein erstes Date hat, Ornette Colemans Musik entdeckt, einen billigen Hamburger am Nachmittag bekommt oder heroinabhängig wird. Es ist immer noch ein Jazzclub, jetzt bekanntermaßen Smoke benannt. Sie nehmen 25 Dollar Eintritt und verlangen am Eingang die Ausweise.

reit bin, und mich dazu überwinde, mich nicht länger im gesellschaftlichen Bodensatz herumzutreiben, sondern mein Schicksal des gesunden, aufgeklärten Arztsohns zu erfüllen, der ich bin, wird immer weiter verschoben, Verschiebung um Verschiebung. Auch diese Menschen verschieben das Unvermeidliche: Eines Tages werden auch sie aufhören. Dann werden wir nicht mehr zusammenkommen, und das ist es, was uns vereint.

Tachykardie

Ich träume von Tachykardie, Herzrythmusstörungen, Atemnot, Schmerzen in der linken Seite. Ich bewege mich auf das zu, was ich die ganze Zeit vom Rauchen gewollt habe, ein Bewusstsein des Todes, ein Gespür des nahenden Endes. Wenn dieses Gefühl zu stark wird, ist es wichtig, dass ich mir eine weitere Zigarette anzünde und mir beweise, dass es noch nicht so weit ist. Wenn ich rauchen kann, werde ich sicher sein. Es ist anders, als aus einem Flugzeug zu springen oder Motorrad ohne Helm zu fahren; Zigaretten sind ganz gewöhnlich. Auch der Tod ist gewöhnlich. Für die meisten von uns wird er ein langsamer Prozess des Zerfalls sein. Organe werden ihren Dienst versagen, der Schmerz wird überhandnehmen, unerträglich werden, nach Erlösung verlangen. Am Ende hoffen wir, dass wir zu sterben bereit sein werden. Ein Teil des Geheimnisses der Zigarette liegt in ihrer Fähigkeit, uns die Erfahrung überleben zu lassen, in das Licht unserer schon untergehenden Sonne zu blicken. Wenn ich allein rauche, habe ich das Gefühl, dass ich nicht länger von dieser Welt bin. Ein Teil von mir ist in den Äther abgewandert und schwebt um meinen Kopf herum wie eine Rauchwolke. Ich kann von einem sehr weit entfernten Flugzeug einer höheren Intelligenz auf meinen Körper hinunterschauen. Für einige ist dies die Art von Erfahrung, die die Zigarette wettmacht und beweist, dass die menschliche Seele mehr Wert ist als der Körper. Zigaretten bieten uns die Möglichkeit, einen kleinen Tod zu erleben und unsere größeren Ängste zu beherrschen, indem sie uns ein Gefühl von Freiheit und Macht zurückgeben. Sie sind, wie Richard Klein uns glauben machen will, im kantianischen Sinn erhaben. Aber Klein vergisst, dass Kants Erhabenheitsbegriff von der Gewohnheit besiegt wird. Der savoyardische Bauer, der in den Alpen lebt, findet den Montblanc überhaupt nicht erhaben. Er ist Teil seiner körperlichen Umgebung, so wie der Ozean für den Fischer und die Zigarette für den Gewohnheitsraucher. An einem bestimmten Punkt in jedem Raucherleben bleibt nichts als Gewohnheit übrig, ein nicht reflektierendes ursprüngliches Leben. Gewohnheiten erdrücken uns und verwandeln eine Handlung, die sich ihrer selbst bewusst ist, in deren bloße Vortäuschung. Die letzte Ironie des Rauchens ist, dass die Wiederholung ebenjene Anerkennung des Todes verhindert, die sie doch heraufbeschwören sollte. Der Raucher: das seiner selbst nicht bewusste Tier.

Der Fremde

>»Mir scheint, ihr Gaukeln in dem Schweigen der Natur
>Bringt Sympathien hervor, die sie mit mir verbinden ...«
>*»Frost um Mitternacht«*

Die Idee, diesen Essay zu schreiben, kam mir kurz vor der Geburt meiner Tochter. Ich hatte mich bereits selber aus dem Haus geworfen, um verstohlen auf Veranden zu rauchen, in Gärten und auf Feuerleitern. Meine gesamte Umgebung hatte sich verbündet, um mich dazu zu bringen aufzuhören, und zugleich war ich sicher, dass ich meine Zigaretten niemals mehr gebraucht hatte. Ich fühlte mich vertrieben, vom echten Leben zu Unrecht verurteilt, plötzlich ein Erziehungsberechtigter, mehr eine Kategorie als eine Person, allein durch meine neue Verantwortlichkeit gegenüber anderen definiert. Mit letzter Kraft ist dann das Rauchen zu meinem Versuch geworden, mich an etwas Individualität zu klammern, aber das hat eine offenkundig falsche und sogar idiotische Welt erschaffen. Ist das Rauchen der einzige Weg gewesen, mit dem ich mich von meiner eigenen physischen Existenz und Identität überzeugen konnte?

Die Zigarette ist ein Teil unseres modernen Diskurses über den Individualismus. Die meisten konsequenten Raucher sind Individualisten, die sich als solche auch selbst erkannt haben, antiautoritär oder aktiv libertär. Aber Raucher sind auch diejenigen, die sich ihrer eigenen Individualität am wenigsten sicher sind, leicht angreifbar und kompromittiert: die Beschädigten, die Unsicheren und sozial Unbeholfenen, die psychisch Kranken oder auch nur entfernt Neurotischen, die Bedürftigen, der Schriftsteller auf der Suche nach der negativen Befähigung, der Folterer mit schlechtem Gewissen, das regredierte Opfer. Ich nehme auch an, dass ich nicht wirklich ich selber bin, wenn ich rauche. Ich fühle mich als Teil von vielen Menschen, bekannten und unbekannten: meiner Großmutter väterlicherseits (mehrere Packungen am Tag), meines sterbenden Vaters, der sich in einem unserer letzten Gespräche an seine vor meiner Geburt an einem Melanom sterbende Mutter erinnert hat, meiner Kusine E. – eine ehemalige Heroinabhängige –, die erste Person, die ich rauchen gesehen habe, als sie sich bei einem Thanksgiving-Familienfest aus einem Badezimmerfenster lehnte, Walter Benjamin in Neapel auf einem alten Foto. Mein Rauchen ist eine Zwiesprache mit ihrem Leid und ihren Triumphen. Je mehr ich rauche, desto weniger bin ich tatsächlich am Leben und desto mehr werde ich zu einem hysterischen Medium für die Leben anderer Leute. Ich leiste den Abwesenden Gesellschaft und stelle mich sogar gegen das Hier und Jetzt auf ihre Seite.

In jedem nachfolgenden wichtigen Augenblick meines Erwachsenenlebens hat die Zigarette eine Rolle gespielt. Ich habe sogar auf meiner Hochzeit geraucht, einen Moment lang meinem eigenen Vergnügen fremd. Von nun an werde ich mich ewig fragen, ob ich ohne Zigaretten mehr Spaß hätte haben können oder ob ich ihr Gift noch immer benötige, um mein eigenes zu neutralisieren. Wie wir wissen, zerstört das Rauchen schrittweise die Lungenbläschen, beginnend mit denen, die dem Punkt, an dem der Rauch in die Lungen eintritt, am nächsten sind. Wenn sie sich mit Teer füllen oder explodieren, zwingen sie den Raucher dazu, tiefere und tiefere Züge zu nehmen, sie bis ganz nach unten hin aufzufüllen und platzen zu lassen, sodass der Körper daran gehindert wird, Sauerstoff aufzunehmen. Man stelle sich das Leben wie ein Paar Lungen vor, gefüllt mit kleinen Blasen – Lungenbläschen der Erfahrung –, und in jedes füllt man eine Portion einer allerletzten Warnung, etwas, das sagt: »Das hier bist nicht du«, »Hier bist du zu Hause«, »Das weißt du doch besser«, »Du solltest nicht«, »Du musst«. Wenn ich es wage, auf meine Karriere als Raucher zurückzuschauen, als wenn sie beendet wäre, stelle ich fest, dass mir meine Investitionen in diese Karriere ein Geheimnis bleiben. Ich kann nicht damit angeben, dass ich ganz sicher wüsste, wie es ihnen gelingen konnte, mein Leben zu dominieren, ihren Teil meiner Freuden und Schmerzen einzubehalten. Die zentrale Krise, meine Rückkehr nach New York unter schrecklichen Umständen, gefolgt vom Tod meines Vaters einige Monate später, scheint mich auf eine Art und Weise ausgebrannt zu haben, die unverständlich bleibt. Hat die Zigarette mein Leben gerettet oder ist sie wie eine Narbe oder ein stechender Schmerz ein Teil der Krise gewesen, der die Krise überdauert hat?

Wir tun, was nötig ist, um zu überleben, aber was wir in unseren schlechtesten Momenten tun, bleibt bei uns und wird zu uns. Meine Versuche aufzuhören sind zweifellos von meinen Ängsten davor gestört worden, dass ich wieder zu jener gewalttätigen, schmerzgeplagten Person zurückkehren könnte, die ich unmittelbar vor den Zigaretten gewesen war, und von dem ganz gegensätzlichen Wunsch, mich gegen die Medikamentisierung meines Lebens zur Wehr zu setzen. Historisch gesehen, ist dies kein guter Augenblick, das Richtige zu tun, weil man es letzten Endes immer aus den falschen Gründen tut. Ich will niemandem und auch keinem Gesetz gehorchen, der oder das darauf abzielt, mich zu bessern. Ich bin kein Kranker, der Beistand nötig hätte – obwohl ich gerne aufhören würde zu rauchen. Dennoch ist auch der Gedanke daran, dass ich am Ende dieses Essays aufhören würde, wenn ich die ganze Bandbreite der Möglichkeiten und Vorstellungen, die ich in mir trage, wenn ich rauche, ausgeschöpft, bis zum Filter heruntergeraucht hätte und nicht noch einmal ziehen könnte, eine Illusion. Es kann keine letzte Zigarette, im Sinne eines definitiven, alles offenbarenden Zugs, geben. Wie auch Zeno habe ich versucht, mich mir glücklicher und gesünder vorzustellen, und ich habe geraucht, um den Pakt zu besiegeln. +

Benjamin Kunkel

Diana Abbott

Ein Lehrstück

I.

Sie wacht heute schon zum zweiten Mal auf. Das erste Mal hat sie National Public Radio um 7.30 Uhr mit seinen innigen Rezitationen der jüngsten Katastrophen geweckt, damit Daniel auf seinen Tag losgelassen werden konnte und noch eine Chance hatte, dem Berufsverkehr nach Westwood zu entgehen, und jetzt erwacht Diana Abbott (die beim Geräusch von Weckern, Ambulanz-Sirenen, sogar Telefonen zusammenfährt; die das Läuten ihres neuen Handys so sehr aufschrecken lassen kann wie ein Anruf mitten in der Nacht), wie sie es mag, langsam und spät, und nicht von Summern oder Nachrichtenansagen. Einige wenige Takte neugierigen Vogelgesangs, Spezies unbekannt, reiten auf dem Ab- und Anschwellen des Verkehrslärms.

Diana rutscht nackt aus dem Bett, es kommt ihr vor, als ob sie im Schlaf etwas über Coetzee erfahren hat. Sie steigt in ihre Unterwäsche und fragt sich, was es ist.

In Vorbereitung auf eine Buchrezension, die sie schreiben muss – 1100 Wörter für eine der großen Sonntagsbeilagen –, hat sie sich wieder einmal in das Romanwerk des südafrikanischen Schriftstellers J. M. Coetzee vertieft, und er hat sie ganz schön durcheinandergebracht. Es erscheint ihr fast ebenso selbstverständlich wie der Anblick ihres Körpers im Spiegel der Kleiderschranktür, dass der erste Gedanke, der ihr heute kommt, ein Gedanke an Coetzee sein sollte. Coetzee, stellt sie fest, während sie ihren BH einhakt, schreibt selten über Frauen mit Körpern wie dem ihren, weich und jung und noch unbeschädigt. Worüber Coetzee schreibt, das ist der Schmerz; und so ist da zum Beispiel – das Beispiel, das einem als Erstes einfällt – Mrs. Curren in *Eiserne Zeit*, die im fortgeschrittenen mittleren Alter an Krebs stirbt, als sie zum ersten Mal in ihrem Leben die Grausamkeit der Apartheid zu verstehen beginnt (so würde es ein Literaturkritiker wohl formulieren). Zuvor hatte Mrs. Curren diese Grausamkeit lediglich registriert; jetzt versteht sie sie ein wenig. Erst der sich zuspitzende Ritus ihres eigenen Schmerzes lässt sie die enormen Widrigkeiten registrieren, in denen andere stecken. Das ist das Coetzee-Muster, das ist, was er insbesondere den Gebildeten und Zufriedenen unter seinen Figuren antut, das ist der Sadismus, dem er auf sehr charakteristische Weise im Namen des Mitleids nachgeht. Müsste Diana dieses Thema in einem Essay behandeln, würde sie sich besonders mit den Romanen *Warten auf die Barbaren* und *Schande* auseinandersetzen.

Diana rückt ihren Rock zurecht, schaut auf ihre jungen blassen Knöchel hinunter und erinnert sich an die Beschreibung von Mrs. Currens Beinen als »marmoriert, blaugeädert« und »wie Stöcke heraus« stakend. Vielleicht wird Diana in ihrer Rezension erwähnen, dass Mrs. Curren aus *Eiserne Zeit* dieselben Initialen wie Elizabeth Costello hat, die eponymische Protagonistin des zu besprechenden Buches, und dass diese zwei E. C.s noch weitere Merkmale gemein haben: Beide sind zutiefst unglücklich und einsam und haben nicht mehr lange zu leben: ein Paar untröstlicher Großmütter, die anstelle von Umarmungen und Süßigkeiten unliebsame Gedanken austeilen. Das wäre ein kluger Vergleich und würde demonstrieren, dass Diana wie immer ihre Hausaufgaben erledigt hat. Im Moment ist sie in diesem Zusammenhang jedoch mehr an jener mit Mitgefühl vermengten Abscheu interessiert, die Coetzee ganz eindeutig für alterndes weibliches Fleisch empfindet. Sie findet sich in *Elizabeth Costello* genauso wie in dem frühen Buch *Im Herzen des Landes*, dessen Erzähler (oder Erzählerin) schreibt: »Ich erröte wegen meines eigenen dürftigen Geruches, des Geruches einer ungebrauchten Frau, beißend vor Hysterie, wie Zwiebeln, wie Urin.«

Noch so etwas an Coetzee, denkt Diana: Seine hohen Ansprüche verwandeln sich sehr schnell in eine starke Abneigung. Er widmet dem Schmerz, einschließlich des Schmerzes des Alterns, so viel Aufmerksamkeit, und dann erschaudert er vor Ekel über all die Generationen von Menschen und Tieren, die derart taktlos unmittelbar vor ihm leiden. Ganz offensichtlich mag Coetzee solche Zurschaustellungen nicht; anscheinend behielte er sein eigenes Leid lieber für sich (und dennoch ist er Schriftsteller).

Diana hat sich sehr hübsch angezogen. Als wäre sie mit jemandem zum Lunch verabredet, trägt sie einen gerippten weißen Tanktop und einen schieferfarbenen A-Line-Rock aus irgendeinem seidigen Mischgewebe aus Viskose und anderen Industriematerialien. In Wahrheit hat sie jedoch keine Pläne für den Tag, außer an ihrem Schreibtisch zu sitzen und so schnell wie möglich diese Rezension zu schreiben. Dann, um etwa sieben Uhr, wird Daniel nach Hause kommen, so Gott will (Diana glaubt nicht an Gott, aber als Mädchen hat es sie sehr beeindruckt, dass ihre Großeltern mütterlicherseits ihrer Vorfreude auf die Umsetzung eines Reiseplans stets ebendiese Bedingung Seines Willens hinzufügten), und wenn Daniel nach Hause kommt, werden sie gemeinsam das Abendessen kochen und eine Flasche Wein öffnen. Sie werden sich küssen und ihre jeweiligen Tage Revue passieren lassen. Vielleicht ist es nicht mehr zu früh, ausführlich mit der Planung der Hochzeit zu beginnen, die sie für Juni angesetzt haben. Bald werden sie das tun müssen. Aber ihre Wünsche zu spezifizieren, macht Diana Angst.

Sie schüttelt zwei kreisrunde vegetarische Wurstpasteten aus ihrer frostigen Hülle in eine Pfütze extra-nativen Olivenöls in der antihaftbeschichteten Pfanne; sie beugt sich leicht vor und stellt die Flamme ein. Sie öffnet den Kühlschrank, nimmt eine Paprikaschote und ein Viertel einer Zwiebel aus ihren Plastikbeuteln und beginnt, sie auf ihrem Schneidebrett in Würfel zu schneiden. Auf der ersten Seite des ersten Bandes von Coetzees Erinnerungen *Der Junge. Eine afrikanische Kindheit* sieht man Mrs. Coetzee ein Schälmesser verwenden, um »die verhornten Stellen« unter den Zungen der Hühner der Familie herauszuschneiden und somit deren Fortpflanzungsfähigkeit zu verbessern. »Die Hühner krakeelen und kämpfen, die Augen quellen ihnen hervor. Schaudernd wendet er« – Coetzee schreibt über sein ehemaliges Ich in der dritten Person – »sich ab.«

Wie merkwürdig, dass sie und Coetzee so vertraut miteinander geworden sind, wo sie sich doch noch nicht einmal in Bezug auf seinen Namen sicher ist. Heißt es cut-zee-uh oder eher coat-zee? Coatzee, sagt sie zu sich selber, hält es für falsch, aber auch für weniger prätentiös. Sie nämlich sollte sehr vorsichtig sein: Schon in New York schien sie ausreichend prätentiös und schrecklich literarisch, und jetzt lebt sie in L. A., im Ortsteil Marina del Rey, im Innern eines riesigen Apartmentkomplexes, der den Freizeitparknamen Mariner's Village trägt. Sie bezweifelt, dass ihre und Daniels Freunde aus L. A. von einem Autor werden hören wollen, den sie cut-zee-uh aussprechen müssen. Ihr Interesse könnte geweckt werden, wenn sie erwähnt, dass *Warten auf die Barbaren*, Coetzees großartiger Roman über den Imperialismus und über – wieder in der Kurzschrift des Kritikers – das Wissen und das Nichtwissen davon, was mit den Feinden der eigenen Regierung angestellt wird, als Drehbuch adaptiert worden ist. Aber Daniel zufolge wurde das Drehbuch schon vor Jahren angefertigt und ist dann im Sande verlaufen. »Die Barbaren sind heutzutage nicht sonderlich beliebt«, hat Daniel ihr mitgeteilt, als ob Diana ihren Kopf bisher kaum in die Welt hinausgesteckt hätte und nichts wüsste.

Daniel arbeitet in Westwood für eine mittelgroße Produktionsfirma. Zurzeit verdient er genug Geld, um zuzulassen, dass Diana zu Hause bleibt, spät aufsteht, zu schreiben versucht und gelegentlich einen Scheck über mehrere hundert Dollar für eine Buchrezension, die irgendein angesehener Abnehmer publiziert hat, auf ihr Gemeinschaftskonto einzahlt. Über den psychologischen Überbau, der von dieser ökonomischen Basis getragen wird, ließe sich so viel sagen, dass Daniel Dianas Ängstlichkeit und andere übergroße Stimmungslagen absorbiert, während Diana Daniel aus seiner sehr gewöhnlichen Anständigkeit und Tüchtigkeit heraus- und in eine Lebhaftigkeit hineinstößt, die er andernfalls wohl niemals erfahren würde. Und natürlich geht da noch viel mehr vor sich als das. Aber sie respektiert ihrer beider Glück genug, um nicht nach seinen Ursprüngen zu forschen.

Wie auf einen Damensattel setzt sich Diana auf ein Kissen an das rot lackierte Quadrat, das ihr japanisch aufgemachter Tisch ist. Sie beginnt, ihre Wurst von links nach rechts aufzuschneiden, spießt Gemüsebrocken mit Paprika- und Zwiebelstücken auf ihre Gabel.

Aus Gründen, die sie im Rahmen der ihr zugeteilten Wortanzahl zu erklären können hofft, ist *Elizabeth Costello* ihrer Ansicht nach keines von Coetzees großen Büchern. Sie kann sich noch daran erinnern, wie wichtig ihr die Figur Elizabeth Costello war, als Diana ihr zum ersten Mal begegnete. Coetzees Einbildung ist zweifellos raffiniert gewesen: Eingeladen, zwei Vorlesungen in Princeton zu halten, trug er seinem Publikum stattdessen zwei Kurzgeschichten oder Vignetten vor, in denen eine berühmte Romanautorin – eine Australierin namens Elizabeth Costello – ihr studentisches Publikum mit einem Vortrag über Tierrechte überrascht. Das neue Buch enthält nicht nur den Text jener zwei Geschichten oder Szenen (1999 auf Englisch als *The Lives of Animals* veröffentlicht, 2000 auf Deutsch als *Das Leben der Tiere*); es führt zudem deren formale Methode näher aus, eine Art Roman aus einer Abfolge von Kapiteln zusammenzufügen, in denen die berühmte Autorin Elizabeth Costello aus verschiedensten Gründen Reden halten oder Erklärungen abgeben muss, genau so, wie es dem weltberühmten Coetzee häufig widerfährt (wie klein auch immer sein Ruhm unter Filmindustrieleuten um die dreißig aus Los Angeles sein mag). Teile von Costellos fiktiven Dokumenten werden dann von Coetzee transkribiert und reproduziert. Auf diese Weise werden die Worte der fiktiven Autorin wie die Worte irgendeines realen Autors hinein- und hinausgewoben aus dem dominierenden Kontext ihres Lebens und halb angemessen, halb schlüssig von einer Schar von Kollegen, Bewunderern, Familienmitgliedern und anderen Fremden kommentiert und währenddessen von Costellos eigenen Erinnerungen und unausgesprochenen Vorbehalten bekräftigt oder unterminiert.

Am Ende sollen diese acht »Lehrstücke«, wie die Kapitel heißen, als Coetzees Versuch erscheinen, mit den Methoden des Romans die antike Form des platonischen Dialoges zu erneuern. Und Dianas Ansicht nach ist sein Grundgedanke das Beste am ganzen Buch: das zu veranschaulichen, was wir alle wissen und häufig vergessen, und zwar, dass in Referaten oder Vorträgen dargelegte (oder in Buchkritiken angedeutete) Argumentationen nicht so sehr Erzeugnisse reiner Vernunft als vielmehr Sinnbilder unserer Lebensverhältnisse sind, die Beichten unseres Fleisches, ob jung oder alt.

Diana vermutet, dass sie all dies 1999 erkannt hat, als sie *Das Leben der Tiere* in ihrem Zimmer jener winzigen Wohnung in der Elizabeth Street las, in der sie mit Stephanie und Sharmila gewohnt hat, und noch jeden Morgen als Teil der Mädchenarmee von Lektoratsassistentinnen in einen riesigen Verlag in Midtown zur Arbeit ging. Aber damals war das Einzige, was sie interessierte: dass sich der Schriftsteller, den sie so sehr verehrte, offenbar zum ethischen Vegetarismus bekannt hatte – wenn auch in Frauenkleidung und unter einem Decknamen. Denn in ihrem Vortrag verurteilt Elizabeth Costello unmissverständlich, wenn auch etwas hysterisch, »was Tieren in diesem Augenblick überall auf der Welt angetan wird – in Produktionsstätten (ich zögere, sie noch Bauernhöfe zu nennen), in Schlachthöfen, auf Fischtrawlern, in Versuchslabors« – das sind die Worte, deren Sinn, wenn auch nicht ihre exakte Reihenfolge, Diana nun erinnert –, und lässt beim anschließenden Dinnerempfang, bei dem nur drei Leute den Fisch anstelle der Nussbratlinge zu bestellen wagen, eine ziemlich unbehagliche Situation entstehen. Es war nur logisch, dass auch Coetzee, dessen Ohr wie das des Magistrates in *Warten auf die Barbaren* »auf die Tonlage menschlichen Schmerzes eingestellt« ist, auf die stummen oder unterdrückten Schreie der Tiere zu hören begonnen haben sollte, da sich, bei aller sonstigen Verschiedenheit, der körperliche Schmerz bei Menschen und Tieren nicht sonderlich voneinander unterscheiden kann. Nichtsdestotrotz war Diana von Coetzees Engagement für Tiere überrascht gewesen und erfreut, es schien ihr Gesellschaft zu leisten.

1999 hatten sich ihre Freundinnen mit ihren extrem winzigen New Yorker Apartments und Zehn-Dollar-Cocktails, jene Freundinnen, die, sobald ihre Gehaltschecks eintrafen, teure Schuhe einkaufen gingen und am Ende des Monats (»diese Zeit des Monats«, wie die geistreiche Stephanie sie nannte) regelmäßige Fastenkuren aus Frühstückscerealien einlegen mussten, einen Anstrich metropolitanischer Härte erarbeitet, die sich anzueignen Diana unfähig schien. Die merkwürdige Beschaffenheit dieser Härte sollte allen zeigen, dass man eine gute Zeit in der Stadt hatte, dass man sich dafür nicht zu entschuldigen gedachte und sich für den Spaß, den man hatte, nicht schämen würde. Und auch Diana hatte so einige Wodka-Gimlets getrunken; hatte mit genug Typen geschlafen, um eine Indie-Rockband zu gründen oder zwei; und hatte mehrere Gehaltsschecks in vegane Schuhe gesteckt, die so kunstvoll waren, dass man keinen Unterschied zu Leder erkennen konnte. Es war lächerlich: am einen Abend in hohen, veganen Slingpumps zum Dinner auszugehen und den nächsten zusammengekuschelt und im Pyjama mit J. M. Coetzee zu verbringen. Auch als sie Daniel traf und sich schnell und dankbar in ihn verliebte, löste sie ihre Widersprüche nicht auf. Was er tat, war, sie mit Zuneigung zu betrachten, mit – wenn sie diesen Blick definieren müsste – jener Mischung aus Herablassung und Verehrung, die man den übernatürlichen Fähigkeiten eines hochbegabten Kindes gegenüber zeigt.

Diana ist nie hart im Nehmen gewesen. Sie kann kühl schreiben, sogar in ihrem Tagebuch, hart, formal ziemlich streng, männlich, wie sie es bezeichnet; und sie ist einmal eine gute Sportlerin gewesen. Aber in Wahrheit oder vielmehr: im Leben ist sie auch mit 28 noch ein mädchenhaftes Mädchen, eine Naschkatze mit einem weichen Herzen und von vielleicht altmodischer Anständigkeit. Ihre Stimme ist weich und voller Verständnis; sie erschrickt bei Gewalt auf dem Bildschirm; gurrt auf beinahe schon unangenehme Weise Babys zu und ist eine Tierliebhaberin. Vor Kurzem hat sie Daniel dazu überreden können, sie einen Kater aus dem Tierheim aufnehmen zu lassen, und jetzt werden ihre Morgenträumereien (auf womöglich unrealistische Längen ausgedehnt, in dieser Länge jedoch für eine Frau wie Diana Abbott alles andere als unwahrscheinlich) von ebendiesem Kater unterbrochen, Jeremy nennen sie ihn, als er sich mit seinem gesamten gescheckten Körper ihrer Wade entlang windet, einmal, zweimal mit dem Schwanz schlägt und ihr unverwandt in die Augen sieht.

»Oh Jeremy, was mache ich da mit mir?« Der Kater beobachtet sie mit jener katzenhaften Unbefangenheit, die einen aus der Fassung bringen kann, bis sie seinen Kopf mit ihrer Hand bedeckt und ihn zwischen den Ohren krault. Jeremys Schnurren drückt eher Kenntnisnahme aus als Entzücken; dies ist seine Art, jedwede Form von Zuneigung so entgegenzunehmen, als wäre sie nichts anderes als das, was ihm sowieso zusteht. »Du hast keinerlei Erinnerung daran, wie dein Leben war, bevor du zu uns gekommen bist«, sagt sie zu dem gleichgültigen Geschöpf. »Du erinnerst dich nicht daran, wie die anderen Katzen leben.«

Diana steht auf, um ihr Geschirr abzuwaschen und in das Spülbecken zu stellen, während der Kater ihr in die Küche folgt und sich vielsagend vor seine Schüssel hockt. Diana bückt sich, um ihm einen Löffel zu servieren, und fragt sich, was in diesem Futter wohl drin ist: Hühnchen? Schwein? Aber sie ist nicht neugierig genug, um das Inhaltsverzeichnis zu lesen – oder vielmehr: die Zutatenliste.

»Schamtötend«, in *Ulysses* benutzt Joyce dieses Wort für die Augen einer Katze, und es ist wahr, Joyce hat recht, es gibt keinerlei Scham in Jeremys Augen, nichts verkompliziert seinen Appetit, nichts unterbricht seine Selbstsucht.

Diana steht auf und sieht aus dem Fenster: ein weiterer funkelnder Oktobertag gegen Ende des langen kalifornischen Sommers, dessen exakte Bezeichnung nicht Sommer sein dürfte; und in der hellen Windstille dieser frühen Stunde fühlt sie plötzlich, dass das Leben sogar für einen mauligen Griesgram wie J. M. Coetzee besser sein muss, als er es sich anmerken lässt. Ja, sie spürt sogar, ebenfalls ganz plötzlich, dass sie eine exzellente Buchkritik schreiben wird, ebenjenen gut durchdachten, anerkennenden und dennoch kritischen Text von jemandem, die so tief in das Werk des Autors eingedrungen ist, dass sie auf der anderen Seite wieder auftaucht.

Warum muss Coetzee überhaupt so sehr mit seiner Schwermut hausieren gehen? Denn wenn er schon Aufmerksamkeit auf das Elend zu ziehen wünscht, ließe es sich dann nicht umso eindringlicher begreifen, wenn er auch eine Möglichkeit von Glück immerhin in Betracht zöge? Oder könnte es sein, dass John Maxwell Coetzee wie so viele Männer schlicht Angst vor dem Leben hat? Könnte es sogar sein, dass er über Frauen jenseits der Wechseljahre nicht so sehr aufgrund von Mitgefühl schreibt, sondern vielmehr einer gewissen Vorliebe wegen, weil zwischen ihren knubbligen knöchernen Beinen nicht noch so ein vertracktes Leben hervortreten kann? Könnte es sogar vielleicht sein, dass seine ostentative Leidenschaft für die Versehrten und Ausgeschlossenen einen Klagegesang über sein eigenes Leben und dessen geheimnisvolles Verderben kaschiert?

II.

Der Computer pfeift und murmelt, als er zu neuem elektronischen Leben erwacht. Diana lässt sich in ihrem Stuhl nieder und bemüht sich, wenigstens zu Beginn des Tages gerade zu sitzen. Eine Zeitlang hat sie in Yogahosen und dem ein oder anderen von Daniels weichen alten T-Shirts geschrieben. Das ging so lange, bis ihr der Verdacht kam, dass schlampige Kleidung schlechte Körperhaltung fördere und schludrigem Denken Vorschub leiste. Jetzt zieht sie sich zur Arbeit an, als wenn es Arbeit *wäre* und sie ein richtiger Mensch, angestellt und ganz offiziell, mit beständigen Konturen und einem eindeutigen Standpunkt.

Diana hat zweimal auf das Word-Symbol geklickt und ein neues Dokument erstellt. Wie eine Schauspielerin, die darauf wartet, dass ihr eine Zeile souffliert wird, sieht sie aus dem hell erleuchteten Fenster, aber da gibt es nichts zu sehen außer den wächsernen elliptischen Blättern eines Eukalyptusbaumes und dem pastellfarbenen Tarnanstrich seiner ungleichmäßig gescheckten Rinde.

»Wie ihr Schöpfer«, tippt Diana mutig, »der südafrikanische Romancier J. M. Coetzee, ist Elizabeth Costello eine weltberühmte Schriftstellerin und als Mitfahrerin auf dem Vortragskarussell sehr begehrt.«

Sie stoppt – ein Rohrkrepierer. Was die Leser der *Sunday Book World* wollen, ist ein Aufhänger, ein Einstieg, der ihre Aufmerksamkeit weckt, und dieser Satz ist keines von beiden. Wie üblich wünscht sich Diana, sie könnte alle Fakten aus dem Weg räumen und geradewegs zum interessanten Teil übergehen, zu den leuchtenden Gedanken, dem vollen Glühen der Interpretation. Sie wünschte, sie könnte irgendwie in einem Rutsch die Vorgehensweise des Buches abreißen, und sich in einem einzigen Satz seinen schwer zusammenzufassenden Inhalt vornehmen. Bevor die »Lehrstücke« in einem Buch versammelt wurden, waren sie über einen Zeitraum von fünf Jahren in Einzelteilen veröffentlicht worden, und so lässt sich vielleicht erklären, warum *Elizabeth Costello* einen ein wenig unscharfen Eindruck hinterlässt, warum diesem Buch die sich nach und nach langsam aufbauende Wirkungskraft seiner besten Romane fehlt.

Zugegeben, viele der Kapitel sind für sich genommen interessant. Zum Beispiel halten Elizabeth Costello und ein gescheiterter nigerianischer Romancier namens Emmanuel Egudu im zweiten Lehrstück »Der Roman in Afrika« den hellhäutigen liberalen Kunden einer skandinavischen Kreuzfahrtlinie einen Vortrag über das Thema afrikanische Literatur. Egudu singt eine abgedroschene Hymne auf die afrikanische orale Kultur (ganz offensichtlich ist es Coetzee wichtig, seine schwarzen Protagonisten nicht allzu gönnerhaft zu behandeln oder vorteilhafter als nötig darzustellen), wohingegen unsere E. C., niemals um ein Widerwort verlegen, beklagt, dass es »keinen wirklich wichtigen afrikanischen Roman gibt«, weil es keine substantielle afrikanische Leserschaft gebe: Schriftsteller aus Ländern anderer Kontinente schreiben vornehmlich für ihre Landsleute; wohingegen Afrikaner für Europäer und Amerikaner schreiben und daher ihr Afrikanischsein »performen« müssen anstatt ganz einfach auf seiner Basis zu sprechen. Ob korrekt oder nicht – Diana hat noch nicht genügend afrikanische Literatur gelesen, um dies beurteilen zu können –, das Argument an sich leuchtet ein. Dennoch lässt Coetzee bei seinen Lesern die Frage aufkommen, ob Costellos Auseinandersetzung mit Egudu nicht auch ein wenig dem Fakt geschuldet ist, dass er, der einst ihr Liebhaber war, ein maskuliner und in seinem Dashiki sehr charmanter Frauentyp geblieben ist, während ihr Sexleben heute weit hinter ihr liegt.

In einem weiteren Lehrstück bereitet die fiktive Costello einen

Vortrag über den tatsächlich existierenden Romancier Paul West vor, in dem sie dessen Folterszenen beschuldigt, gewissermaßen mitschuldig an der Obszönität zu sein, die sie darstellen (Wer *Warten auf die Barbaren* gelesen hat und die Folterszenen in diesem Roman nicht vergessen kann, wird Coetzees implizite Selbstkritik bemerken). Natürlich ist Costello verunsichert, als sie erfährt, dass ebendieser Paul West nach Amsterdam eingeladen worden ist, um an demselben Rednerpult wie sie einen Vortrag zu halten. Und doch macht sie mit ihren vorbereiteten Ausführungen wie zu erwarten den Anfang. Elizabeth Costello ist keine Frau, die zugeben würde, dass ihr irgendetwas gefällt; dafür zu sorgen jedoch, dass andere sich unwohl fühlen, scheint ihr hingegen sehr zu gefallen. Wie ihr Sohn im ersten Lehrstück bemerkt: »Denn sie ist auf keinen Fall eine tröstliche Autorin«, genau das, was man oft von Coetzee sagt. Die ironische Wendung kommt am Ende des Kapitels, als Coetzee uns Costello in einer Klokabine zeigt, während sie gerade denkt, dass es Privatsphären gibt, die der Romancier nicht verletzen sollte.

Ja, es wäre schön, eine Vorstellung von all dem vermitteln zu können, ohne dass allzu viele der 1100 Wörter dabei verbraucht werden, und ähnlich knapp einige der offensichtlicheren Verwicklungen des Buches herauszustellen. Zum Beispiel werden die Probleme Afrikas unter reichen Pensionären erörtert, die die Antarktis auf einem Schiff besichtigen, das Northern Lights heißt; das Wesen der Tiere wird vor der am wenigsten einem Dschungel ähnelnden Kulisse verhandelt, der Universität; und die berühmte Schriftstellerin reist an, nicht etwa, um in Sarajevo oder Kigali das Urböse zu erörtern, sondern im ordentlichen und gemütlichen, sozialdemokratischen Amsterdam. Wie gastfreundlich und bequem die Foren denen gegenüber sind, die über unwillkommene und unbequeme Gedanken sprechen! Elizabeth Costellos konsequente Unfähigkeit zur Kollegialität mutet als unterdrückter Protest gegen intellektuelle Kollegialität überhaupt an – als ob die störenden Schriftsteller und die schwierigen Denker im Voraus vereinbart hätten, dass ihre Streitereien eigentlich nicht zählen, dass sie doch ganz grundsätzlich alle miteinander auskommen. Es muss Coetzee stören, dass solch ein unliebsamer Autor wie er überall gefeiert und mit Preisen bedacht wird.

Aber so geht man keine Buchkritik an, weder mit einem Trommelfeuer an Information noch mit einer Zusammenfassung der Thematik. Diana hatte sich darauf vorbereitet zu beanstanden, dass man Elizabeth Costello – kalt, schroff, geistesabwesend – nicht abnimmt, dass sie eine Frau ist, sie ist viel eher J. M. Coetzee mit Rock. Aber welcher Teil von Diana? Welcher Teil ihrer Stimme als Kritikerin? Wenn wir die Lebensverhältnisse des Autors berücksichtigen müssen, wie Coetzee anregt, dann müssen wir festhalten, dass Dianas eigener Fall der einer jungen Frau ist, die man ganz offen als hübsch bezeichnen kann und die daher wissen sollte, wie man Leser verführt, wie man sie lockt, sie reizt. Diana ist nicht irgendein außer Rand und Band geratenes Mädchen; ihr sollte, wenn es darum geht, Wissenswertes zu vermitteln, etwas Besseres einfallen, als alle sieben Schleier auf einmal herabzureißen (aber natürlich weiß sie nicht, wie man Leute verführt – sie ist immer diejenige gewesen, die verführt wurde).

Diana löscht den dummen Satz, den sie geschrieben hat. Sie greift nach hinten, um ihre dunkelblonden Haare in einem Pferdeschwanz zu sammeln. Sie setzt sich gerade hin, drückt ihre Schultern durch und versucht es noch einmal.

»J. M. Coetzee schreibt dünne Bücher, aber sie stapeln sich fast zu einer neuen Literaturkultur. Man kann sich beinahe ein Paralleluniversum vorstellen, einige Zoll neben unserem eigenen, in dem Coetzees gestrenge Methodik die vorherrschende Norm ist. In unserem Universum hat die literarische Moderne die Launen des Bewusstseins als das große Thema des Romans festgelegt. Coetzee hingegen schreibt über den Körper und den Schmerz. Und in unserem Universum«, fährt Diana fort, »berichten Autobiografien von sich selbst, indem sie *ich* und *mir* benutzen. Stellen Sie sich stattdessen vor, wir täten, was Coetzee in seinen zwei Memoirenbänden *Der Junge* und *Die jungen Jahre* tut, und schrieben über uns in der dritten Person Singular, einer Stimme, die souverän irgendwo zwischen unvermeidbarem Narzissmus (Ich sehe mich an) und notwendiger

Gleichgültigkeit schwebt (Ich bin nur eine dritte Person unter den anderen, ein *Er* in einer Welt aus *Ers* und *Sies*).«

Sie will andeuten, dass wir uns genauso gut eine Welt vorstellen könnten, in der *Elizabeth Costello* nicht das einzige Buch seiner Art ist, eine Welt, in der moralphilosophische Debatten häufig von fiktiven Figuren geführt werden, deren Leben die relevanten Gedanken veranschaulichen oder in Zweifel ziehen. Aber müsste sie dann nicht erklären, wie das, was Coetzee tut, viel eher auf die Romanisierung des Essays hinausläuft als auf den altmodischen Ideenroman? Und wie kann sie so dreist sein, derart selbstsicher vom »altmodischen Ideenroman« zu sprechen, wenn sie Thomas Mann nicht gelesen hat? Sie hätte mehr Klassiker lesen sollen, den Kanon. Hätte sie das getan, würde sie vielleicht nicht so steif und altmodisch schreiben und versuchen, so zu klingen, als wäre sie anständig gebildet.

Diana hält die Löschtaste gedrückt, bis nichts mehr auf dem Bildschirm ist außer dem klopfenden Cursor. Was denkt sie über Coetzee oder über überhaupt irgendetwas? An welchem Seminar hat sie teilgenommen, als man ihnen zu denken beigebracht hat?

Gelangweilt, enttäuscht von sich, gelangweilt davon, enttäuscht von sich zu sein, schlägt sie *Leben und Zeit des Michael K.* auf. Das ist ihr Lieblings-Coetzee. In einem Südafrika des Bürgerkriegs und der Konzentrationslager angesiedelt, eines, das glücklicherweise niemals existiert hat, handelt der Roman von dem »Farbigen« Michael K., der sich aus dem Wunsch heraus, frei von Kategorisierungen und Kontrollmechanismen zu leben, vor der Welt in einem Loch in der Erde versteckt und sich – eine bemitleidenswerte, einfach gestrickte Person – so gut er kann von seinem winzigen Kürbisacker ernährt und von was auch immer die Erde zur Verfügung stellt.

»Er fing wieder an, Insekten zu essen. Da die Zeit sich in so endlosem Strom über ihn ergoß, gab es ganze Vormittage, die er damit zubringen konnte, auf dem Bauch vor einem Ameisennest zu liegen, sich mit einem Grasstengel eine Larve nach der anderen herauszupicken und sie sich in den Mund zu stecken. Oder er löste von toten Bäumen die Rinde und suchte nach Käfermaden ...«

Also ist noch nicht einmal der sanftmütige Michael K. ein richtiger Vegetarier. Diana blättert weiter: »Er aß auch Wurzeln. Er hatte keine Angst, vergiftet zu werden, denn er schien den Unterschied zwischen einer genießbaren und einer ungenießbaren Bitterkeit zu kennen, als wäre er einst ein Tier gewesen, und das Wissen um gute und schlechte Pflanzen wäre in seiner Seele noch wach.«

Wie schön und schwer, wie das ganze Buch! Coetzees Prosa ist nicht mehr so gut wie das hier. Viele sprachliche Bilder in *Elizabeth Costello* scheinen aus einer Art Metaphern-Esperanto gewonnen zu sein (»in den Nazi-Wald der Schrecken«), und Coetzees Meckerton und üblicherweise äußerst strenge und von den Kritikern vielfach gerühmte Grundhaltung bewahren ihn nicht davor, öfter als nur gelegentlich der Fertigphrase zu frönen (»in abgrundtiefe Niedergeschlagenheit«). Costello hat eine gereizte und launische Gewissenhaftigkeit an sich, die aus anderen Büchern Coetzees der jüngeren Zeit importiert worden ist, und die in Wirklichkeit auf leeren Bedenken beruht, auf einer vorgetäuschten Strenge: »Aber sie kann nicht glauben, dass es ein echtes Lächeln ist«, sie sieht Emmanuel Egudu an, »kann nicht glauben, dass es von Herzen kommt, wenn Lächeln von dort kommt.« Abgesehen davon, dass niemand daran glaubt, dass ein Lächeln von Herzen kommt, wissen wir alle, dass dies lediglich eine Redensart ist. Disziplinierte Wachsamkeit ist zu gewohnheitsmäßiger Grantigkeit geworden, eine Einstellung ist zur Pose erschlafft, und die Prosa gibt all dies preis.

Das war in Coetzees frühen Büchern anders, in denen die Härte, die Unbeugsamkeit, das Unversöhnliche – das, auf das sich alle Kritiker unter Verwendung verschiedener Bezeichnungen beziehen – die natürlichen Nebenprodukte seiner Ehrlichkeit zu sein schienen. Heute ersetzt das Schwere zuweilen die Ehrlichkeit. Diana erinnert sich an die Gedanken von Elizabeth Costellos Sohn, während er von einer der akademischen Verehrerinnen seiner Mutter mit ins Bett genommen wird: »*Forschungsauftrag*: Wird sie es später so nennen? *Benutzen einer Sekundärquelle*?« Dies scheint mehr auf den Zynismus des Autors hinzuweisen als auf die tatsächlichen Anliegen der jeweiligen Figur. In *Michael K.* hatte die hellsichtige Beschreibung einiger weniger freundlicher Handlungen angedeutet, was für eine seltene Sache die Freundlichkeit in dieser Welt war. Coetzee ist in der Lage gewesen, Mitleid wahrzunehmen und daher auch wahrzunehmen, wie wenig es davon gab. Heute hat Diana Zweifel an der Genauigkeit der Wahrnehmungen Coetzees, genau so, wie ihr dies mit jedem Dauerklagenden gehen würde. Es ist nicht eben förderlich, dass alle Figuren in *Elizabeth Costello* mit der mehr oder weniger selben Stimme sprechen.

Wollte man ein Datum bestimmen, hat Coetzees Prosa 1994 mit *Der Meister von St. Petersburg*, einem Roman über Dostojewski, nachzulassen begonnen (Diana mag diesen Trend unter Romanautoren nicht, über ihre literarischen Vorfahren zu schreiben, sich das Prestige anderer Autoren zu borgen, um es als ihr eigenes zu verwerten). Sie erinnert sich an einen Satz über eine Frau, mit der Dostojewski eine Affäre hat: »In seinen Armen ist sie wie Jeanne d'Arc in den Flammen: Der Geist ringt mit seinen Banden, während der Leib sich in der Glut verzehrt.« Der Verweis auf die heilige Johanna ist überflüssig, daher prätentiös, und der Rest des kurzen Satzes wimmelt, so weit es ihm in seinem engen Bett möglich ist, vor religiösen Übertreibungen und weltfremden Klischees. Er macht deutlich, dass Coetzee einer Kirche und einer Bibliothek Besuche abgestattet hat; er überzeugt Diana nicht davon, dass er irgendetwas über die Gedanken einer Frau im Bett weiß.

Es ist eigenartig, dass Schilderungen von Frauen, die Sex haben (die eine forscht, die andere verbrennt in Second-Hand-Metaphern), Coetzee seinerseits zu solch schlechter Prosa veranlassen sollten. Doch kann Coetzee in vielerlei Hinsicht ein schlechter Autor sein: »ihm läuft es kalt den Rücken hinunter«, »jeder Mensch ist eine Insel«, »jetzt lässt es sich nicht mehr ändern, es ist nun einmal passiert«, »jetzt kämpft er um sein Leben«. Diana hat das letzte Buch *Die jungen Jahre* gelesen und währenddessen Teile seiner Sätze herausgestrichen, als wäre sie seine Lektorin. Und auch in *Die jungen Jahre* lässt er sein jüngeres Selbst idiotische Gedanken denken: »Sind alle Engländerinnen so schön, wenn sie die Kleider abgelegt haben?, fragt er sich.« Ein junger Mann, der mit der Tube gefahren ist, wird sich nicht ernsthaft so etwas fragen. Und die Weigerung, diesem jüngeren Selbst auch nur einen originellen Gedanken oder menschenfreundlichen Impuls zuzuschreiben, ist missratener Realismus. Irgendwann in den Neunzigern ist Coetzee als Stilist und Psychologe ausgerutscht, und sogar *Schande*, das beste der späteren Bücher (durch das der kühle Schauer von David Luries bevorstehender Auslöschung weht), ist in dieser Hinsicht uneben.

Eine Erklärung könnte sein: Gezwungen, ausschließlich Schmerz zur Kenntnis zu nehmen, hat Coetzees Feingefühl gegen diese Aufgabe rebelliert, wurde ein wenig schwerfällig und undeutlich, damit sein Bewusstsein für das Leid nicht so sehr ausgeprägt bleiben muss, so präzise. Daher die Klischees, die Grantigkeit und die anderen Abwehrmechanismen gegen jegliches Verständnis. Oder es könnte aber auch ganz einfach sein, dass Coetzee inzwischen, wie auch Costello, alt und müde ist.

Diana wünschte, sie könnte einfach nur ausführlich aus *Leben und Zeit des Michael K.* zitieren und es dabei belassen. Coetzee hat so gut über das geschrieben, was elementar ist – der Mangel an Essen, Wärme, Sicherheit, Freiheit –, dass sie sich fühlte, als sie ihn zum ersten Mal las, als habe sich ihr Leben die ganze Zeit unmittelbar gleich vor ihr auf einer weiten leeren Ebene versteckt, als hätte sie es dort erst jetzt entdeckt. Was die Leben der anderen angeht, haben seine Bücher mehr erreicht als ihr Abonnement einer linken Wochenzeitung oder ihr halbherziges Interesse am Buddhismus, mit denen sie die Oberflächlichkeit ihrer Manhattaner Existenz abstrafen wollte und sich daran erinnern, dass die Welt eine Ökonomie des Schmerzes ist.

Und da war noch etwas: Da er es vorzog, Worte als eine Unterart der Musik aufzufassen (vgl. *Schande* sowie *Mr. Cruso, Mrs. Barton und Mr. Foe* für Ausformulierungen dieses Gedankens, der auch von Vico stammen könnte), schien Coetzee sich so wenig über die Möglichkeiten der Sprache als Kommunikation im Klaren zu sein, dass Diana sich gefragt hat, ob sie nicht aufhören solle zu schreiben. Nachdem sie zwei Jahre, nachdem sie Daniel getroffen hatte, herausfand, dass er sie unterstützen würde, hatte sie sich gefragt, ob sie sich nicht einfach mit der sinnlichen Genügsamkeit ihres gemeinsamen Lebens begnügen und das Schreiben aufgeben sollte. Wirklich: Warum schreiben? Selbst wenn man von den dunkelsten Angelegenheiten spricht, hat man noch immer nicht mehr geschafft, als einen behaglichen Raum auszuschmücken. So etwas hat Adorno vor langer Zeit gesagt, als er in L. A. wohnte: Sogar Kafkas Bücher sind so sehr zu Inventarstücken geworden.

Diana ertappt sich dabei, dass sie wieder einmal daran denkt, was sie zuvor bereits gedacht hat: Sie sollte Aktivistin sein, keine Autorin. Dieser Gedanke ist noch nie ernst gemeint gewesen. Und dennoch kann sie nicht erkennen, dass es irgendeinen Nutzen haben sollte, affektierten Büchertratsch zu schreiben. Ihre Rezensionen kommunizieren nichts, überzeugen die Menschen von nichts. Sie sind der zerbrechliche Vortrag eines talentierten Mädchens, mehr oder weniger schön anzuhören. Manchmal sagt man ihr, dass sie gut schreibe; noch nie hat man ihr gesagt, dass sie jemanden zum Nachdenken gebracht hätte.

Was also soll sie in ihrer Abschiedsrezension schreiben? »J. M. Coetzees Prosa in Bestform erinnert uns – oder mich, ich sollte mich sagen – daran, dass es nur wenig gibt, was die Tiere benötigen, egal ob menschliche oder andere, und dass viele von ihnen nichtsdestotrotz ohne irgendetwas auskommen müssen. Das ist die Grundeigenschaft unserer Welt, sie lässt mich verzweifeln, und in seinen besten Büchern kommuniziere ich mit meiner Verzweiflung. *Warten auf die Barbaren*, *Leben und Zeit des Michael K.* und *Eiserne Zeit* sind Romane, die mich, als ich als Manuskriptstapel-Lolita im boomenden NoLita der späten Neunziger gelebt habe (Was ist hier meine Stimme?), gebrannt und gesalbt haben, ich kann kaum sagen, wie sehr. Ebenfalls liebe ich *Im Herzen des Landes*, von dem ich annehme, dass es ein Kritiker als metafiktionalen Roman beschreiben würde, der von einer weißen alternden Jungfer in einer abgelegenen Ecke Südafrikas erzählt wird. Es ist das beste Buch über Hysterie, das ich kenne, und ebenso eine der besten Metafiktionen, und das ist auch kein Zufall: Metafiktion *ist* Hysterie, sie ist ein Gefühl, dass man keinen Kontakt eingegangen ist mit der Welt, dass man seine

Dimensionen nicht kennt, dass man nicht weiß, welches Geräusch man erzeugen wird bei Kontakt mit dem ...

»Aber dann wird man fragen«, – Diana ist überrascht von dem, was sie da tippt – »warum man überhaupt intimer mit der Realität werden sollte (so wie Mrs. Curren, der Magistrat und auch David Lurie in *Schande*), wenn jede Berührung der Welt Schmerz bedeutet? Die Menschen, die unsere Welt gestalten – *Ils sont dans le vrai*, mit Bezug auf Flaubert: Arbeiter auf den Straßen – sind Menschen, die leiden. Egal, unter welchen Umständen mein Rock hergestellt wurde oder mein Essen angepflanzt, vielleicht ist ein Mädchen auf den Philippinen erblindet, als es die Stromkreise in dem Computer, mit dem ich diese wilden Worte schreibe, verlötet hat. Doch warum ihr Schicksal überhaupt nur insofern teilen, als dass ich von ihm weiß? Genau deshalb fragt Daniel mich, warum ich so bin: Warum«

Diana bricht ihren Text ab, markiert ihn, drückt die Löschtaste. So ein Glück, dass sie keine Bloggerin ist – die Leute würden denken, sie wäre verrückt.

Es ist deprimierend offensichtlich geworden, dass sie heute Morgen kein einziges Wort mehr schreiben wird. Zu onanieren oder eine Zigarette zu rauchen, könnte ihre Laune verbessern, aber das sind ebenjene dekadenten Aktivitäten, von denen sie befürchtet, Nicht-Autoren könnten vermuten, dass Autoren ihnen den ganzen Tag über nachgehen, und daher geht sie, einst eine gelegentliche Raucherin und eine semiregelmäßige Onanistin, keinem von beidem mehr werktags nach.

Doch immer, wenn Faulheit nach einem Objekt verlangt, gibt es das Internet.

Diana schließt ihr leeres Dokument und besucht nytimes.com. Sie fühlt ein stechendes Schuldgefühl, weil sie an der *New York Times* klebt, wo sie doch ihr neues kalifornisches Leben so richtig freudig annehmen und die Zeitung aus L. A. lesen sollte. Nichtsdestotrotz ist es die Zeitung ihres Vertrauens, an die sie sich wendet, und die Zeitung ihres Vertrauens, die ihr in Zusammenfassungen der Artikel von heute berichtet, dass das US-Militär immerhin drei bis viermal die Woche übt, wie man entführte Verkehrsflugzeuge abschießt; dass in der Ausstellung »Russia engages the world« in der New York Public Library wertvolle kulturelle Artefakte aus Russlands imperialer Vergangenheit zu sehen sind; dass vorläufige Ergebnisse die Behauptungen von Kritikern stützen, dass Präsident Bush fragwürdige Geheimdienstinformationen benutzt hat, um seine Entscheidung, in den Krieg zu ziehen, zu rechtfertigen; dass Israel beabsichtigt, ungefähr 600 Eigenheime in drei großen West-Bank-Siedlungen zu bauen; dass Nordkorea seinen Einsatz erhöht hat, indem es verkündete, es würde Atombomben aus Plutonium herstellen, das es aus 8000 verbrauchten Brennstäben aufbereitet hat; dass Steven B. Markovits, ein ehemaliger Wertpapierhändler bei Millenium Partners, auf schuldig plädiert hat, Nachbörsengeschäfte mit Anlagefondsanteilen abgewickelt zu haben; und dass – aber was ist das? – die Schwedische Akademie dem südafrikanischen Romancier J. M. Coetzee für seine düstere Auseinandersetzung mit dem Zustand der Menschheit den Nobelpreis für Literatur zugesprochen hat.

Sofort fällt es Diana wieder ein: Das ist es, was sie im Schlaf erfahren hat, was sie auf NPR gehört hat. Coetzee hat den Nobelpreis gewonnen. Vergessen, wiederholt und erinnert, die Nachricht wirft sie irgendwie auf null zurück, löscht den Morgen aus, würde ihre wenigen Sätze löschen, wären sie noch nicht verschwunden, und Diana lacht vor sich hin und ihre Ineffektivität aus und über den Besorgnis erregenden Zustand der Welt.

III.

»Bis später«, hat sie zu Jeremy gesagt, der ihr bis zur Tür gefolgt war, vielleicht neugierig geworden durch diesen Bruch ihrer Routine. Jetzt fährt sie den Lincoln Boulevard hinunter auf einen Strand zu, den sie mag. J. M. Coetzee hat den Nobelpreis erhalten, also nimmt Diana Abbott sich den Tag frei. Ist das unlogisch? Nun, sie hat nie ein Logikseminar belegt.

Sie hatte einen Text über Coetzee schreiben wollen. Sie will nicht unbedingt einen Text über einen Nobelisten (die Bezeichnung hört sich an wie eine südamerikanische Fehlbetonung von *novelist*, dem englischen Wort für Romanautor) schreiben. Wenn Diana Coetzee jetzt rühmt, wird sie den Anschein erwecken, ihre Stimme einfach nur dem richtig denkenden Chor hinzuzufügen; und wenn sie *Elizabeth Costello* verreißt, wird es wie plumpe Widerspenstigkeit aussehen. Und wen wird das eine oder das andere überhaupt interessieren? Vielleicht sollte sie ihre Ansichten über Bücher auf ihr Tagebuch beschränken. Sowieso ist ein Autor dann am wertvollsten, wenn er sich wie ein Privatbesitz anfühlt, wenn man das Gefühl hat, dass man die einzige Person ist, die ihn mit ins Bett nimmt. Von heute an gehört Coetzee allen und dem Zustand der Menschheit, den er angeblich so anschaulich darstellt.

Diana wartet mit heruntergelassenen Fenstern an der Ampel, als eine zerzauste Frau in mittleren Jahren – verfilztes Haar, Gesichtsfarbe wie gebrannter Ton, weißes Athena-College-T-Shirt, das als hilflose Imitation eines bestimmten Stils der frühen achtziger Jahre von einer Schulter rutscht – ihre Besitztümer über die Straße rollt und sich mit ungeduldiger Stimme wegen irgendetwas Vorhaltungen macht. Wie kann irgendjemand, der je nur einen Schritt aus seinem Apartment gesetzt hat, an einen allgemeinen Zustand der Menschheit glauben? Und apropos Menschlichkeit: Hat nicht Coetzee selber gesagt, als er 1987 den Jerusalem-Preis annahm, dass seine Prosa und die anderer Südafrikaner »alles andere als eine vollkommen menschliche Literatur« hervorbringe, die »unnatürlich intensiv von der Macht und den Windungen der Macht gezeichnet« ist? Vielleicht setzt L. A. einer vollkommen humanen Literatur keine Grenzen, aber Diana ist sich dessen keineswegs sicher.

Die Ampel wird grün, und Diana fährt durch das gespenstische Sonnenlicht der West Side weiter zum Strand. Ein mitternachtsfarbener Sportwagen hat sie im metaphorischen Staub zurückgelassen.

Wie sauber die Luft hier draußen ist, die die Brisen aus dem Ozean gewaschen haben. Man sollte es nicht für möglich halten, dass sich hinter einem der Smog auftürmt, und würde niemals darauf kommen, wie hoch die Grundstückspreise hier sind, so bescheiden sehen die niedrigen Ladenlokale und Wohnhäuser in der Gegenwart des Meeres aus.

Vielleicht lenken Preise und Anerkennung gerade in Coetzees Fall die Aufmerksamkeit auf seine Makel. Tief im Innern seines Werks gibt es den Wunsch nach Beifall; das erkennt man an den autobiografischen Texten. Es gibt da das Verlangen, beglückwünscht zu werden dafür, so hohe Maßstäbe zu haben und sich und seinen Zeitgenossen gegenüber so streng zu sein. Ist nicht der Haupttrost des Melancholikers, dass er für zu gut für diese Welt gehalten wird? Sicherlich ist dies ein Grund, warum der Melancholiker sich dem Schreiben zuwendet. Er – oder sie – ist stolz auf ihre Verzweiflung und kann nicht anders, als sie auszubreiten. Es kann sein, dass Coetzees berühmte Aversion gegen jegliche Publicity daher so etwas wie eine Überkompensation ist, die übertriebene Zurückhaltung des hoffnungslos Eitlen. Eine unfaire Mutmaßung, ein ziemliches Tabu für eine Rezension, aber sie könnte zutreffen. Immerhin ist Diana beides, eine eitle und schüchterne Person.

Diana sieht sich um und wechselt die Fahrbahn. Sie hält sich links und biegt in die Avenida del Rey ab, fährt ein Stück das Ufer entlang, parkt vorsichtig vorwärts ein. Sie steigt aus, nimmt ihr Handy und ihre Sonnenbrille mit. Der VW Jetta antwortet mit einem gehorsamen elektronischen Zwitschern, als sie die Türen per Fernbedienung abschließt. Und dann zieht sie ihre Sandalen aus, packt sie in ihre einst sehr angesagte Kate-Spade-Tasche und geht barfuß durch den Sand.

»Ich werde die Schuhe ausziehen und durch den Seesand stapfen«, sagt jener hysterische Erzähler in *Im Herzen des Landes*, »der Millionen winziger Tode gedenkend, die nötig waren, damit er entstehen konnte.« Diana nimmt vieles über Anspielungen wahr, die überhaupt nur schwerlich wahrzunehmen sind.

Zu-spät-Sein ist die Bezeichnung für diese Situation. Inzwischen haben die Romanautoren und Dichter, die Naturalisten unseres inneren Lebens, bereits die meisten Arten, die dort leben, mit Namensschildchen versehen und sortiert. Coetzee hat sich zumindest der Lage gewachsen gezeigt, indem er sich ohne Umschweife mit dem Problem seines Zu-spät-Seins auseinandersetzt und sich direkt an seine Vorläufer wendet. Er ist am besten, wenn er am unverschämtesten ist. *Leben und Zeit des Michael K.* spielt natürlich auf Kafkas Joseph K. an. Aber in einem Interview hat Coetzee erklärt, dass er keinen Grund sehe, warum Kafka ein Patent auf diesen Buchstaben haben sollte. Und während *Warten auf die Barbaren* eine überlange Paraphrase von Cavafys Gedicht desselben Titels sein könnte, ist es ebenfalls ganz eindeutig jenes höhere Kunstwerk, das das Gedicht wie einen vorausgreifenden Kommentar auf den Roman erscheinen lässt. Coetzee ist weniger erfolgreich mit *Der Meister von Sankt Petersburg*, das eher als eine schwache Hommage an Dostojewski darstellt, als dass es ein Sieg im Spiel des Meisters wäre.

Diana geht weiter die spärlich bevölkerte Playa del Rey entlang nach Südosten. Die Strandgänger scheinen an diesem Nachmittag Obdachlose zu sein, einige wenige schulschwänzende Teenager und zumindest ein wohlhabender Mann – der dunkelhaarige da mit den herumtrabenden Hunden – in seinen besten Jahren, unergründlicherweise hat er heute Nachmittag frei. Das Sonnenlicht liegt auf ihrem Nacken wie Bengay.

Offensichtlich setzt das Problem des Zu-spät-Seins Coetzee immer noch zu. Im letzten Lehrstück von *Elizabeth Costello* wird unsere Heldin vor ein geheimnisvolles Grenzstadttribunal gerufen, das eine »Aussage« von ihr verlangt, bevor man sie durchlassen wird – in den Frieden, in den Tod, es ist nicht ganz sicher. »Die Mauer, das Tor, der Wachposten sind geradewegs aus Kafka. Die Forderung nach einem Geständnis ebenfalls, wie auch der Gerichtssaal mit dem dösenden Gerichtsdiener und dem Gremium alter Männer in ihren Krähenroben, die so tun, als hörten sie zu, während sie sich mit ihren eigenen Worten abquält und herumschlägt.« Gefangen in einer Kafka-Parodie, muss Elizabeth Costello nichtsdestotrotz eine ernst gemeinte Aussage hervorbringen. Klischeehaft mag ihre Zwickmühle sein, und es ist dennoch ihre Zwickmühle. Und das ist sie in höchster Potenz auch für Diana. Die Schriftsteller, die vor ihr da gewesen sind, waren bereits verspätet; sie sind zu einer Zauberertruppe und zu Pasticheurs geworden. Wie sehr ist man demnach verspätet, wenn man nach den Verspäteten auftaucht? Es gibt viel zu viel Literaturgeschichte, als dass Diana sie je beherrschen könnte, und viel zu viel, um ihr jemals zu entkommen; es ist ihr Verhängnis, niemals so richtig begabt oder unbefangen zu sein.

Diana läuft durch den matschigen Schimmer des nassen Sandes zum Wasser hinunter und in das kühle Zischen der Brandung. Es fühlt sich viel später an als zwei Uhr nachmittags! Das hat sie nun davon, nach Kalifornien gezogen zu sein, wo die Welt schon den ganzen Tag lang damit beschäftigt gewesen ist, zu verdienen und auszugeben, zu ermorden und zu zeugen, Urteile zu sprechen und Ehrungen zu verteilen, bevor die Sonne überhaupt über die Berge von Santa Monica späht und das hiesige NPR-Funkhaus seine Meldungen zu senden begonnen hat.

Diana stapft durch die Brandung, fühlt sich schuldig und aufgekratzt wie eine Schulschwänzerin.

Tatsächlich jeder, der den Nobelpreis gewinnt, wirkt überschätzt. Man fragt sich: Ist das das Beste, was man erreichen kann? Nicht vergessen, denkt sie: Nicht den Nobelpreis gewinnen. Bisher ist die Gefahr nicht groß. Vor drei Monaten hat sie ihre beste Kurzgeschichte an fünf Publikationen gesandt; das Ergebnis besteht bis heute aus zwei oberflächlichen Ablehnungen. Währenddessen arbeitet sie an einem Roman – das jedenfalls erzählt sie Daniel und ihren Eltern. Es wäre wahrer zu sagen, dass der Gedanke an den Roman sie einfach verfolgt, wohin sie geht. Es ist eines ihrer Talente, beschreiben zu können, wie andere Romanautoren klingen. Aber sie wüsste im Leben nicht, wie ihre eigene Prosa klingen soll; d.h. die fehlende Klangfarbe, nach der sie ständig aushorcht, jenen unbekannten Ton, nach dem ihre Ohren gespitzt sind. Wie viel einfacher wäre es, ein Pastiche von Coetzee zu schreiben! Aber so macht man das nicht. Man sollte nicht schreiben, als wenn man das Handwerk gerade erst in der Meisterschule erlernt hat; man sollte schreiben, als wenn man irgendwie schon immer gewusst hat, wie.

Diana steht knietief im Pazifik. Was fühlt sie, während die sich entflechtenden Schaumkränze an ihr vorübergleiten, das sie da zum

Lachen bringt und beinahe zum Weinen? Sie lacht, sie weint beinahe, es ist noch besser als in *Elizabeth Costello*. Sie fühlt sich mit Gewalt unter ihren Stimmungen aufgeteilt. Jung und ein Nichts, gesund und dekadent, hoffnungsvoll und verzweifelt, was ist mit ihr los? Es fühlt sich so früh in ihrem Leben an – früher als es tatsächlich ist – und gleichzeitig so spät am Tag, viel später als eine Uhr zulassen würde.

Wenn diese Rezension fertig ist, wird sie Coetzee vielleicht nicht mehr lesen. Sie verehrt ihn zu sehr, versteht ihn vielleicht zu gut. Und vielleicht ist er nicht gut genug! Das macht Diana ständig, das machen viel zu viele Frauen: Sie überantwortet sich der Perspektive von jemand anderem und verliert ihre eigene.

Warum hätte sie ihrem Empfindungsvermögen erlauben sollen, sich so sehr an dasjenige Coetzees anzupassen, oder warum hätte sie fühlen sollen, dass er irgendwie für sie spricht? Sie kommt nicht aus Südafrika, sondern aus Amerika, ein Ort, der auf eine wesentlich glücklichere Art und Weise gekreuzt worden ist. Außerdem ist ihr Vater kein bisschen wie der armselige Haustyrann, den Coetzee in *Der Junge* beschreibt, und ihre Mutter ist nicht ansatzweise so, wie diejenige Coetzees war – verwirrt, hilfsbedürftig und niedergeschlagen. Schriebe Diana Abbott ihre Autobiografie, wäre ihre erste Erinnerung nicht die ihrer Mutter, die mit einem Messer auf die Hühner der Familie losgeht. (Könnte Coetzees Interesse an Tierrechten auf eine solche Erinnerung zurückgeführt werden? Hat der kleine John Coetzee so früh geahnt, dass unsere Tröster und Beschützer ihre Positionen auf Kosten anderer Leben eingenommen haben? Und wird Diana selber Mutter werden, wie Daniel glaubt?) In *Ein Mädchen* würde Diana Abbott stattdessen ihre Mutter beschreiben, wie sie zu ihr kommt, um sich mit ihrem enormen Erwachsenengewicht auf das Bett des kleinen Mädchens zu setzen und ihrer Tochter als abendliches Ritual den Rücken zu kratzen. Warum haben die Abendstunden so viel stärker gejuckt als der Tag, hatte Diana wissen wollen. Und ihre Mutter – dies ist eine von Dianas ersten Erinnerungen – hatte ihr gesagt, dass wir nur dann, wenn wir in der Nacht ganz still liegen, bemerken, wo es uns juckt und wonach es uns verlangt. Als Trost gedacht, hatte Diana diese Antwort wie auch alle anderen Erklärungen verstört, und über mehrere Jahre hinweg hat es sie beschäftigt – auf dem Weg zur Schule oder in der Schule oder beim Nachhausegefahrenwerden –, dass es Juckreize und Verlangen gibt, die gekratzt und befriedigt werden müssten, aber vernachlässigt bleiben; dass all das Jucken und Verlangen immerzu da sein und, wenn man so will, vor sich hin leiden würden.

Aber das hat nichts mit Coetzee zu tun. Und warum sollte es? Warum sollte sie sich überhaupt mit diesem niemals lächelnden Mann identifizieren und in seinen wenigen kalten Themen aus Schmerz und Macht herumwühlen? Bis auf einmal, als ihr rechter Ringfinger von einem auf sie zuschießenden Lacrosseball zertrümmert wurde und über dem Knöchel amputiert werden musste, hat Diana kaum je intensiven körperlichen Schmerz erfahren. Was die ungleichen Machtverhältnisse in der Welt betrifft, haben sie ihr noch nicht völlig den Spaß verderben können, am wenigsten den sexuellen, wie es bei Coetzee vermutlich der Fall ist, für den Sex niemals eine Win-Win-Situation zu ergeben scheint. Das Leben ist gut, größtenteils, meistens, für sie und Daniel und ihre Familien. Für die Win-Win-Schicht der amerikanischen Gesellschaft, zu der sie gehören, ist das Leben substantiell gut, und im Sommer werden sie heiraten. Und wenn sie jetzt weint – nicht richtig weint, ganz sicher nicht heult, lediglich ein kleines bisschen weint, während sie in der Brandung steht –, dann nicht etwa deshalb, weil irgendetwas Schlimmes passiert wäre. Aber es gibt da eine ernüchternde, von der Königin in *Richard III.* gesprochene Zeile, an die Diana oft denkt: »Ich fürchte, unser Glück hat seine Höh'.«

Plötzlich – manchmal geschehen Dinge plötzlich, wie in Büchern – ereilt Diana ein neues Verständnis. Knietief im Wasser scheint sie zusammenzufahren, als erwarte sie einen Schlag, aber sie fährt nicht zusammen, sondern watet weiter vorwärts, und kein Schlag kommt, nur die schwarze Flut, die zwischen ihren Schenkeln zusammenklatscht und den Saum ihres Rockes nässt. Sie ist eine trübsinnige junge Frau; so viel hat sie schon gewusst. Aber da ist etwas Neues, das sie nun als die besondere Trübsinnigkeit versteht – die besondere Wissbegierde über den Schmerz und auch die besondere Angst vor Schmerz –, von jemandem, die selber noch nicht intensiv gelitten und auch anderen nicht dabei zugesehen hat. Dieser Gedanke erfüllt sie mit Scham und Furcht, und sie wendet sich vom Ozean ab.

Da ist der dunkelhaarige Mann mit den zwei Hunden, er steht dort und sieht zu ihr herüber. Sie winkt ihm zu und lächelt, sie schämt sich für ihre Tränen. Clark Kent winkt mit ausladender Geste zurück. Er hat die aufgedunsene Gestalt des früheren Sportlers, der nun viel Geld verdient. Zudem wirkt er schadenfroh und selbstzufrieden, als wenn er dabei erwischt worden wäre, wie er eine Frau begafft, der das egal ist.

Diana wendet sich wieder zum Wasser und watet ein Stück vom Ufer weg, ein Rätsel für sie beide, für sich und zweifellos auch für ihren Schaulustigen.

Sie fragt sich, was sie mit dem Rest des Tages anfangen soll, ob sie sich jemals wieder ihrer Rezension widmen wird, als ihr Handy klingelt. Beinahe schreit sie zurück und das klingelnde Telefon an. Stattdessen fischt sie das Klapphandy aus ihrer Tasche, öffnet es aber nicht, um die anrufende Nummer zu sehen, beantwortet den Anruf nicht, hält das Telefon stattdessen weinend in der Hand. Gut möglich, dass es Daniel ist, der von der Arbeit anruft, oder ihre Mutter, die von ihrer jüngsten medizinischen Untersuchung berichtet; erst wenige andere haben diese Nummer. Aber Diana will weder gute noch schlechte Nachrichten hören, will keine Pläne machen, egal welche, will gerade nicht hören, dass sie geliebt wird. Mit der melodramatischen Geste eines fiktiven Charakters, aufgeladen, wenn auch undurchsichtig symbolisch, nimmt Diana – eine reale Person, ungeachtet ihrer eigenen Überraschung darüber – das kreischende Telefon und wirft es so weit sie kann hinaus ins Wasser, wo es fast ohne einen Spritzer verschwindet. Wie werde ich das Daniel erklären?, fragt sie sich, und im selben Moment, wütend auf ihn, weil er so banal und geistig konturlos ist, bezweifelt sie, dass sie ihn je heiraten wird.

Sie marschiert zurück zum Strand, aus dem Wasser heraus. Dianas ausdauernder Schaulustiger beobachtet sie immer noch, während einer seiner Hunde nach einem Zeichen der Erlaubnis Ausschau hält, loslaufen zu dürfen, um nach dem geschleuderten Objekt zu suchen. »War das ein Handy, das Sie da gerade ins Wasser geworfen haben?«, fragt der Mann.

»Ja.« Sie will aufsässig klingen; stattdessen klingt sie verlegen. Sie lächelt ihr bestes Allzwecklächeln.

»Das war vielleicht ein Wurf.« Er lässt nicht erkennen, ob er bemerkt hat, dass sie weint – was Diana daran erinnert, dass sie eine Sonnenbrille trägt. Er auch. »Sie haben einen guten Arm«, sagt der Mann, entweder flirtend, herablassend, bewundernd, humorvoll oder einfach nur, um Konversation zu machen. »Sie werfen überhaupt gar nicht wie ein Mädchen.«

»Ich werfe wie ein verdammter Quarterback«, sagt Diana durch ihre Tränen hindurch und läuft vorbei, ohne anzuhalten. Voller Staunen haben ihr das die Jungen immer wieder gesagt, und die Erwachsenen, dass sie nicht auf den Mund gefallen sei. +

Nummer 3

Das Prinzip Realität

(Herbst 2005)

Zur intellektuellen Lage

Ein Tagebuch

Vor einem Monat haben wir bei einem Preisausschreiben mitgemacht. Die Stadt war uns ein bisschen zu viel und viel zu teuer geworden, wir brauchten Ferien. Jeden Tag beobachteten wir von unserem Fensterplatz bei Connecticut Muffin aus die Leute zu den Zügen vorbeiströmen und unter der Erde verschwinden. Es wurde merkwürdig. Oder wie es ein russischer Dichter gesagt hat:

»Acht Uhr morgens
sie fahren alle zur Arbeit.
Was ist los mit ihnen?
Sind sie verrückt?«

Wir lernen im Moment sehr viel Russisch. Diese Wettspiele, verstehen Sie, es stand im Internet, man kann ihnen nicht vertrauen; wir haben Aruba angeklickt, wir haben Key West angeklickt, offen gesagt hätten wir uns mit Boca Raton zufriedengegeben. Eine Woche später kam der nadelgedruckte Brief: »Herzlichen Glückwunsch«, verkündete er, »Sie haben einen Gratisflug gewonnen, um unsere Timeshareeigentumswohnungen in Moskau zu besichtigen! Alternativ kostet ihr All-inclusive-Urlaub in Boca Raton nur ...«

Tausende von Menschen werden betrogen; nun, irgendeiner von ihnen wird schon darauf anspringen. Das Büro war überrascht, als wir anriefen, aber das Ticket war echt. Wie auch immer, wir schafften es zum Flugzeug. Vielleicht sind wir die Einzigen, die je auf ihr Angebot eingehen werden, aber wir hatten so viel gehört von den großartigen Dinge, die der Kapitalismus nach Russland gebracht hat. Kapital zum Beispiel. Und Computer. Denn hier hätte es ganz sicher nicht funktioniert.

Der vertagte Boom

Ein paar Ankurbler der New Economy haben es hinbekommen, sich während der fünf Jahre (1995-1999), an die wir heute als die »Neunziger« denken, als Denker auszugeben. Aber *Total digital* und *Rational Exuberance* und ihre Genreverwandten sind heute nur mehr historische Kuriositäten. Die Blase ist geplatzt, und wo sind sie?

Eine ganz andere Geschichte gibt es über diejenigen von uns zu erzählen, die zu jener Zeit wirklich jung waren – die sich ihre Schwindelgefühle nicht einfach nur vom Markt ausgeliehen hatten – und anfingen, über die Welt nachzudenken, in der wir aufgewachsen waren. Was war geschehen? Es ist noch ein weiter Weg bis zum Ende (der Dow ist noch immer in Haussestimmung; Amerika ist noch immer unübertroffen; wir trinken noch immer diesen teuren starken Kaffee), aber nichts ist, wie es war. »Wir waren so jung!«, sagen wir schon jetzt und blättern durch einen Stapel Schnappschüsse, die uns an Orten im Ausland zeigen. »Und der Dollar war so stark!« Generationen, deren Jugend zufällig mit Perioden voller Optimismus zusammenfällt, werden von dieser Erfahrung für immer gezeichnet sein.

Es war nicht Utopia, aber es war nett. Auch wenn das Ende des Kalten Kriegs bedeutet hat, dass zahlreiche Länder in Bürgerkriegen auseinanderfielen, bot er die Gelegenheit für umfassenden Frieden, und so blöd konnten wir und die anderen gar nicht sein, dass wir uns die hätten entgehen lassen. Unsere eigenen Chancen, eingeäschert zu werden, schienen vergleichsweise ausgesprochen minimal. Gut, innerhalb der globalen Wirtschaft wurden die Lohnkostendifferenzen hässlich, und Amerika war nicht länger in der Lage, im Notfall als kollektiver Konsument die ganze Welt zu retten, ohne sich ein ernsthaftes Zahlungsbilanzproblem einzuhandeln. Und wenn etwas wie eine Blase anschwillt und schimmert und wabert wie eine Blase ... Trotzdem: Die Neunziger haben mehr Frieden und Wohlstand gebracht, als wir je erwartet hätten. Wenn wir selber nicht viel Geld verdienten und manchmal auf ehemalige Klassenkameraden neidisch waren, die es taten, konnten wir uns mit der Ahnung trösten, dass wir jederzeit restlos ausverkaufen konnten, wenn wir wollten.

Ein Boom! Aber was, wenn er einem nicht gefiel? Eine andere Welt ist möglich, so lautete die Parole. Nur dass uns niemand verraten konnte, welche Welt. »Die vollkommene Zerstörung der Erde und der Natur scheint heute leichter vorstellbar als der Zusammenbruch des Spätkapitalismus.« Also sprach Jameson. An der Oberfläche war die Wirtschaft völlig damit beschäftigt, sich schöpferisch zu zerstören, aber das konnte eine stabile Basis nicht verheimlichen. Es schien, als würden sich die wichtigen Dinge niemals verändern, und vielleicht waren wir in einer zur Ruhe gekommenen Welt aufgewachsen.

Heute fühlt sich alles ganz anders an. Unsere Klassenkameraden in der Silicon Alley haben ihre Jobs verloren und sich für die Graduate School beworben (herzlich willkommen). Das Zahlungsbilanzproblem bereitet dieser Tage den Wertpapierhändlern genauso große Sorgen wie den Sozialisten. Ganz offensichtlich werden die Republikaner den Reichen die Steuern kürzen (obwohl Clintons Steuererhöhungen den Boom erst entfacht hatten) und bis zur Entrückung Fantasiegeld ausgeben. Können wir danach in ihren großen Häusern wohnen? Wenn es tröstlich ist, über die US-Wirtschaft nachzudenken, dann gilt Balzacs Maxime, dass nur unbedeutende Schuldner jemals in Gefahr schweben werden; ein Schuldner, der groß genug ist, ist zu groß, um zu scheitern. Oder etwa nicht?

Wir empfinden eine Art verpfändeter Erleichterung. Einige von uns können noch immer so leben wie zuvor – aber die Zuversicht ist verschwunden. Im Allgemeinen nimmt man für die Städte an, dass sich unsere Zwanziger dort ein Stück weit bis in die Dreißiger hinein verlängern – oder sind wir noch Teenager? Eine kulturelle Frage, natürlich, aber sehen Sie sich das Fundament darunter an. Im fortgeschrittenen Alter noch Jugendlicher zu sein, bedeutet für einige, die Frage aufschieben zu können, ob sie es bis in die Mittelschicht geschafft haben. Für andere bedeutet es, dass Mama und Papa nach wie vor die Notausgaben abdecken können, sollte das notwendig sein.

Die Situation verdeutlicht sich in den zu beobachtenden Einstellungen. Kann man jenem Tonfall stolzer, aber harmloser Cleverness begegnen, die so charakteristisch ist für die Art, wie unsere Generation Kunst macht, und daraus nicht das Kind heraushören, das am Abendessentisch mit seinen Spielplatztriumphen angibt? Sich so sehr für die eigene Klassenzugehörigkeit zu schämen, dass man »Realität« mit Armen und Ausländern gleichsetzt und in diesem Zusammenhang niemals an sich denken würde (was ist noch seltener als ein ehrliches Gespräch über Geld? Insbesondere über nicht verdientes Geld?), ist eine weitere Möglichkeit, ein ausgewachsenes, aber abhängiges Familienmitglied zu sein. Unter Künstlern ist ein Auftreten, das unbedingt gefallen will, häufig der soziale Ausdruck einer verzweifelten Angst, das Geld für die Miete nicht zusammenzubekommen. Da gibt es die konstante, wenn auch unbewusste Erkenntnis, dass unsere Generation nicht genug Geld hat oder nicht zahlreich genug ist. Die Ohnmacht vermag sogar den am wenigsten ohnmächtigen Willen zu infizieren, sodass all das, was doch eigentlich wütend und blasphemisch sein sollte, sich allenfalls wie ein Dummejungenstreich anfühlt.

Nun, das ist es nicht. Die ältere Generation, die von Zeit zu Zeit für unsere Gesundheitsvorsorge bezahlt hat, ist auch die Generation, die das Wrack unserer Wirtschaft, unserer Demokratie und unseres Klimas überwacht. Dieselbe große Nation, die uns in ihre angesehenen Schulen hineingelassen hat, stellt heute ungedeckte Schecks aus, so wie ein Star Autogramme gibt. Diese Gesellschaft, die uns verwöhnt hat und uns heute gestattet, jeden Monat ein neues Restaurant auszuprobieren, lockt unsere ärmeren Zeitgenossen in den Irak.

Die Neunziger haben sich also als ebenjene Lüge erwiesen, die wir immer schon in ihnen gesehen haben. Produktivitätszunahme? Ergebnis unbezahlter Überstunden bei Wal-Mart und hoher Provisionen, die die Broker aus den von ihnen gehypten Aktien erhalten haben. Die Gemeinschaftswohlstandssphäre des NAFTA? Mexikanische Jobs sind nach China abgewandert und arbeitslose Mexikaner nach Amerika. Die populäre Unvermeidbarkeit und unvermeidbare

Popularität marktwirtschaftlicher Weltanschauungen? Versuchen Sie heutzutage einmal, solche Ideen in Brasilien oder Frankreich an den Mann zu bringen. Und schon hängen wir wehmütig den Tagen nach, in denen wir überflüssige Männer und Frauen waren; ein Teil unserer Rechtschaffenheit, ein Teil unseres Dissenses sollte letztlich niemandem nutzen. Edmund Wilson: »Man konnte nicht anders als hocherfreut zu sein über den plötzlichen unerwarteten Zusammenbruch dieser dummen gigantischen Schwindelei.« Sicher. Und doch hat es sich einige Jahre lang sehr gut angefühlt, daran zu glauben, dass wir in jeder Hinsicht falschliegen könnten.

Und jetzt erzählt man uns, der Kapitalismus habe auch hier nicht funktioniert. Was weiß man schon. Wenigstens ist das Nachtleben nett, bei all den nackten Leuten und der Metro, die um ein Uhr nachts zusperrt. Und es ist eine Erleichterung, weit weg zu sein von all dem Ärger zu Hause. Es war außer Kontrolle geraten. Hier kennt uns wenigstens niemand; wir haben uns mit niemandem eingelassen, haben niemandes Gefühle verletzt, haben niemandem gegenüber Versprechen gebrochen, und niemand will mit uns zu Abend essen oder auf einen Kaffee gehen.

»Как хорошо, что некого винить
Как хорошо, что ты никем не связан
Как хорошо, что до смерти любить
Тебя никто на свете не обязан.«

Das ist ein weiteres russisches Gedicht.

Dating

Mit wie vielen Leuten haben die Leute früher im Durchschnitt geschlafen? Schwer zu sagen. Die Sprache verändert sich, und dann ist da noch das Problem der Angeberei. Nehmen wir die Franzosen. Stendhal breitet sich in seiner Abhandlung über die Liebe über die Verführungsstrategien seiner Freunde aus (sich unter dem Bett verstecken; dann erst so spät in der Nacht auf sich aufmerksam machen, dass es bereits ein Skandal wäre, würde man jetzt noch hinausgeworfen), aber in *Rot und Schwarz* schläft Julien Sorel mit genau zwei Frauen – und dafür schlagen sie ihm den Kopf ab! Eine Generation später macht es der hemmungslose Frédéric Moreau in *Die Erziehung der Gefühle* kaum besser. Flaubert selber schlief meistens mit Prostituierten. In Russland konnte man, so wie Tolstoi (er fühlte sich schrecklich deswegen), immer mit seinen Leibeigenen schlafen. Aber Gleichgestellte, Adlige, Bekannte, Angehörige der eigenen Schicht? Amerika war am schlimmsten. Henry James fragt sich in seinen Notizbüchern, ob er eine Geschichte schreiben soll über einen Mann »wie W. D. H. [Howells], der sein ganzes Leben lang nur eine Frau gehabt hat«. James hatte null Frauen gehabt. Wahrscheinlich auch null Männer. Zwanzig Jahre später gab es das Greenwich Village. Kaltwasserwohnungen, Roadster, Badewannengin! Keine Frau wechselte zu ihrer Zeit häufiger die Partner als Edna S. Vincent Millay, die die ganze Nacht mit der Fähre hin und her fuhr. Aber ihr Biograf setzt die Gesamtsumme ihrer Eroberungen auf vierzehn an, und einige davon sind, einem rivalisierenden Biografen zufolge, fragwürdig – und drei waren »namhafte Homosexuelle«. Sagen wir also zehn. Für eine moderne Studentin im Hauptstudium wären das betriebsame, aber keine extravaganten Frühjahrssemesterferien.

O. K., nicht ganz. Die amerikanische Kultur ist nicht weniger angeberisch als diejenige Stendhals, und es hat sich herausgestellt, dass unsere Zeitgenossen viel weniger häufig ihre Partner wechseln, als es das Fernsehen vermittelt. Und doch leben wir immer noch im sexuellsten Zeitalter der Geschichte. Wenn die sexuelle Revolution der sechziger Jahre wirklich die Einführung der Mechanismen der freien Marktwirtschaft in das Sexualleben bedeutete, wie Houellebecq in *Ausweitung der Kampfzone* behauptet, und aus den sexuell Reichen Kulaken machte, während andere verhungerten – dann war das Internetdating die Sense in den Händen der neuen sexuellen Unterschicht. Instantbildung zueinanderpassender Paare unter Verwendung der Mechanismen des elektronischen Marktplatzes! Sogar obwohl das Internetdating das reale Ereignis der körperlichen Begegnung zwischen zwei Menschen, statistisch gesehen, tendenziell *verdrängt* und durch einen signifikanten Anstieg geilen E-Mail-Verkehrs ersetzt hat, hat es doch für so etwas wie Chancengleichheit gesorgt und muss als einer der augenfälligsten Fortschritte unserer Zeit angesehen werden.

Aber der Preis ist hoch gewesen. Hat jemals zuvor eine Generation zu so vielen Dates gehen müssen? Die Ökonomien bedeutender Metropolen sind heute fast vollständig auf die Dating-Industrie angewiesen – auf die Bistros, Bars, Clubs. Auf Schritt und Tritt finden sich die Datenden umworben: Ratgeberbücher, Reality-TV, eine endlose Auswahl weißer Hemden mit irgendwelchen Streifen, die man locker über den Jeans trägt. Der zeitgenössische Roman organisiert sich zunehmend um eine Abfolge von Dates mit Kapitelüberschriften wie »Joe«, »Steve«, »Shaquille«. Die Heldin findet die wahre Liebe bei Date Nummer elf, »Zach«, aber sie bemerkt es nicht. Sie dated einhundert Seiten lang weiter, gibt dann auf, alles ist hoffnungslos, Liebe ist unmöglich, und im letzten Moment läuft sie Zach im Lebensmittelladen in die Arme. Sie fahren in seinem Maxima zusammen weg.

Jede Kultur bringt ihre paradigmatische soziale Situation hervor, und das Date ist heute die unsere. Auch wir haben gedated. In den kleinen Restaurants von Downtown Manhattan sitzen wir unseren Dates gegenüber und geben im Verlauf einer dreigängigen Mahlzeit mit merkwürdigen Dingen an (»Ich habe übrigens 1520 bei meinen SATs bekommen – nach dem alten System«) und beichten aufrichtig (»Mein Zimmer ist unordentlich«), um Angebereien vorzubereiten, die als Beichten getarnt sind (»Ich liebe Sex! Ich kann nichts dagegen tun.«). Wir haben die Dating-Handbücher gelesen: »Seien Sie glücklich«, rät Tracey Cox in *Superdate*. »Mit wem würden Sie lieber herumhängen? Mit einem depressiven, unglücklichen Mondsüchtigen oder einem witzigen Optimisten?« Die Logik ist unwiderstehlich.

Dating führt häufig zu Sex. Und was soll falsch an Sex sein? Auch wir haben welchen gehabt. Wir haben ihn auch nicht gehabt. Wir sind hin und wieder Totalversager gewesen, und es nützt nichts, der Dating-Kultur daran die Schuld zu geben. Aber es ist auch so, dass Sex in der Kultur des Datings entweder ein Sieg ist (ein süßer Sieg!) oder ein Bewerbungsgespräch. »Wie war der Sex?« – eine Frage, die sich Frauen gegenseitig stellen (aber Männer nicht, wirklich nicht) – entspricht heutzutage in etwa dem Satz: »Hat er einen Job?«

Richtig, ein Job. Wer sagt, dass der Rückgang der Prostitution und der Aufstieg der Liebe die Cash-Kalkulationen aus der Romantik entfernt hat? Wenn man derlei häufiger macht, kostet das Zeit – genauso wie das E-Mail-Schreiben, und dann müssen wir natürlich auch noch unser Dating-Profil updaten. Rechnen wir zusammen: Zwei Stunden à 40 Dollar pro Stunde, während wir unseren freien Lektoratsjob hätten erledigen können. Dann das Dinner, noch einmal 100 Dollar. Drinks, 30 Dollar. Die Taxifahrt über die Brücke in unser kleines Zimmer, 15 Dollar. Kaffee am nächsten Morgen, acht Dollar. Das macht 233 Dollar, und das an einem Dienstag. Für Dates an Samstagen kommen der Preis eines Brunchs und vier Dollar für die Sonntags-*Times* hinzu.

Dating stellt sich als Ausbildung in Sachen menschlicher Beziehungen dar. In Wahrheit ist es eine Anti-Erziehung. Man könnte keine schlechtere Vorbereitung auf die Liebe, auf die Ehe erfinden als die unermüdliche Jagd nach dem perfekten Partner. Weitersuchen heißt daten. Du bist noch nicht fertig. Wie sieht's mit dem da aus? Und die da? Wie ein Diktator strebt das Dating nach Vollkommenheit (innerhalb einer bestimmten Preisklasse). Wohingegen sich das Herz, wie das Auge, nur an das Unvollkommene heften kann: ihr seltsamer Gang, und die Art, wie ihre Stimme am Telefon bricht, wie ein Kind. Und so suchen die Datenden, sich selber ein Rätsel, das das Herz nicht verstehen kann.

Wir müssen aufhören zu daten. Aber wir können es nicht lassen. Weil wir nur dann zu daten aufhören könnten, wenn wir noch mehr und noch effizienter daten und geschickter darin würden, schon beim ersten Date diejenigen Dinge zu erkennen, die beim fünften oder fünfzehnten Date zu einem Problem werden. Natürlich wird es dadurch noch schlimmer – auf diese Weise hätten es nicht einmal Abaelard und Héloïse geschafft. Eine andere Möglichkeit wäre, sich zu verändern. Aber das hätte man schon längst getan, wenn man könnte.

Der einzige Weg, mit dem Daten aufzuhören, ist sich zu verlieben. Aber wie soll das unter den Bedingungen der Dating-Kultur möglich sein? Man ist von all den Dates geprägt, zu denen man gegangen ist, von den Beziehungen, die man gehabt hat. Der Schmerz, den man zugefügt hat, bindet einen an diejenigen Leute, die den größten Teil davon abbekommen haben. Würde dein Ehepartner etwa nicht böse, wenn du einen dieser lange verloren geglaubten Menschen anriefest, die du einst gedatet hast? Aber wer sonst sollte verstehen, was einen zu dem gemacht hat, was man ist? Und so taucht man nicht nur beschädigt und verängstigt und unvollkommen auf, sondern auch unvollkommen frei. Man ist mit all den Leuten verknüpft, die man jemals gekannt und verletzt hat, mit denen man aufgewachsen ist. Das Problem am Dating ist, dass es irgendwann aufhört.

Das Problem am Dating ist, dass es niemals aufhört. Selbst sämtliche Wohlgerüche Arabiens, für die man sich bei Barney's vorangemeldet hat, versüßen diese kleine Hand nicht mehr. Man ist wie Amy Sohn, die Sex-Kolumnistin, die der Betriebsamkeit des Datings endlich in den langsamen Trab der Ehe entkommen ist – und dann entdeckt, dass sie diesen ganzen Psycho-sozial-sexual-Mechanismus dorthin mitgenommen hat. Kolumne für Kolumne sehen wir sie leiden. Sie kann nicht aufhören zu wetteifern und zu vergleichen; sie kann nicht aufhören zu shoppen.

Denn es ist die Ehe, die am Ende am meisten vom Dating betroffen sein wird. Wenn sich vor sehr, sehr langer Zeit Eltern und Verwandte über die Sozioökonomie unserer Partie gesorgt hatten, während man sich auf der Veranda schöne Augen machte, muss man heute die kühlsten Kalkulationen selber anstellen. Und so wird die Ehe, durch die bloße Heilkraft ihrer Rationalität, zu dem Land, aus dem kein Reisender zurückkehrt. Du hast deine Wahl getroffen, jetzt schlaf mit ihr.

Das Daten zu verurteilen, bedeutet daher, eine ganze Zivilisation zu verurteilen. Wir müssen es tun. Wir tun es. Wir müssen aufhören zu daten – und wir können nicht. Dann plädieren wir auf Armut, das einzige Plädoyer, das niemand mehr versteht. Uns ist das Geld ausgegangen, die Kraft und die Lügen über uns selber. Die ideale Anzahl von Sexualpartnern pro Leben ist drei. Alternativ fünf. Wenn man über diese Marke hinausschießt, sollte man die nächste Person heiraten, die man trifft. Wenigstens für eine Weile.

Wie hat Sophokles gesagt? Dem Dating zu entkommen heißt, einem tobsüchtigen und wilden Herrn zu entkommen. Und was sollte mit all diesen freundlichen Russinnen hier schiefgehen, zumal sie alle Puschkin gelesen haben? Es sei denn …

Aber halt … Ist das da der, von dem wir denken, dass er es ist? Er sitzt auf einer Bank am Tverskoj Boulevard? Wir haben R. seit Jahren nicht gesehen! Wir haben gehört, dass er etwas Geld geerbt hat, aber das hier ist eine seltsame Art, es auszugeben.

»R.! Bist du das?«

Er ist erschrocken. Er springt auf und setzt sich wieder hin. Er lässt den Kopf hängen. »Ich hätte niemals gedacht, dass sie gerade *dich* schicken würden. Das war's dann wohl.«

»Aber ich bin im Urlaub.«

»Ah, großartig!«, sagt er. »Ich bin so deprimiert. Lass uns etwas zu Mittag essen.«

»Hast du diese *Kroschka-Kartoschka*-Stände gesehen? Da drüben ist einer. Richtig billig und irgendwie genial. Sie nehmen eine Kartoffel, und die kannst du dann mit, du kannst es dir aussuchen, irgendeiner Vinaigrette füllen. Und vielleicht …«

»Schon in Ordnung, es gibt da ein nettes falsches französisches Restaurant um die Ecke. Ein wenig teuer, aber das geht auf mich. Weißt du, ich bin jetzt stinkreich, und ich werde polizeilich gesucht. Wenn ich noch reicher wäre, würde ich dich zum Abendessen ausführen. Aber so ist das nun mal.«

Und unterwegs erklärt er dann alles.

In the Stocks

»Niemals hätte ich damit gerechnet«, sagt R., »aber als mein Lieblingsonkel S. starb, hinterließ er mir ein wenig Geld – nun, jede Menge Geld. Und doch war es nicht genug, meine eigene Revolution zu finanzieren, wie ich sie mir schon immer erträumt hatte (Belize hatte vielversprechend ausgesehen), und jetzt kann ich mir kaum noch mein Apartment in Park Slope leisten. Mir wäre schon geholfen, wenn ich einen Job hätte, aber ich kann unmöglich für jemanden arbeiten, und im Moment muss ich das auch nicht. Wie auch immer, es ist genug fürs Mittagessen übrig, der Pinot Noir ist ein Schnäppchen und passt sehr gut zum Wildsteak in Morchel-Reduktion, das du bestellt hast.

Das Schlimmste ist, dass das gesamte Geld meines Onkels in Aktien angelegt ist – mein eigenes privates Sozialversicherungskonto, noch bevor ich überhaupt in Rente gegangen bin. Ich hatte noch nicht einmal angefangen zu arbeiten! Seinem letzten Willen zufolge hatte er mir mit meiner Schreibkarriere helfen wollen, aber das ist merkwürdig, ich meine, er hatte lediglich die Gedichte gelesen, die ich mit sechzehn geschrieben habe. Ich sollte dankbar sein, andererseits aber, weißt du, brennt einem all das Geld ein richtiges Loch ins Gewissen.

Jeden Monat habe ich diese Abrechnungen erhalten. Zuerst habe ich sie nicht wirklich durchgeschaut. Mir wurde gesagt, sie niemals wegzuwerfen, für den Fall, dass ich überprüft würde, also tat ich sie einfach in eine Schuhschachtel in meinem Schrank. Heute habe ich sechs Schränke. Es ist, als bezahlten sie für ihren eigenen Lagerraum. Eine Weile lang konnte ich sie also nicht lesen, ich stellte sie mir wie Geld auf der Bank vor, wie ein Sparkonto. Dann kippte eines Tages eine Schachtel um, und sie rutschten heraus. All diese Zahlen und Namen! Was hatten sie zu bedeuten! Und wie hätte man erwarten können, dass ich sie lese!

Das waren die Neunziger, die New-Economy-Blase war noch nicht geplatzt, und da war dieses Gefühl, dass man mit Aktien nicht falschliegen konnte. Ich las die Namen auf dem Portfolio, Junge, die hätten sich nicht gut in meinem College-Kapitel United Students Against Sweatshops gemacht: Gap, Wal-Mart, Wrigley, News Corp. und Archer Daniel's Midland, der weltweit größte Exporteur gentechnisch veränderter Sojabohnen. Immerhin sponsorn sie NPR. Ich hatte keine Ahnung, was die anderen Firmen taten, und ihre Namen waren keine Hilfe (ich nehme an, das soll so sein): Rentokil, Cendant, THX-88. Und dann die T-Bills, viele T-Bills. Das Staatsdefizit könnte ewig weiter ansteigen, und ich würde es finanzieren.

Das Portfolio meines Onkels entwickle sich ständig besser als der Markt, das hat die Investmentberaterin gesagt, als ich mich mit ihr in ihrem großen Midtown-Büro mit Panoramafenstern traf. Das öde, verwüstete Land auf der anderen Flussseite erlaubte eine weite Aussicht – entweder Aktien oder Barbarei waren daran schuld. Ich trug meinen USAS-Anstecker an meiner Lederjacke und legte los mit dem Thema moralisch vertretbare Investitionen. Sie hatte Verständnis. Sie hatte von Menschen gehört, die sich weigern, in Firmen zu investieren, die keine christlichen Werte unterstützten oder in irgendeiner Form mit der Gewalt im Fernsehen in Zusammenhang stehen. Es stellte sich heraus, dass auch mein Onkel einige Grenzen gesetzt hatte: keine Waffenproduzenten, aber er glaubte an die Pharmaindustrie (sogar dann noch, als sie die Patente für AIDS-Medikamente nicht freigeben wollte) und war dann doch bei Philip Morris weich geworden, nachdem sie den Brooklyn Academy of Music Award gerettet hatten. Aber was ist mit Firmen, die, weißt du, ihre Arbeiter gut behandeln und die Umwelt nicht zerstören und keine Kriege finanzieren? Ich wurde kühner. Was ist mit den Firmen, die aktiv das Los der Armen zu verbessern bemüht sind?

›So wie Wal-Mart?‹, fragte sie.

Ich mochte meine Investmentberaterin, aber es gab da eine Kluft zwischen uns. Wir einigten uns auf einen hippokratischen Kompromiss: Sorgen Sie bitte dafür, dass ich keine Anteile an Firmen besitze, die ganz offensichtlich der Umwelt und ihren Arbeitern schaden.

Einige Jahre lang fühlte ich mich sehr rechtschaffen und verdiente sogar noch nach der Technikblase, den Bilanzskandalen und dem Sturzflug des Marktes nach 9/11. Meine Beraterin war ein Genie, und ich schaltete ab. Ich erhielt Abfindungsschecks aus Massenklagen, wurde bei mehreren Wahlen gebeten, den CEO abzusegnen, den die Vorstände gewählt hatten. Ich erhielt große glänzende Jahresberichte, obgleich nach der ersten großen ökonomischen Flaute eine Verminderung der Papierqualität zu bemerken war. Dennoch hab ich auch sie aufgehoben. Eines Tages würde ich sie lesen. Es ist sehr einfach, als Angehöriger einer parasitären Privatiersschicht zu leben, wenn man nicht nach unten sieht. Gelegentlich hatte ich meine Zweifel, wenn ich in meinem Portfolio auf einen Unheil verkündenden Namen stieß. ›Diese Petroleumfirma, die Sie da gekauft haben, Morgoth Petroleum – Petroleum bedeutet, dass das eine Ölfirma ist, nicht wahr?‹, rief ich meine Beraterin an.

›Nun, eigentlich handeln sie mit recycelten Petroleumprodukten, Kunststoff, Vaseline, Motoröl, und, ähm, Gleitmittel. Sie kommen aus Kanada.‹

›Sie unterdrücken also nicht die Ogoni?‹

›Nein.‹

›Oh, das ist dann in Ordnung, denke ich.‹

Aber irgendwann wurde es zu viel. Ich beschloss, die Dinge selbst in die Hand zu nehmen. All diese Firmen setzen ihre Adressen an das Ende ihrer Abrechnungen, weißt du. Bei jedem Aktionärstreffen saß ich da und aß Gurkensandwiches. Bei jeder Abstimmung machte ich mein X dort, wo ich dem widersprechen konnte, was der Vorstand wollte. Niedergeschlagenheit. Ernüchterung. Alles, gegen das ich stimmte, wurde durchgewunken, die Aktienkurse schnellten empor, ich wurde fett, sie hatten Frischkäse in die Häppchen getan.

Im hintern Teil der Halle lauerten noch andere Leute wie ich, die Aktionärsaktivisten. Aber auch auf ihren Treffen in der Kirche in der Nähe der Wall Street war es hoffnungslos, niemand mochte meine Pläne. War es so falsch, Warnhinweise auf Kreditkarten zu fordern? Ich driftete in den radikalen Flügel ab. Meine Zelle wählte mich aus, den entscheidenden Schlag auszuführen. ›Soll ich etwas bei Dean & DeLuca holen?‹ Nein, sagten sie. Wir machen sie selber.

Als ich über das Podium flitzte, eine Sahnetorte auf dem pausbäckigen Gesicht eines CEO landete, das meinem nicht unähnlich war, dachte ich: Was werden sie jetzt mit mir machen? ›Zur A-Linie in der 59. Straße!‹, rief ich und sprang in das erste Taxi, das ich sah. ›Nein, warten Sie, gleich bis ganz zum JFK!‹

Und so findest du mich heute hier.«

Armer R. Die Zwickmühle, in der er steckt, hat ihn seinen Verstand gekostet. Oder vielleicht ist es der Pinot Noir? Auch uns ist er zu Kopf gestiegen. Wir trennen uns von ihm im Guten, während er seinen Hut herunterzieht, um sein Gesicht zu verdecken. Wir summen die Ballade des Aktionärsintellektuellen.

Ballade des Aktionärsintellektuellen
(zur Melodie von »Die Moritat von Mackie Messer«)

Und die statements
Kommt too often
Und die index
Funds perform!
Meine friends nicht
Can afford me
Und after clearing
Kommt der sturm!

No mehr writing
No mehr thinking
Für ich dwell on
Nigeria
Where die oilmen
Beat dem locals
Und die profits
Buy my Cuisinart!

Das Kapital-uh
Die Prison Notebooks
Illuminations
Beat die drum
Ich habe dem alle
In luxury editions
Aber also 1000 shares of
Amazon.com!

Drüben auf dem Puschkinskaja-Platz machen wir eine Gruppe Gaukler aus, die ihre Tricks vorführen. Sie werden aufmerksam von ihren Fans beobachtet, alle in dunklen Anzügen. »Ah«, sagen wir zu einem Passanten, »ist das eine literarische Lesung?«

Der Fremde schaut uns an. »Das sind Gaukler.«

»Das sind – das sind also die Schriftsteller?« Wir zeigen auf die Männer in Anzügen.

Der Fremde lächelt. »Das ist die Geheimpolizei.« Er sieht sich um, entdeckt einen Mann in zusammengeflickten Lumpen, der mit einem Buch auf einer Bank in der Nähe sitzt. »*Das* ist ein Schriftsteller«, sagt er. »Ein ziemlich guter.«

»In Russland«, erklärt er, »ist alles so, wie es aussieht. Und alles sieht schlecht aus. Wie sieht es in Ihrem Land aus?«

Oh!, beginnen wir, ihm zu erklären. Er hat keine Ahnung, was schlecht ist! In unserem Land gibt es eine Krise. Die Literatur ist in Gefahr. Das sagen alle! Unsere Autoren rufen uns zu den Waffen ...

Die Lesekrise

Wie die Krise der sozialen Sicherheit ist auch die Lesekrise zu einer Betrügerei geworden, die auf Fakten basiert. Die NEA verkündet, dass weniger Literatur gelesen wird als noch vor zwei Jahrzehnten. Bücher sind immer mehr der Konkurrenz von Nicht-Buch-Technologien ausgesetzt. Wird man im Jahr 2060 noch lesen? Ähnlich der

Sozialversicherung gibt es Variablen, von denen man einfach nicht weiß, wie man sie hochrechnen soll: Immer weniger Menschen lesen Bücher, aber immer mehr wollen sie schreiben, und mehr und mehr Bücher werden veröffentlicht.

Über all diese Dinge könnte eine richtige Debatte geführt werden. Stattdessen bekommen wir die »Lesekrise«. Unter den Bedingungen der Lesekrise wird alles, was ein Autor tut, egal wie eigennützig und verwerflich, zu einer Tat im Dienste der Literatur. Ein Anführer einer »Revolution« des Lesens zeichnet sich bei seinen öffentlichen Auftritten durch Spiele, Akkordeonisten und Mitmachaktionen aus. Ein Bestsellerautor schickt E-Mails herum und bittet seine Bekannten, sein neues Buch zu kaufen, bevor es von der Topseller-Liste der *Times* rutscht – weil die Klassiker ohne diese Verkaufszahlenindikatoren verschwinden können. Eine Blogschreiberin streift in Buchläden umher und legt Anzeigen in Bücher, die an das ihre erinnern: »Wenn Ihnen das hier gefallen hat, werden Sie *The Tattle-Tale* lieben.« Und diese Gestalten werden als hoffnungsvolle Zeichen einer Renaissance des Lesens hochgehalten.

Wenn das Lesen hilflos darniederliegt und diese Sanitäter in Clownsanzügen ihm über den Weg laufen, deren Sauerstoffflaschen mit Lachgas gefüllt sind anstatt mit Sauerstoff, dann sollte es, so sehr es auch keuchen muss und wie schwach auch immer es ist, auf die Füße kommen und rennen.

In den vergangenen eineinhalb Jahrzehnten, während denen sich das Verlagswesen nach dem Vorbild Hollywoods umgestaltet hat, haben die Autoren angefangen, immer häufiger in der Öffentlichkeit über Buchverkäufe und über die Öffentlichkeit und die Leserschaft zu sprechen – zuvor das Betätigungsfeld von, in dieser Reihenfolge, Buchladenbesitzern, Publizisten und Soziologen. Anfang diesen Jahres kam eine Gruppe von Romanautoren zusammen, um einen Bittbrief in Umlauf zu bringen, mit dem sie Oprah Winfrey ersuchen wollten, sich in ihrem Fernsehbuchclub von den Klassikern ab- und wieder der zeitgenössischen Literatur zuzuwenden. »Liebe Oprah«, begann der Bittbrief:

»Sie haben etwas sehr Mutiges getan, etwas, das niemand vor Ihnen getan hat. Sie haben erklärt, dass jede Person – jeder, der in der Lage ist, einen Fernsehapparat anzuschalten – Teil der literarischen Welt sein und sich an ihr erfreuen könne. Sie haben erklärt, dass jeder in der Lage sei, gute Bücher zu mögen.«

Hatte das noch niemand vor ihr gesagt? Oder ist der eigentliche Gedanke gewesen, dass das Fernsehen die Zuschauer zu einem »Teil der literarischen Welt« machen könne, so wie die Interviews auf dem roten Teppich die Zuschauer zu einem »Teil der Entertainmentwelt« und die Börsennachrichten sie zu einem »Teil der Businesswelt« machen? Der Bittbrief folgte einer merkwürdigen Argumentation: Schwankende Absatzzahlen von Romanen bedeuten eine kleiner werdende Leserschaft von Büchern; eine kleiner werdende Leserschaft von Büchern bedeutet einen Verlust der Lesefähigkeit der Bevölkerung; und der wahre Grund all dieses Rückgangs sei – Oprah, die ihren Buchclub gestoppt hatte! Außerdem demotiviere Oprah junge Menschen: »Am Anfang hatte die sehr geringe Chance, dass ein Lektor ihr Werk als potentielles Buchclub-Material ansehen könne, Autoren zum Schreiben ermutigt.«

Es *ist* wahr, dass die Ökonomie des Verlagswesens heutzutage abhängig ist von dem Streben nach Megabestsellern: Aber hier geht es um Kommerzialisierung und nicht um Oprah, und beide Fälle haben nichts mit dem Schreiben zu tun. Es ist unbestreitbar, dass sie dafür, dass sie zum Lesen anregt, gerühmt werden muss; das gilt ebenso für Highschools, Nachbarschaftslesegruppen und das Bookmobile. Aber wenn es die Auswahl William Faulkners ist – dessen drei beste Bücher seien über den Sommer 2005 zu lesen, hatte Oprah aufgetragen –, an der man sich stößt, wird deutlicher, dass dieser sich genial anhörende Quatsch kein bisschen unschuldig ist.

Nehmen wir an, der Bittbrief wäre ehrlicher gewesen:

Liebe Oprah,
niemand von uns kann beweisen, dass unsere Bücher bereits von einzigartigem Wert sind – dies würde Zeit beanspruchen

und Glaube an den Leseprozess und daher Respekt gegenüber einer gewöhnlichen Leserschaft und vielleicht sogar Respekt gegenüber den Kritikern. Aber wir sind ungeduldig. Ist heutzutage nicht alles Publicity? Da wir nicht daran glauben, dass die Literatur ein Leben voller Plackerei im Verborgenen wert ist, würden wir wenigstens ein bisschen Hoffnung auf die Art von Ruhm bevorzugen, die selbst die unwürdigsten Fernseh- und Diätbücherleute bekommen. Oh, Oprah, wir bitten nicht unsretwegen. Denken Sie an die Kinderautoren!

Diese zersetzende Neuordnung von Werten, auch desjenigen, warum man schreibt, war zuvor die Ambition nur einer einzigen Gruppe gewesen – derjenigen, die des Geldes wegen schreibt, nicht der Kunst wegen. Aber wenn man sich die Liste der Unterzeichner anschaut und sie mit den unterwürfigen Worten vergleicht, die über den Namen gedruckt stehen, erkennt man, wie diese Unterscheidung sogar unter ernst zu nehmenden Autoren und all den zunehmend verwirrenden Lese-Appellen verloren geht oder versteckt wird.

Nehmen wir ein anderes Beispiel: ein neues Buch über das »Schreiben in Zeiten des Nichtlesens«. »Für Anfänger«, schreibt sein Herausgeber, »ist es keine Hilfe, dass es in diesem Land ein enormes Imageproblem mit sich bringt, wenn man viel gelesen wird.« Dieses Image beginnt sich zu verändern, sobald der Autor vom Buch zurück- und in das Rampenlicht tritt und der Leser sich aus seinem Leben (in das die Bücher als Emissäre kommen, als fielen sie vom Himmel) heraus- und ins pseudoliterarische Mitmachen hineinbewegt. Buch-»Events« »heben Autoren auf eine Bühne mit Jongleuren, Feuertänzern, Radioproduzenten und Punkbands«. Sichtbarkeit zusammen mit körperlicher Präsenz resultiert in etwas Scheußlichem: Autoren müssen uns ihr »Leben und ihre Arbeitsweise« erklären »ohne, dass wir danach fragen müssten«. Und all dies in Diensten der Revolution: »Wenn man das in seinem ganzen Ausmaß zu Ende denkt, weisen diese Ideen den Weg hin zu einer Welt voller Möglichkeiten für die Zukunft der Bücher.« Das tun sie. In dieser Zukunft wird der Ort des Lesens ein Buchladen sein, nicht die Bibliothek oder das Wohnzimmer. Und der Buchladen wird zu einer permanenten Dauermesse, mit Bannern, musikalischen Ablenkungen und Bestsellerlisten und dem erschöpften Autor, der sich wie eine Spider-Man-Ausschneidefigur aus Pappe am »Neuigkeiten«-Tisch abstützt.

Die letzte, heimtückische Manifestation der Lesekrise zeigt sich in der Art, wie sie der Feindschaft gegenüber der Kritik Deckung gibt. Die Kritiker des einen Autors »pissen in das fragile Ökosystem, das die literarische Welt ist« (Eggers); oder sie sind nichts als »Resentniks« (Foer). Das eigentliche Problem ist selbstverständlich, dass man, wenn »Bücher«, wie das Mantra lautet, »gut« sind, sich nicht darum kümmern muss, wie gut oder schlecht dein Buch wirklich ist. Das Kriterium ist nur, »Leser zu gewinnen«. *Ich gewinne Leser*, macht sich der Autor weis und wedelt mit seinen Absatzzahlen – gewiss sind diese Millionen nur seinetwegen zustande gekommen? Es interessiert nicht mehr, was er geschrieben hat. Auf diese Weise wird der Romanautor einmal so geschützt sein, wie der Lyriker es heute schon ist: nichts als ein Mitglied einer bedrohten Art (in einem »fragilen Ökosystem«) oder sagen wir einer Identitätsgruppe, der nicht nicht zugestimmt werden kann, der bestimmte Monate des Jahres gewidmet werden, die nicht einfach nur toleriert, sondern von den herrschenden Machthabern sogar noch ermutigt und verhätschelt wird. Das hat nichts mit dem Inhalt dessen zu tun, was er schreibt (es gibt keinen Inhalt), sondern nur damit ... Nun, welche Kräfte könnten das Blühen einer solchen Kunst unterbinden? +

Mark Greif

Radiohead oder die Philosophie des Pop

Ich frage mich, warum es keine Philosophie der Populärmusik gibt. Popkritiker veröffentlichen Rezensionen und Interviews; sie schreiben über ihre Begeisterung und über Biografisches. Dabei setzen sie vieles als bekannt voraus und stellen die Fragen, die ich gerne beantwortet bekommen würde, erst gar nicht. Alle wiederholen sie die landläufige Meinung, Musik sei revolutionär. Aber ist sie das denn? Bringt Popmusik die Revolution voran? Wir sagen, Pop ist immer auf der Höhe der Zeit, und wir können beim Hören erstaunlich präzise zuordnen, ob ein Musikstück von 1966 oder 1969 oder 1972 oder 1978 oder 1984 ist. Aber stimmt das denn? Ist Popmusik wirklich so gegenwartsbezogen, dass man sagen könnte, darin spiegele sich etwas von der äußeren Geschichte wider und nicht nur der Fortgang ihrer eigenen Entwicklung? Natürlich macht Pop *irgendetwas* mit mir; das sagt jeder. Was genau aber macht Popmusik? Beeinflusst sie tatsächlich das, woran ich glaube oder was in meinem tiefsten Innern vorgeht, dort, wo ich meine, sie am deutlichsten zu spüren – oder regt sie nur eine gewisse Stimmungsschwankung an, ein Glücksgefühl von kurzer Dauer, oder den Bewegungsdrang?

Dies zu beantworten, ist nicht deshalb kompliziert, weil es so schwer wäre, über das Thema Pop nachzudenken, sondern weil es einen unmittelbar in Verlegenheit bringt. Popmusik ist von allen zeitgenössischen Kunstformen die lebendigste. Heutzutage würde jeder, der auf eine einsame Insel verbannt würde, als Erstes nach seiner Plattensammlung greifen; die Idee, eine Liste mit Platten anzulegen, die man auf eine einsame Insel mitnehmen würde, gibt es nur, weil wir eher ohne alle anderen Kunstformen zurechtkämen, als auf Songs zu verzichten. Was wir vorrangig konsumieren, sind Songs; von ihnen behalten wir am meisten im Gedächtnis. Aber selbst, wenn wir darauf bestehen können, dass Popmusik einen ernst zu nehmenden

Wert hat, glauben wir nicht ernsthaft genug an ihre *Bedeutung* außerhalb des Kontextes der Musik, die meisten von uns jedenfalls nicht, oder wir können darüber nicht sprechen – oder hören uns bescheuert an, wenn wir es tun.

Und wir Musikliebhaber, die wir unsere Ohren ganz genau auf eine spezielle Form der Erhabenheit im Pop eingestellt haben, sind schnell dabei, in jedem Versuch einer weiter gehenden Pop-Kritik Wichtigtuerei, Übertreibung und Heuchelei zu wittern – und zwar gerade weil wir die Kluft zwischen der unmittelbaren Wirkung der Musik und ihrer unzureichenden und überflüssigen Analyse spüren. Das heißt: Wir wissen über unsere bedeutendste Kunstform nicht Bescheid. Wir sind uns nicht einmal darüber einig, wie in der Popmusik weniger die Worte allein, als vielmehr erst die Verbindung von Musik und Text eine völlig andere Aussagekraft erlangt: breitenwirksamer und überwältigender und weniger behutsam und gediegen als in der Lyrik. Und die Ignoranz schlechter Kritiker erkennt man daran, dass sie weiterhin Pop wie Poesie behandeln, so wie das in dem immer weiter anschwellenden Diskurs rund um Bob Dylan geschieht.

Wenn man nun eine Pop-Philosophie entwickeln wollte, müsste man zunächst einige Hindernisse aus dem Weg schaffen. Um auszuschließen, dass man sich in Allgemeinplätzen ergeht, und um die Behauptungen für die Leser überprüfbar zu machen, müsste man sich auf eine einzelne Band konzentrieren. Man müsste gleich am Anfang klarstellen, dass die Musiker wirklich bedeutende Persönlichkeiten sind, dass aber auf sie in keiner Kategorie der Superlativ zutrifft: Sie sind nicht am avantgardistischsten, am perfektesten, am vorbildlichsten. Dies würde den bösartigen Vergleichen und Haarspaltereien, die unter Aficionados als Kritik durchgehen mögen, von Anfang an den Wind aus den Segeln nehmen. So hätte man Raum zum Atmen. Wenn man einmal gesagt hat, dass man die Musik der Band mag, ist es nicht mehr nötig, sie zu loben; und wenn es sich um eine Gruppe handelt, die genügend Leute kennen, kann man sich Biografisches und reine Beschreibungen sparen. Also einigen wir uns für meine Argumentation hier auf die Band Radiohead –

und ich lasse mich einmal ganz tollkühn auf das Spiel ein. Und wenn ich darauf beharre, dass Radiohead viele andere Popmusiker in einigen Bereichen überragen – wie Fans immer die Überlegenheit der Band behaupten, die sie lieben –, so geht es mir lediglich darum, dass diese Band um die Jahrtausendwende besser als andere in der Lage war, eine einzige Frage zu stellen: Kann Popmusik überhaupt jemals einen besonderen historischen Moment verkörpern?

Radiohead gehören ins Genre »Rock«, und wenn Rock ein charakteristisches Sujet hat, so wie Countrymusik die kleinen Freuden in schweren Zeiten (*getting by*) und Rap das Ausstechen der Konkurrenten (*getting over*), so müsste sein Thema das Sprengen der Fesseln (*getting free*) sein.

Doch das auffälligste Merkmal der Musik von Radiohead ist, dass in ihr strukturell, selbst wenn das Thema weiterhin die Freiheit sein mag, nicht das Hervorrufen von Freiheitsgefühlen, sondern vielmehr von stetiger unterschwelliger Angst angelegt ist.

In den Songs ist das Grauen so eindringlich und allgegenwärtig, es scheint in jede Textzeile genauso eingebaut zu sein wie in den mal schwarzen, mal sternenübersäten Musikhimmel, der sie überspannt. Die Angst entspringt keiner Bedrohung durch eine einzelne Sache oder Instanz, sondern umgibt alles. Sie ist eher atmosphärisch als explosiv. Diese Bedrohung überrascht niemanden. Da draußen gibt es Leute, die reinhören, Zuschauer, stehen gelassene Autowracks mit aufgeblasenen Airbags, *killer cars*, Lichter, die ausgehen und wieder anspringen. »Sie« warten, einen eigenen Namen tragen sie nicht: Geisterstimmen, das Knacken verwanzter Telefone, Schallplatten in der Auslaufrille, Geräusche des Weitermachens und der Anonymität.

Etwas droht zu geschehen oder ist gerade eben passiert, verschließt sich aber unserer sinnlichen Wahrnehmung: »Something big is gonna happen / over my dead body.« Oder, anders herum, es ist unmöglich, dass noch etwas geschieht, und prompt passiert es: »I used to think / there's no future left at all / I used to think.« Irgendetwas ist mit den Dingen, wie wir sie bisher kannten, schiefgelaufen, und dieser Fehler sickert durch bis hin zu den Ereignissen selbst. Das

Leben löst sich in seine Äußerungen auf, in das verbreitete Medium der Maschinensprache. (»Arrest this man / he talks in maths / he buzzes like fridge / he's like a detuned radio.«) Zwischen einem Ereignis und seiner Darstellung hat sich ein Spalt aufgetan, und der Damm zwischen dem Künstlich-Technischen und dem Natürlichen ist gebrochen. Damit will ich nicht Gedanken *über* ihre Songs zum Ausdruck bringen oder gar über ihre Songtexte, die in gedruckter Form banal wirken; es geht hier um das, was *in* ihren Songs steckt. Das künstlich Erzeugte ist in der Musik, es sitzt hinter unseren Lippen und rutscht heraus, wenn wir die Münder öffnen – so wie Worte aus der Chemie oder Medizin (»polystyrene«, »myxomatosis«, »polythylene«, »melatonin«) mühelos in die Songtexte hineingelangen.

Neben dieser künstlichen Welt greifen die Texte auf eine Bildsprache zurück, die düsteren Kinderbüchern entspringt: Sümpfe, Flüsse, Tiere, Archen und Ruderboote, die entlang verschwommener Lichtstrahlen zum Mond fahren. In diesen Texten – und auch in ihrer musikalischen Entsprechung aus Glockenspiel, Geigenarrangements, Wiegenliedern – wird ein frühes Selbstverständnis wieder hervorgeholt, die verzweifelte Sehnsucht nach kleinen, sicheren Räumen. Es verspricht Zuflucht, etwas Ruhe, in der man denken kann.

»Such a pretty house
and such a pretty garden.
No alarms and no surprises,
no alarms and no surprises,
no alarms and no surprises please.«

Aber wo die Songs versuchen, das Kleine und Sichere zu verteidigen, bestätigen sie auf eindrucksvolle Weise zugleich die Existenz von Macht und Gewalt; sie ahmen die Stimme nach, die jene alles beherrschende Instanz, die hinter unserem sorgenreichen zeitgenössischen Universum stehen sollte, haben würde, wenn sie nicht schwiege. Oder andernfalls sind es die Worte, die das Sprechen für uns übernehmen.

»This is what you get
this is what you get
this is what you get
when you mess with us.«

Ungeklärt ist dabei, ob dies eine mitfühlende Stimme ist oder eine, die außen vor bleibt – ob sie für uns ist oder gegen uns. Die Aufgabe der Band wie ich sie verstehe, ist es, zu versuchen, am eigenen Willen festzuhalten, nachzufragen, ob irgendetwas davon übrig geblieben ist, an dem es lohnt festzuhalten, oder aber herauszufinden, wohin diese Kraft verschwunden ist. Thom Yorke, der Sänger, wirkt ständig so, als drohe ihm der Untergang; und dann wieder bezwingt er entweder die Philister oder er plant gar, ganz wie Samson, den Tempel über sich niederzureißen. Wir hören also schmerzerfüllte und wunderbare Beteuerungen von herber Schönheit, kristallin und zart, und dann aggressive Beschuldigungen und Androhungen gigantischer Zerstörung – bis das eine wie die Antwort auf das andere wirkt, als werde die äußere Gewalt hereingezogen ins Innere:

»Breathe, keep breathing.
We hope that you choke,
that you choke.
Everything
everything
everything in its right place.
You and whose army?
We ride – we ride – tonight!«

Und die Konsequenz? Hier kommen wir zu den bekanntesten Radiohead-Zeilen, die auf dem Papier wiederum banal wirken, und zu jener Stimmung in ihrer Musik, die am schwierigsten zu beschreiben ist – eingefangen in vielfach wiederholten kurzen Sätzen, ein Reden auf Vorrat, die Worte verlieren ihre Bedeutung und gewinnen sie dann wieder zurück. »How to disappear completely« (»Wie man ganz verschwindet«) – so bezeichnet ein Songtitel das Verfahren, denn die Worte scheinen die Sehnsucht nach Selbstnegation auszudrücken, nach dem Nichts und der Nichtexistenz:

»For a minute there
I lost myself, I lost myself.

I'm not here. This isn't happening.«

Die Lage in den späten Neunzigern könnte man rückblickend wie folgt beschreiben: Jeder Einzelne war zur Jahrtausendwende der Adressat einer Vielzahl lautstark verkündeter Anweisungen und Aufrufe, jeder saß zwischen Fernseher, Radio, Telefon und Handy, Plakatwänden, Flughafen-Anzeigentafeln, seinem Posteingang und Postwurfsendungen. Jedem wurde klar, dass er an einem Knotenpunkt eines Netzwerks lebte, das ohne seine Zustimmung existierte und ihn mit unzähligen aufgezeichneten Stimmen, geschriebenen Nachrichten, Sendern, Unterhaltungskanälen und Wahlmöglichkeiten verband. Es herrschte eine Kultur des munteren Drauflos-Sendens: ein recht wahlloses Streuen, das nur einige wenige zu erreichen brauchte und dabei enorme Bereiche unseres Bewusstseins in Beschlag nahm. Um sich zu rentieren, musste nur eine von zehntausend Botschaften auf fruchtbaren Boden fallen, darum wurden sie überall ausgesät. Inmitten dieses Netzwerks zu leben, fühlte sich nach etwas an – aber nach was genau, darum scherte man sich in dieser Kultur des Versendens erstaunlich wenig. Stattdessen brachte sie unaufhörlich Bilder eines unbeschwert luxuriösen Lebens hervor, Songs von Leichtigkeit und Freiheit, technologische Wunder, die sich ganz anders als das Leben anfühlten, das wir damals tatsächlich führten.

Und wenn man merkte, dass man selbst bei all dem gar nicht vorkam? Man hatte den Eindruck, einer der wenigen unstrittigen Aspekte dieser Kultur war, dass sie einem verbot, sich zu beklagen. Denn wenn man sich beklagte, offenbarte man sich als simples Gemüt, als eine schwache Persönlichkeit, die die Großzügigkeit und Qualität des Übermittlungssystems missverstand. Es existierte ja, um einem zu helfen. Und wenn man einmal die ununterbrochenen und wahllosen Aussendungen als normal akzeptiert hatte, gab es darunter auch Nachrichten, die einem Bedeutung verliehen, einen hätschelten und einem schmeichelten. Wenn man schlicht befand, dieses Geplapper verändere das Leben, kille die Privatsphäre oder raube einem die Fähigkeit, in Ruhe nachzudenken, gab es andere Botschaften, die etwas von Demütigung, Verrücktheit und Verschwinden raunten. Welcher Idiot braucht schon Ruhe? Gibt es etwas Unverfänglicheres als ein paar Ratschläge? Diese Botschaften hatten keinen identifizierbaren Absender; sie gingen von keinem Zentrum aus, waren nicht organisiert, intelligent oder zielgerichtet. Es stand einem frei, den Sender zu wechseln, nicht ans Telefon zu gehen, die Ohren zu verschließen, die Augen zuzumachen, sich selbst ein Loch zu graben und sich darin zurückzuziehen. Es lag tatsächlich in der eigenen Verantwortung. Die Metaphern, mittels derer die Leute im Allgemeinen und Speziellen versuchten, sich über diese Entwicklungen zu beschweren, stammten aus dem Gebiet der Verschmutzung (z. B. »Lärmverschmutzung«) oder des Diebstahls (z. B. »Zeitdiebstahl«). Aber wir alle wussten, dass diese Einmischungen sich anfühlten wie Gewalt. Physische Gewalt, ohne die Möglichkeit, zurückzuschlagen.

Und wenn das Gefühl des gewalttätigen Einmischens anhielte? Es würde unserem Leben eine neue Dimension anhaltender, nervöser Trivialität hinzufügen. Auf irrationale Weise würde es in unserer Befindlichkeit und unseren geheimen Gedanken die kleinen persönlichen Ärgernisse mit der ununterbrochen ausgestrahlten Gewalt, die wir irgendwo gesehen haben, verknüpfen. Diejenigen, die Einspruch erhoben, blamierten sich, weil sie Ärgernisse mit Tragödien verglichen – und auch wenn wir alle diese Ähnlichkeit spürten, war es doch nicht länger möglich, sie auszusprechen. Das mochte daran liegen, dass die Farbpalette, die unseren Nerven zum Ausmalen von Schmerz zur Verfügung steht, begrenzt ist. Oder es lag daran, dass das Netzwerk seinen Teil der Bürgerpflicht erfüllte, indem es uns vierundzwanzig Stunden am Tag Nachrichten von brennenden Flugzeugen, zerstörten Autos und blutüberströmten, schreienden Unfallopfern aus aller Welt darbot, und unsere Bürgerpflicht war es anscheinend, sich das alles anzuschauen. Angereichert mit Werbung erschien diese Mixtur aus Nachrichten und Horror auf allen Fernsehschirmen: auf dem Flughafen, im ärztlichen Behandlungszimmer, in der U-Bahn und in jedem Warteraum, einfach überall, wo man mit der Begründung, es gehöre zur allgemeinen Pflicht, »Bescheid zu wissen«, einen Bildschirm aufstellen konnte. Dagegen Einspruch zu erheben, war jedoch erniedrigend – wer wollte uns schon etwas Böses? Und standen wir nicht tatsächlich in der Verantwortung, Bescheid zu wissen?

Auf diese Weise wurde die große Menge Leute, die sich im Umfeld dieser Sendungen herumdrückten, die selbst nicht sprachen, aber für die gesprochen wurde, die empfangen, aber nicht selbst senden konnten, für das neue Babel verantwortlich gemacht. Die meisten von uns, die wir in dieser Kultur lebten, waren in erster Linie ihre Leidtragenden oder Patienten und nicht, wie es hieß, »Konsumenten«. Auch wenn uns kein anderes Wort als »Konsum« oder »Konsumdenken« zur Verfügung stand, um diese Welt zu verurteilen, in der einem aggressiv inhaltsarme Botschaften aufgedrängt wurden. Jedenfalls gab es nicht einmal eine neue Bezeichnung für diese Kultur oder das Gefühl, Teil von ihr zu sein.

Eine gewisse Spielart der Popmusik konnte eine repräsentative Vision dieser Welt liefern und blieb gleichzeitig eines ihrer allgegenwärtigen Produkte. Eine gewisse Sorte von Musikern war in der Lage, diese mit unbestimmtem Grinsen vorgetragene Androhung feindseliger Maßnahmen und die latente Gewalt, die in dieser neuen Welt von keiner identifizierbaren Quelle ausging, zu reflektieren; eine gewisse Sorte von Musikern, eher wütend und kritisch als selbstgefällig und heiter, vermochte es, die Erfahrung mit der allgegenwärtigen Aufdringlichkeit in Bilder zu fassen, auch wenn die Musik dabei selbst schmerzlich aufdringlich sein konnte und über dieselben medialen Kanäle zu uns gelangte, wie alles andere auch. Pop war in der günstigen Situation, beides zugleich zu sein: eine außergewöhnlich barrierefreie Kunstform und relativ kostengünstig in der Herstellung, eine Kunstform, die erst einmal allein von einem Komponisten oder Songschreiber oder zwei oder vier oder sechs Bandmitgliedern und ohne großen Einfluss von außen gemacht werden konnte, bevor dann Geld fließen musste für das Studio, den Vertrieb und die Werbung. So sehr sie auch Konsens war, konnte die Musik doch zur Form der unkorrumpierten und anders nicht zu artikulierenden Beschwerde werden, die das zu ihrer Sache machte, was man in vernünftigen Diskussionen nicht sagen konnte, und die weit genug aus dem Innern der Kultur des willkürlichen Versendens stammte, um sie mit ihren eigenen Mitteln in den Blick zu nehmen.

Ein historisches Paradoxon der Rockmusik besteht darin, dass die Richtung, die sich am heftigsten der Rebellion gegen die Autoritäten verschrieben hat, sich zunehmend brutalerer und autoritärerer musikalischer Mittel bediente, um Formen des Autoritarismus anzuprangern. Ein Genre, das die Befreiung des Individuums feierte, bedurfte immer stärkerer Reglementierung und Koordination. Diese Entwicklung war am krassesten bei Hardrock, Metal, Hardcore oder Rap-Metal zu sehen, wurde latent aber überall wirksam.

Im frühen 20. Jahrhundert war Folk traditionell die Alternative zu autoritären Musikformen. Aber allein die Möglichkeit der elektrischen Verstärkung veränderte die Voraussetzungen der Musik anscheinend so drastisch, machte ganz andere Lautstärken und die Mimesis anderer Sounds möglich, dass sich neue Wege der musikalischen Darstellung von Befreiungsimpulsen auftaten, die nichts mit dem lyrischen Gehalt der traditionellen Folkmusik oder ihrem Anspruch auf Virtuosität oder Purismus zu tun hatte. Um es genau zu sagen: Sie ermöglichte es der Popmusik, jene Übel nachzuahmen, die die Befreiungsbewegung bekämpfen würde. Pop konnte zu Goliath werden und gleichzeitig weiterhin David anfeuern. Bis in die späten sechziger Jahre überragte ein Aspekt der elektrischen Verstärkung alle anderen: Sie eröffnete zum ersten Mal die Möglichkeit, dass ein Musiker das Publikum durch Lautstärke regelrecht verletzen konnte. Die Beziehung zwischen Publikum und Rockmusiker basierte fortan auf einem neuartigen Grundvertrauen. Es war das Vertrauen der Zuhörer, die unmittelbar der Gefahr von tatsächlichem Schmerz und dauerhaftem Schaden ausgesetzt waren, die die Bands freiwillig im Zaum hielten – gerade noch. Zum ersten Mal hatte ein Künstler Zugang zu Mitteln echter Gewalt und testete ihre Möglichkeiten in Konspiration mit seinem Publikum. Man hört das bei The Who, den Doors, Jimi Hendrix. In den sechziger Jahren erfolgte dies natürlich vor dem Hintergrund zunehmender realer Gewalt, die gewöhnlich allein in den Händen der »Autoritäten« lag, sich aber immer häufiger in Unruhen und der polizeilichen Reaktion darauf oder in Kriegen außerhalb des Landes manifestierte. All das wurde als Erklärung herangezogen. Doch als in den USA wieder Frieden herrschte, wurde klar, dass die der Rockmusik immanente Gewalt unabhängig von der offenkundigen Gewalt des Blutvergießens existierte, und die Rockmusik durchlief weitere Metamorphosen. An vorderster Front entwickelte sich daraus in den Siebzigern Heavy Metal – und einige brachten dies mit dem Kollaps der Industrie und der wirtschaftlichen Misere in Verbindung. Später gab es mit Punk und Postpunk eine Neuauflage in Zeiten, in denen die Politik versagte – und einige brachten das neue Schwanken der Texte zwischen Autoritätshass und Selbsthass mit den politischen, wirtschaftlichen und sozialen Aussichten in Verbindung. Vielleicht hatten sie recht. Aber damit schenkten sie der Vorstellung von Popmusik als simplem Abbild der Gegenwart womöglich voreilig Glauben – denn genau diese Vorstellung gilt es zu hinterfragen.

Um den Sprung in die Gefühlswelt unserer eigenen Gegenwart machen zu können, fehlt natürlich noch etwas: die elektronischen Sounds. Um ein neues Universum wiederzugeben oder dem Wunsch nachzukommen, das Leben aus seiner Mitte heraus zu gestalten, bräuchte eine Band heute eine überschaubare Anzahl von Piepstönen, Wiederholungen, Loops, Schlagzeugsamples, Geräuschen und Beats. Der Begriff »elektronische Musik«, wie das zeitgenössische Genre genannt wird, bezeichnet nicht nur seine Produktionsmittel, sondern auch seinen Klang. Auch wenn sie in Kölner Studios oder im Columbia-Princeton Electronic Music Center vorausgeahnt wurden, erzeugten Laptops, ProTools, Sequenzer und Sampler, die Sammlungen von Sounds und tempovariablen Breaks oder reinen Tonfrequenzen eine scheinbar völlig losgelöste Umwelt und eine seltsame Geräuschkulisse, die nicht zwangsläufig zu der gängigen Gitarre-plus-Schlagzeug-Tradition der Popmusik passten. Aber es stellte sich heraus, dass wir zu den elektronischen Signalen, die in der Musik verwendet wurden, bereits über ganz andere Kanäle als den Avantgardismus von Stockhausen und Cage einen emotionalen Zugang gewonnen hatten. Jeder, der nach 1965 geboren ist, hat schon einmal Nonsenssilben und eigene Songs zu Maschinenlärm abgesondert, später zu Computergeräuschen, denn diese neuen Sounds drangen bis in die Kinderzimmer vor. So wie wir in der gleichmäßigen Bewegung der Uhr ein Ticktack hörten, wollten wir auch lernen, aus Lärmquellen, Druckluftkompressoren, Waschmaschinenpumpen, Warnsirenen und Alarmglocken eine Mitteilung oder einen Song herauszuhören. Das ausgeklügelte Spektrum zeitgenössischer Tonsignale hört sich für uns wie Kommunikation an: die Lüftung einer Mikrowelle, das Läuten eines digitalen Weckers, das dumpfe »Gulp« einer Registrierkasse, das Zwitschern von Handys, das »Ping«, wenn man den Sicherheitsgurt im Auto nicht angelegt hat, und das Klickern von Anzeigentafeln – von der gefälligen Spezialsprache aus Piepstönen, die die Computer absondern, auf denen wir tippen, gar nicht zu reden.

Radiohead waren bis in die späten Neunziger nicht gut darin, zu formulieren, was sie an erzählenden Songs eigentlich störte. Sie versuchten es in ihrem Frühwerk. In einem bekannten und beliebten, aber eher unbeholfenen Song sangen sie davon, wie die Natur und die häusliche Welt von Plastiknachbildungen ersetzt wird (»Fake Plastic Trees«). Sehr weit weg von den Klischees der Folkmusik ist das nicht – schon nah dran an Buffy Sainte-Maries »Little Boxes«. Sie waren nur davor gefeit, weil sie weniger die Tatsachen beklagt als ihre Folgen beobachtet haben: »It wears you out«, womit die Erschöpfung beschrieben ist, die den Menschen in Gesellschaft des komplett Austauschbaren befällt. *The Bends*, das letzte Album, das sie produzierten, bevor sie zu einem Major Label wechselten, ist, wie der Titel suggeriert, von diesem allgegenwärtigen, aber unangenehmen Bewusstsein getragen, dass man von den Anforderungen das Alltags durch Welten gezerrt wird, die nicht miteinander kompatibel sind. Doch der Band schien noch nicht klar zu sein, dass sich das subjektive, symptomatische Wachrufen dieser unterschiedlichen, ins Schleudern geratenen Empfindungen – und nicht die gerade heraus erzählte, offene Beschwerde darüber – als ihre besondere Begabung erweisen würde.

Die Gefahr des Klischees lauerte auf dem ersten ausgereiften Album *OK Computer* in einem Song, in dem mit Maschinenstimme die Worte »fitter, happier, more productive« intoniert wurden – als würde uns der Traum von einer Selbstverwirklichung, die sich dem Rahmen der Gegebenheiten anpasst, zu künstlichen Wesen werden lassen. Aber der seltsam menschliche Klang der künstlichen Stimme rettete die Wirkung des Songs – man bekam den Eindruck, auch künstliche Dinge könnten vom Traum einer für sie ebenso illusorischen Perfektion verführt werden; dann wäre dieses neuartige Verhältnis von natürlich und künstlich nicht nur ein einfacher Verlust, sondern erzeugte eine hybride Verletzlichkeit gerade da, wo man die unverbrüchlichsten Gewissheiten vermutet hatte. Die Band beherrschte zu dieser Zeit außerdem das Spiel mit verschiedenen Stimmen, das Verflechten von nichtmenschlicher Sprache, Maschinengeräuschen und dem leidenschaftlichen und verletzlich und menschlich klingenden Gesang von Thom Yorke.

Musikalisch kamen sie vom Gitarrenrock, doch auf den Alben *Kid A* und *Amnesiac* rückte das Keyboard in den Vordergrund. Das Klavier dominierte; die Gitarren klangen immer stärker nach Orgel. Das Schlagzeug wirkte verändert und weiterentwickelt und füllte die Lücken im Rhythmus, die von den Hauptinstrumenten vorgegeben wurden. Die Instrumentierung wurde durch spröde Streichereinwürfe, einen synthetischen Chor, Glockenspiel, ein feines Sirren oder trötende Bläser erweitert. Die neuen Songs waren nur noch sehr rudimentär nach dem Chorus-Refrain-Schema aufgebaut, sie veränderten sich von einem musikalischen Abschnitt zum nächsten und kehrten nicht mehr zur Ausgangsform zurück.

Und natürlich nahm die Band, die inzwischen extrem erfolgreich geworden war und Millionen Platten verkaufte, sich bekannter- und umstrittenerweise auf den neuen Alben begeistert der elektronischen Musik an. Aber was genau bedeutete dies? Es wirkte in ihrem Fall nicht wie Opportunismus, wie das Mithaltenwollen mit dem jeweils neuesten Ding; es löste auch nicht vollständig das ab, was sie bisher in ihren Songs gemacht hatten; und besonders bemerkenswerte elektronische Musiker waren sie auch nicht. Sie waren ganz eindeutig nicht innovativ, sie trieben es immer nur bis zur Hälfte des Möglichen – wenn überhaupt. Sie gehörten *nicht* zur Avantgarde. Das politische Problem einer künstlerischen Avantgarde, zumal, wenn sie es mit neuen technischen Produktionsmitteln zu tun hat, war immer, dass die Neuartigkeit der Mittel an sich schon als politischer Akt oder Fortschritt missverstanden werden konnte. Das Vorreitertum in technischer Hinsicht einerseits und der Beitrag zu sozialen Umwälzungen andererseits – diese zwei Bedeutungen des Begriffs »revolutionär« werden, meist zum Vorteil des Künstlers, oft miteinander verwechselt. Und die technische Entwicklung gerät leicht zum Selbstzweck.

Der Erfolg von Radiohead lag darin begründet, dass sie die Stimmung unserer Zeit widerspiegeln konnten; sie hatten nicht den Anspruch, in dem avancierten Musikstil, den sie sich zulegten, *zu* avanciert zu sein. Das Piepsen und Sirren schien nie die Quelle ihrer Energie zu sein, sondern vielmehr ein Mittel, auf das sie irgendwann gestoßen waren, um die Gefühle auszudrücken, die immer schon in ihnen gesteckt hatten. Sie hatten sich sozusagen auf *OK Computer* schon elektronisch gefühlt, auch wenn die elektronischen Stilmittel noch gar nicht wirklich zum Einsatz kamen. Und sie stellten etwas sehr Simples und Elementares mit den neuen Technologien an. Sie stemmten dem Gewicht der menschlichen Stimme und menschlicher Geräusche künstliche Sounds entgegen.

In ihren neuartigen Songs kündeten der Text wie die Musik davon, dass wir alle unsere Menschlichkeit zu einem Teil aufgeben werden müssten, um uns den Erfahrungen der neuen Ära anzupassen.

Beim musikalischen Zusammenspiel und bei aller Vielschichtigkeit dreht sich alles um eines: um die Stimme von Thom Yorke. Man muss sich das so vorstellen, als zeichnete die Musik immer wieder Umrisse um ihn, ein Haus, einen Panzer, Sterne im Weltall oder eine Konstruktion aus mehr oder weniger abstrakten Pfeifen und Röhren, Zahn- und Schwungrädern, Efeu und Dornen, Servern und Tafeln, Strahlen und Hohlräumen. Die Musik vermittelt den Eindruck einer biomorphen Maschine, die die Stimme abwechselnd gefangen hält und in Schutz nimmt.

Die Stimme Yorkes beschwört die Extreme des Menschlichen herauf. Manchmal kommt sie aus einem Zustand extremer Angst zu uns, manchmal aus extremer Transzendenz. Wir nehmen sie als nackte Stimme wahr, die dabei ist, sich zur Schönheit emporzuschwingen – zu jener Zuversicht, von der wir schon bei den Songtexten sprachen –, oder die sich im Geschnatter der Sendungen und der zerstörerischen Angst verliert und zerfällt. In einem Song, der eben noch eine ganze gesungene Melodie aufwies, werden die Stimmen in Bits zersplittert und bilden eine pulsierende Tapete, vor der sich die verletzliche, durchscheinende Stimme des Sängers abhebt. Nur ganz wenige der prominenteren Bands gründen ihre Musik so sehr auf gesampelte Stimmen anstatt auf gesampelte Beats, Instrumententöne und Geräusche. Silben werden ausgeschnitten und wiederholt. Aus ineinandergemischten Phonemen entsteht ein »wortloser« Background. Und dann findet die reine menschliche Stimme wieder zu sich selbst.[1]

Ein bemerkenswerter Anteil der Musik scheint sich auf Kirchenmusik zu beziehen. Hier ist eine biografische Sache von Bedeutung: Radiohead kommen aus Oxford in England, sie wuchsen dort auf, trafen sich auf der Highschool und leben, komponieren und proben noch heute dort. Ihre Heimatstadt ist wie ihre Musik. Diese zweigeteilte englische Stadt, die sich in einen Betonkern und einen Grün-

1 Der Philosoph Stanley Cavell vertrat die Ansicht, der erste Impuls, den eine Oper beim Zuhörer auslöse, sei die Frage, wo im physischen Sänger das immaterielle Lied zu lokalisieren sei. Was bei Thom Yorkes Live-Auftritten am meisten auffällt, ist die Tatsache, dass er so klein ist; seine Stimme ist nicht nur außergewöhnlich, weit entfernt vom menschlichen Durchschnitt, sie entspringt noch dazu dem kleinen Körper eines unterdurchschnittlichen Bühnendarstellers, was die in der Musik gestellte Frage, wo die Stimme herkommt, noch einmal zuspitzt: Entspringt sie menschlichen Individuen oder der Technik, die sie umgibt und dominiert?

gürtel gliedert, hat dennoch ihr unberührtes Zentrum und eine graue Peripherie aus einfachen Häusern und heruntergekommenen Autofabriken. Die schönen Flecken unberührter Natur existieren dank der nahe gelegenen großen Universitätsinstitute, und wenn man in den verbliebenen Feldern und Parks steht, ist einem immer bewusst, dass der Mensch beim Eingreifen in die Natur nur vorübergehend eine Pause gemacht hat. Doch für die Musikorientierten sind das Besondere an Oxford die Kapellen der Church of England, eine bei jedem College und andere außerhalb – Orte der imperialen Macht, die Heimat einer anderen Sorte verborgener Gesänge. Die Reinheit von Yorkes Falsett ist die eines Knabenchors bei der Abendandacht. Außerdem singt Yorke ja tatsächlich von Engeln inmitten von Harfen, Glockenspielen und Glöckchen: »Black-eyed angels swimming with me / ... and we all went to heaven in a little rowboat / there was nothing to fear and nothing to doubt.«

Und doch handelt das religiöse Moment in der Musik nicht von Erlösung – es geht um die Macht der Stimmen, um Unterwerfungsfantasien und die Entdeckung eines konsequenten inneren Widerstands dagegen. Das ist antireligiös, auch wenn es nach Transzendenz klingt. Eine Kirchenorgel kann die Quelle mächtiger Erhabenheit sein: die Bündelung menschlicher Kehlen in den Basspfeifen sowie aller uns bekannter Instrumente in den Registern. Man hört die eigene kleine Stimme in etwas einstimmen, das so groß ist, dass die Stimme in Gefahr gerät, nur noch mechanisch benutzt zu werden und im großen Ganzen unterzugehen. Zu einer Orgel zu singen (wie Yorke es am Ende von *Kid A* tut), kann bedeuten, dass man in Abgrenzung dazu die eigene innere Stimme entdeckt; und dass man sich gleichzeitig danach sehnt, im Klang verloren zu gehen, aufgesogen, überwältigt zu werden. Manche Leute werden die Kirche immer ablehnen. Aber selbst jemand, der die Kirche an sich ablehnt, wird dieses überwältigende Gefühl nicht vergessen.

Die Erfahrung des Erhabenen, so sagt man, macht man im Moment einer Bedrohung. Traditionell dachte man dabei an Situationen, in denen jemand aus sicherer Entfernung eine Naturgewalt wie einen Sturm, einen Wasserfall oder hohen Wellengang beobachtete, die den Betrachter zerschmettern würde, wenn er näher dran wäre. (Das Unbegreifliche zu begreifen, nämlich dass sich diese Macht im eigenen Innern verkörpert, so wurde gar suggeriert, könne einem wieder vor Augen führen, welche Kraft der Moral innewohnt, jenem menschlichen Potential, dem eine vergleichbare Stärke entspringt.) Radiohead beobachten den Sturm, der aus ihr heraus entsteht. Ihre Musik kann uns an diese mächtige innere Stimme erinnern, das ist richtig. Doch die Folge davon ist nicht, dass wir plötzlich über diese Macht verfügen könnten. Diese Art des Erhabenen bestätigt eine andere Weise der Internalisierung, das Einschreiben etwas Nicht-Menschlichen in ein Selbst; und es bestätigt den Verlust der eigenen Gefühle, Worte und der Stimme an eine äußere Ordnung, die sie in Beschlag nimmt.

Yorkes Art zu singen führt dazu, dass man oft nicht weiß, wie der Text eigentlich lautet; die Verse kommen ins Bewusstsein und fallen wieder heraus – und manche Sätze werden dadurch klarer, während andere im Ungewissen bleiben. Diese De-Artikulation ist seit Langem ein Mittel der Popmusik. Wenn man sich konzentriert, kann man nahezu alle Texte verstehen; folgt man der Musik weniger aufmerksam, hört man ein paar besondere Zeilen heraus, die man mitsingt und behält. Das ist eine Methode, gleichzeitig auf Zerstreuung und auf Aufmerksamkeit abzuzielen.

Die wichtigste grammatikalische Eigenheit in Radiohead-Songtexten ist – anders als das üblicherweise im Pop gebrauchte lyrische »Ich« oder die Hinwendung zum »Du« – das »Wir«. »*We* ride.« »*We* awake.« »*We* escape.« »*We*'re damaged goods.« »Bring down the government, they don't speak for *us*.« Aber auch: »*We* suck young blood.« »*We* can wipe you out anytime.« Das Pronomen bezieht sich auf keine tatsächlich existierende Gruppe; die Songs handeln von keiner Nation oder gar dem Rockpublikum als Ganzem. Wer also ist mit »wir« gemeint?

Da gibt es das verängstigte Individuum, das lügt, um zu behaupten, es sei nicht allein – so wie das Kind, das »Wir kommen!« ruft, damit die imaginierten Monster nicht wissen, dass es ganz allein ist. Da gibt es das »Wir«, nach dem man sich sehnen mag, das imaginierte Kollektiv, das Widerstand leisten oder drohen kann; und dies könnte sich in die Gedanken all der anderen Zuhörer einschleichen, die, so wie man selbst, allein in ihren Zimmern oder Autos sitzen und dieselben Textstücke mitsingen.

Und dann gibt es, wie schon erwähnt, jenes »Wir« der bedrohlichen Macht, der man nicht angehört, die Stimme des Tyrannen, des Verbrechers, der Angst einjagenden Eltern, des *bad cop*. Man verinnerlicht sie, und diese Stimme breitet sich zu allen anderen hin aus, die einem ähneln und die auch irgendwo für einen Augenblick diese Worte singen.

Es fühlt sich so befriedigend an, sich die unausgesprochenen Befehle selbst laut vorzusingen, als würden sie letzten Endes von einem selbst stammen, dass man schließlich Erleichterung verspürt. Dann ist man selbst derjenige, der die Zerstörung bejaht – wie Brecht und Weills Seeräuber-Jenny, die Barfrau, die Teller wäscht und Befehle entgegennimmt und weiß, dass bald ein Schiff voller Kanonen in ihre Stadt kommen wird. Und wenn seine Besatzung ihre Königin fragen wird, wen sie umbringen soll, wird sie sagen: »Alle«[2].

Und so verwandelt sich der typische Radiohead-Song in ein Wechselbild, in dem in exakt denselben, wiederholten Worten mal die Kräfte, die die angreifende Macht abwehren sollen, zum Vorschein kommen und ein andermal die angreifende Macht selbst, mal das hoffnungsvolle Individuum, mal der bauchrednerische Tyrann.

Zugegebenermaßen handeln andere einprägsame Verse von Selbsthilfe. Viele dieser wichtigen Zeilen sind Slogans aus dem Abfall der Kultur, und natürlich ist es Teil der Eigentümlichkeit von Pop, dass solche Abfallsätze so mitreißend sein können; sie funktionieren auf einmal wieder. Mit verzweifelter Stimme: »You can try the best you can / if you try the best you can / the best you can is good enough.« Oder: »Breathe, keep breathing / don't lose your nerve.« Oder: »Everyone / everyone around here / everyone is so near / it's holding on.« Auf dem Papier sind diese Songtexte nicht eindrucksvoll, bis man sie aus dem Gedächtnis hört, im Rahmen des Songs.

2 Im Original deutsch (Anm. d. Übers.)

Noch einmal: Man muss zwischen Poesie und Pop unterscheiden. Die wichtigsten Pop-Zeilen sind poetisch nicht besonders bemerkenswert; meistens sind es mehr oder weniger absichtlich und notwendigerweise gerade besonders freimütige, melodramatische Worte, die sich nicht einlösen lassen. Und doch werden sie eingelöst. Die Frage stellt sich, warum gewisse musikalische Vertonungen und ein gewisses Ausspielen einfacher gegen komplexere Texte die verdorbene Sprache und die Unschuld des unverstellten Ausdrucks wiederherstellen können. (Opernhörer kennen das von den arienhaften Verwandlungen von »Un bel dì« (Eines schönes Tags) oder »O mio babbino caro« (Väterchen, teures, höre). Aber auch die Opernkritik hat ein anhaltendes Problem mit Texten.)

Inmitten all dessen, was Musik und Songtexte sonst noch bezwecken, enthalten womöglich die Sätze, die man der Selbsthilfe zuordnen kann, jene Worte, die man mindestens heraushören muss, um ihre Absicht und ihr Zentrum zu begreifen.

Je mehr ich theoretisch zu ergründen versuche, warum die Musik von Radiohead so funktioniert, wie sie es tut (und damit auch, wie Pop insgesamt funktioniert), umso klarer scheint es mir, dass die Wirkung von Popmusik auf unsere Einstellungen und Handlungen nicht darin liegt, dass sie sie überhaupt erst hervorruft. Und doch erlaubt uns Pop, denke ich, gewisse Dinge zu fixieren, die man schon einmal gedacht hat, ohne dass man vielleicht in der Lage gewesen wäre, sie zu artikulieren, und gewisse Gefühle, zu denen man nur vermittelt Zugang hat, in anderer Form zu bewahren, jedenfalls bei Musik mit Texten, in denen das Kognitive und das Emotionale nicht so strikt getrennt sind. Ich denke, Songs machen es möglich, sich für bestimmte Handlungen zu festigen oder zu lockern, obwohl sie selbst eigentlich gar nichts in Gang setzen. Und welche speziellen Songs und Bands man mag, bestimmt darüber, welche Überzeugungen man beibehalten oder reaktivieren, welche Handlungen man angehen kann; und welche Songs und Stars die eigene unvollständige Erfahrung formen werden, hängt von einer Mischung aus der eigenen Erfahrung und der Kunst selbst ab. Pop ist weder ein Spiegel noch ein Rorschachtest, in denen man nur sich selbst sieht, wenn man hineinschaut; und ebenso wenig ist Pop eine Unterrichtseinheit, ein zu interpretierendes Gedicht oder ein einfacher, bestimmbarer Sprechakt. Popmusik lehrt etwas, aber nur, indem sie Dinge stimuliert und bewahrt, in die man anderswo eingeweiht worden sein muss. Oder sie bereitet den Boden dafür, dass man diese Entdeckungen woanders machen kann – oft ist das ein Wissen, das man auf andere Weise niemals richtig »erlernt« hätte, sondern nur so, wie es durch dieses Medium eingeübt und immer wieder reaktiviert werden kann.

Aber führt diese Form des bewahrten Wissens zur Revolution? Es gibt keinen logischen Zusammenhang zwischen Pop und Revolution. Das folgt schon aus der Tatsache, dass Popmusik keine Überzeugungen, keine Prinzipien einflüstert oder *ex nihilo* Handlungen begründet. Sie könnte nie ein Regime stürzen. Wenn Pop jedoch so nachdrücklich behauptet, er sei revolutionär, deutet das meiner Meinung nach genau auf etwas anderes hin, das wichtig ist, aber begrenzter und komplizierter. In der Tat gibt es antisoziale und gegenkulturelle Tendenzen in der Popmusik, die sich logisch aus dem ergeben, was sie tut. Das bedeutet, es gibt eine gewisse Emotion, die aus einem Medium folgt, das es einem erlaubt, Formen von Wissen und Erfahrung beizubehalten oder zu reaktivieren, die man »eigentlich« hätte vergessen sollen oder die »eigentlich« von selbst wieder verschwinden sollten – und »eigentlich« ist hier nicht negativ gemeint, es bedeutet lediglich, dass gesellschaftliche Umgangsformen, Konventionen, Angepasstheit und simple, vernünftige Ausdrucksweisen es einem nicht erlauben, von diesen Dingen zu sprechen oder es, wenn man es tut, sehr peinlich machen. Pop ermutigt dazu, Spuren individueller Empfindungen festzuhalten und zu reaktivieren, von denen man denken sollte, dass die Gesellschaft sie auslöscht. Natürlich führt das am Ende dazu, dass alle Kategorien fragilen individuellen Wissens darin aufgenommen werden: Dinge, die in der Öffentlichkeit unaussprechbar sind, weil sie zu heikel sind oder ideologisch nicht vertretbar, und Dinge, die man nicht sagen sollte, weil sie als egoistisch, gedankenlos, destruktiv und dumm gelten. Das hilft zu erklären, warum die Beteuerungen, man habe dieses oder jenes

»vom Pop gelernt«, so schnell vom Erhabenen zum Lächerlichen und zurück zum Erhabenen wechseln können. Es erklärt, warum es richtig ist, auf vieles, was uns im Hinblick auf Popmusik versprochen wird, nicht leichtfertig hereinzufallen. Aber, noch einmal und mit dem Risiko, mich lächerlich zu machen: Die Sache, auf die uns Popmusik meiner Ansicht nach vorbereiten kann, die essentielle Sache, ist *Widerstand*. Widerstand auf niedrigstem Niveau ist das Insistieren darauf, Wege zu finden, wie man Gedanken und Gefühle bewahrt, die eine überlegene Macht eigentlich hätte auslöschen sollen.

Der Unterschied zwischen Revolution und Widerstand ist der zwischen dem Stürzen der bestehenden Ordnung und einer einzelnen Person, die drohend die Faust hebt. Wenn Ersteres nicht möglich ist, muss man sich wenigstens an Zweiteres halten, und sei es nur, um sich daran zu erinnern, dass man ein menschliches Wesen ist. Widerstand ist das Bestehen darauf, die übergreifende Macht, die man nicht aushebeln kann, mit der Macht des Individuums zu konfrontieren. Man weiß, dass man den Koloss nicht bezwingen kann. Aber man kann ihm mit Worten oder Zeichen trotzen. Wenn man behauptet, eine überlegene Macht bekämpfen zu können, wenn man gar erklärt, es zu tun, gewinnt diese absurde Aussage an Würde, weil man sich, wie aussichtsreich auch immer, dem Risiko stellt. Unfähig, sie von ihrer Bahn abzubringen, fordert man eine vernichtende Macht heraus, ihre Zerstörungsmaschinerie in Gang zu setzen.

Die Macht des Menschen kann viele Formen annehmen, und der Widerstand begegnet ihr, wo er kann. Der einfachste Widerstand formiert sich gegen die Gewalten und Zwänge der Natur. Mitten im beißenden Sturm, der ihn vernichten könnte, wird der Mensch Wind und Regen verfluchen. So wie Nikos Kazantzakis den Bauern Alexis Sorbas sagen lässt: »Du kommst mir nicht in meine kleine Hütte, Bruder; ich werde dir nicht die Tür öffnen. Du wirst mein Feuer nicht löschen; du wirst meine Hütte nicht umkippen!« Dieser Wille ist nicht der eines Prometheus, er ist rein menschlich.

Immer wenn eines dieser kontingenten kleinen Wesen, sei es ein bedrohter Mann oder eine bedrohte Frau, in irgendeiner Form Widerstand leistet, hält es dabei an seinem Willen fest – der alles sein könnte, was ihm geblieben ist – und schätzt dabei absichtlich falsch ein, was er mit seinem Willen überhaupt beinflussen kann. Weil der widerständige Mensch nicht die Macht hat, den Kampf zu gewinnen, erhält er sich seinen Willen durch repräsentative Akte: Er schüttelt die Faust, ruft seinen Namen, stößt Drohungen aus und stellt vor allem fest: »Ich bin«, »wir sind«. Dies wird noch wichtiger und riskanter, wenn die rohe Macht nicht natürlich und somit willenlos ist, sondern bei anderen Menschen liegt. Barthes zitiert in »Am Nullpunkt der Literatur« den französischen Revolutionär Guadet, der verhaftet und zum Tode verurteilt wurde: »Ja, ich bin Guadet. Walte deines Amtes. Bring den Tyrannen des Vaterlands meinen Kopf. Er hat sie immer schon erbleichen lassen; abgetrennt, wird er sie nur noch blasser machen!« *Er* gibt den Befehl, nicht der Tyrann, er ordnet das Unumgängliche im eigenen Namen an – und widersetzt sich der falschen Zwangsläufigkeit der menschlichen Gewalt, die die der Natur usurpiert hat – auch wenn er dieser Macht nur befehlen kann, ihn selbst zu vernichten.

Die Situation, mit der wir es nun zu tun haben, ist die einer neuen Zwangslage, keine unverschuldete wie der Sturm oder das Hochwasser, und doch nicht ganz so fatal wie die, in die einen Tyrannen oder Henker bringen. Die Natur, der wir gegenüberstehen, ist eine wogende, atmosphärische, sekundäre, menschengemachte Natur. Es ist die distanzierte, gedämpfte Tyrannei der anderen Menschen, von denen diffuse Mitteilungen herüberwehen, die Kapitulation der Macht vor der Technologie, unter Vortäuschung und unter dem Vorwand von Verantwortung und mit der Entschuldigung, nur helfen zu wollen – diese anderen sind feige, verantwortungslos, unterwürfig, sie setzen nicht auf nackte Gewalt, sondern nähern sich mit freundlichen oder gar frommen Gesichtern. »Sie« halten feige zusammen. Sie sind da, um uns zu unserem Glück und zu fruchtbaren Entscheidungen zu verhelfen. (»We can wipe you out anytime.«)

In ihren besten Momenten reaktiviert die Musik von Radiohead jene Stimmungen, in denen man einmal bemerkt hat, dass es an der

Zeit wäre, sich zu weigern. Sie kann zu einem *unpersönlichen* Ungehorsam anstiften. Das ist keine Botschaft, die die Band vertritt, sondern eine Wirkung ihrer Ästhetik. Sie benennt keine Feinde. Sie ruft nicht zur Revolution auf. Sie fordert nicht von uns, ein System zu stürzen, das man sowieso nicht wirklich, und schon gar nicht an einer einzigen Stelle, zu fassen bekommt, ohne einem Teil davon die gesamte Schuld in die Schuhe zu schieben und den Rest dabei zu übersehen. Dieser Widerstand – das ist vielleicht das Einzige, was wir zu Wege bringen können, und es ist immerhin besser, als in der Welle unterzugehen. Doch dies setzt voraus, dass wir uns eine individuelle Stimme bewahren.

Einer der Songs auf *Hail to the Thief*, dem letzten veröffentlichten Album (während ich diesen Artikel schreibe, arbeitet die Band zurück in Oxford an neuem Material[3]), hat einen sonderbaren Refrain:

> »Just 'cause you feel it
> doesn't mean it's there.«

Um zu ermessen, wie absurd es ist, dass diese Worte in einem Popsong vorkommen, muss man sich daran erinnern, dass sie in einer Kunstform auftauchen, die sich geradezu monomanisch dem Erzeugen starker Gefühle verschrieben hat. Popmusik erzählt ihren Zuhörern *immer*, dass ihre Gefühle real sind. Und hier haben wir es mit einem Refrain zu tun, der negiert, dass die Euphorie, die Melancholie und die Schauder, die er selbst tatsächlich hervorruft, etwas mit der Realität zu tun haben. Yorke betont die Zeilen in der Wiederholung auf »feel«, und wenn irgendetwas in diesem Song einem die Haare zu Berge stehen lässt, dann ist das genau diese Stelle. Er verursacht genau jenes Gefühl, vor dem er uns warnt. Als Nächstes warnt er uns singend, man solle sich nicht zu viel aus seinem Gesang

3 2006 erschien Thom Yorkes Soloalbum *The Eraser*. *In Rainbows*, das siebte Studioalbum von Radiohead, erschien 2007 zunächst als legaler Download auf der Internetseite der Band, ab Ende Dezember 2007 auch auf CD und Vinyl (Anm. d. Übers.).

machen: »There's always a siren / singing you to shipwreck.« Und dieser Song mit dem Titel »There There« war die erste Single-Auskopplung des Albums, die sich viele Millionen Mal verkauft hat und ohne Unterlass im Radio und auf MTV gespielt wurde.

Die Absicht der Warnung ist es nicht, einen von Gefühlen abzuhalten, aber davon, zu glauben, sie würden sich immer auf etwas beziehen, hätten es verdient, real zu sein, oder führten zu Handlungen, Entscheidungen oder Überzeugungen – was natürlich genau das ist, was uns die massenmedial verbreiteten Botschaften über die Gefühle glauben machen wollen. Die Gefühle, die ein Popsong hervorruft, mögen nicht echt sein, so wie die Gefühle, die von allen anderen über dasselbe Medium verbreiteten Botschaften erzeugt werden, nicht echt sein mögen. Das muss jeder für sich selbst beurteilen. Man wird dazu gebracht, den Medien zu misstrauen; wenn das dazu führt, dass man auch der Popmusik nicht mehr traut, sei es so. Vielleicht hat man der Popmusik vorher auf falsche Art geglaubt. Da muss man differenzieren.

Die Botschaften in den Medien sind auf ihre Art unpersönlich. Sie geben vor, sich für jeden individuell zu interessieren, und wissen von der einzelnen Person nicht einmal, dass sie existiert, und es kümmert sie auch nicht. Widerstand, der nicht an eine einzelne Person gebunden ist, ist in einem anderen Sinn unpersönlich; er ermutigt dazu, sich herauszuhalten, nicht länger zu glauben, dass es irgendeine menschliche Verpflichtung gegenüber den Sendern der Botschaften gebe – außer, wenn sie einen wirklich an etwas erinnern, was man schon einmal vage gespürt hat und schon kennt.

Im Zentrum vieler Radiohead-Songs findet man einen abgeschlossenen Raum. Um ihn mit einem ihrer eigenen Bilder zu beschreiben: Er ähnelt einem Glashaus. Wenn man darin lebt, wird man ständig von außen beobachtet, fühlt sich ständig von Eindringlingen bedroht. Die Versuchung, Steine auf die feindliche Welt draußen zu werfen, würde den eigenen Unterschlupf zerstören. Also errichtet man, um dieses Haus, das von Beobachtern umgeben ist, als einen Raum zu schützen, in dem man weiterhin leben kann, und um zu versuchen, einen Rest an Abgeschlossenheit zu erhalten, gegen die

Außenwelt eine Barriere, wie gläsern und zerbrechlich diese auch sei. Im Englischen bezeichnet »glass house« dabei zugleich das Gewächshaus. Ein künstlich errichteter Bau, in dem Pflanzen auch im Winter gedeihen können.

Die Songs von Radiohead suggerieren, dass man eine Barriere errichten soll, um sich zu schützen, und bestehe sie nur aus wenigen wiederholten Worten oder der Behauptung eines »Wir« – und dann gibt es da noch einen Raum in jedem Song, in den man selbst auch keinen Zutritt bekommt, weil der Sänger etwas in sich gegen jede Einmischung abgeschottet hat, so wie es jeder von uns tut oder tun sollte. Wir müssen uns alle auf die Suche nach dem letzten Unterschlupf in uns machen, der unzugänglich ist für alle Eindringlinge – und von dort aus neu beginnen. Die Politik des neuen Zeitalters wird, wenn wir es erleben, eine Politik der Wiederherstellung der Privatsphäre sein. +

Aus dem Englischen von Charlotte Brombach

Elif Batuman

Abenteuer eines Mannes der Wissenschaft

Über Franco Moretti

Ein Gespenst geht um in der Akademia – das Gespenst des *close reading*. Aber keine Sorge: Die New York Public Library hatte die Ghostbusters, und die Akademia hat Franco Moretti.

Natürlich ist Moretti nicht der erste oder der einzige Kritiker, der etwas gegen *close reading* einzuwenden hat. Seit gut 15 Jahren hat *close reading* seinen Platz in der stetig größer werdenden Gruppe derjenigen Dinge, die schädlich sein sollen; Experten haben gezeigt, dass *close reading* einen dazu bringt, die Geschichte zu ignorieren, kulturelle Hegemonien wieder in Kraft zu setzen und »Eindeutigkeiten« aus dem Weg zu gehen.

Aber Morettis Einwände sind ganz anderer Art. Moretti ist ein Mann von Welt, und Männer von Welt werden einem nicht vorwerfen, dass man Eindeutigkeiten aus dem Weg zu gehen versucht. Stattdessen findet er, dass es engstirnig ist, eng zu lesen, und abergläubisch. *Close reading* sei eine fundamental »theologische Praktik und sehr feierliche Auseinandersetzung mit einigen sehr wenigen, sehr ernst genommenen Texten«. Das Problem des Kanons liege darüber hinaus nicht darin, dass er sexistisch, rassistisch oder klassizistisch ist, sondern so – provinziell.

Diese Gedanken tauchen in Morettis Manifest »Mutmaßungen über Weltliteratur« auf, das im Januar 2000 in der *New Left Review* erschienen ist. In den »Mutmaßungen« wirft Moretti der Disziplin der vergleichenden Literaturwissenschaft vor, dass es ihr nicht gelungen sei, die Wissenschaft von der *Weltliteratur* zu werden, wie sie von Leuten wie Goethe oder Marx und Engels definiert worden war (»aus den vielen nationalen und lokalen Literaturen bildet sich eine Weltliteratur«). Er wirft der vergleichenden Literaturwissenschaft vor, eine heruntergekommene und provinzlerische Angelegenheit geworden zu sein, »die sich von allen möglichen Orten ausschließlich entlang des Rheins abspielt (deutsche Philologen, die zur französischen Literatur arbeiten)«. Goethe und Marx waren so visionär, uns ein wahrhaft kosmopolitisches Modell literarischer Produktion zu hinterlassen – und was haben wir getan, außer uns einmal mehr stur mit unseren editions Gallimard dem Rhein zuzuwenden?

Der möglichst weit angelegte Kanon viktorianischer englischer Romane, fährt Moretti fort, umfasst ungefähr zweihundert Titel: Dennoch »gibt es da draußen dreißigtausend britische Romane des 19. Jahrhunderts, vierzig-, fünfzig-, sechzigtausend – niemand weiß es genau«. *Ars longa, vita brevis* – und sogar, wenn wir ewig lebten, hätten wir unsere Zeit *dennoch* nicht gut genutzt, wenn wir jedes Buch, das jemals geschrieben worden ist, einem *close reading* unterzögen, weil die Literatur nicht die »Summe einzelner Fälle« ist, sondern »ein kollektives System«, das wir nicht vollständig erfassen können, indem wir einfach nur mehrmals dieselbe Sache tun.

Wie sollen wir also, in Anbetracht unserer dürftigen Lebenserwartung, jemals eine gottgefällige Kenntnis auch des allerletzten vergessenen viktorianischen Romans erwerben? Moretti fordert die Komparatistik auf, »distant reading« zu praktizieren, andernorts auch »quantitativer Ansatz« genannt: eine Form von kooperativer Forschung, die auf gigantische utopische Speicher gemeinschaftlich benutzten Wissens angewiesen ist und Literaturwissenschaft letztlich »*ohne ein einziges unmittelbar textbezogenes Lesen*« betreibt. Anstelle der Theologie benötigen wir »einen kleinen Pakt mit dem Teufel«; wir verzichten darauf, einzelne Texte zu lesen, und im Gegenzug erhalten wir: »Konzepte«.

Morettis Konzepte besitzen allesamt die unwiderstehliche Anziehungskraft des Diabolischen, insbesondere in Vortragsform: Man denke nur an den charmanten italienischen Akzent, das liebenswerte Getue, mit dem er noch eine Overhead-Folie hervorzieht, die, sagen wir, die Wachstumsrate der jährlichen Brutto-Romanproduktion in Spanien im Gegensatz zu derjenigen Nigerias grafisch darstellt. Man fühlt sich an Leporellos »Katalog«-Arie in *Don Giovanni* erinnert:

»In Italia seicento e quaranta;
In Almagna duecento e trentuna;
Cento in Francia, in Turcia novantuna;
Ma in Ispagna son già mille e tre.«

Wie Don Giovanni beharrt Moretti mit dem Eifer des Gelehrten auf seiner eigenen Gnadenlosigkeit. Es gehen Gerüchte, dass Moretti im Rahmen eines Gespräches über Romane »aus der Peripherie« der Weltliteratur behauptet hat, jeweils »nur die Einführungen« gelesen zu haben – und dann brachte ihn während der Frage- und Antwortrunde ein Professor des Spanischinstituts mit einem *Trick* dazu, sein Wissen über einige Details eines unbedeutenden argentinischen Romans preiszugeben, die man nur dann kennen kann, wenn man in Wahrheit das ganze Ding gelesen hat. Angeblich geriet Moretti außer Fassung, und er sagte so etwas wie: »Nun, ich weiß nicht mehr genau, vielleicht habe ich es im Flugzeug gelesen.«

Ich persönlich vermute, dass diese Anekdote eine Erfindung ist, die auf Fußnote 19 der englischen Ausgabe beruht: »O. K., ich gestehe, um diese Mutmaßung zu überprüfen, habe ich Krasickis *Abenteuer des Mikołaj Doświadczyński*, Abramowitschs *Das kleine Menschlein*, Rizals *Noli me tangere*, Futabateis *Ukigumo*, René Marans *Batouala*, [und] Paul Hazoumés *Doguicimi* wirklich gelesen.«

Aber – wer weiß? Die mythopoetische Gestalt Moretti spinnt ein dichtes Netzwerk aus Folklore und Apokryphen um sich herum. Franco Moretti, sagt man, hat fünf Doktoranden angestellt, um die ersten Absätze eines jeden viktorianischen Romans abtippen zu lassen, der jemals geschrieben worden ist; Franco Moretti verfasst zusammen mit einer Gruppe kanadischer Ornithologen ein Buch über Morphologie. Franco Moretti glaubt nicht an das einfache Zählen von Wörtern, sondern errechnet in den Arbeiten seiner Studenten stattdessen viel lieber die durchschnittliche Anzahl der Zeichen pro Wort und gibt allen mit einem Durchschnitt von sechs oder höher ein F.

In Stanford habe ich einmal mit angehört, wie zwei meiner Kommilitoninnen bei einer Fachbereichsparty mit Drinks in den Händen über Morettis Sprechstundenzeiten debattierten. »Ob er diesen Freitag wohl da sein wird?«, grübelte die erste Studentin. »Ich muss ihm meine Leseliste zeigen.«

»Zufällig weiß ich«, sagte die zweite Studentin ein bisschen wichtigtuerisch, »dass er am Mittwoch um Mitternacht auf dem Campus sein wird, um nach Schweden teleportiert zu werden.«

Nach Schweden teleportiert, sagte sie, und niemand runzelte die Stirn. In der Tat schwebt einem eine solche Vorstellung wie selbstverständlich vor dem geistigen Auge: Auf dem Innenhof von Stanford, im Mondlicht, vor der falschen spanischen Kirche, unter der gigantischen Reproduktion von Rosellis *Letztem Abendmahl* schimmert Franco Moretti kurz in den Äther und rematerialisiert sich in exakt demselben Augenblick in Uppsala.

Morettis faszinierendes neues Buch *Graphs, Maps, Trees: Abstract Models for Literary History*[1] – drei Essays, die ursprünglich in der *New Left Review* publiziert worden sind, plus ein Nachwort des Genetikers Alberto Piazza – bringt ein bisschen Science-Fiction-ähnlichen Nervenkitzel in die Literaturwissenschaft. Wie auf den ersten Fotografien der Erde, die vom Weltall aus aufgenommen wurden, wird Morettis Objekt – »die Literatur, das (mehr oder weniger) alte Territorium« – durch verschiedene perspektivische Sprünge nahezu unkenntlich gemacht. Das erste Kapitel, »Graphs«, kartografiert den Anstieg und Rückgang der Romanproduktion in Großbritannien, Italien, Frankreich, Spanien, Japan, Nigeria und Indien – und es stellt sich heraus, dass drei Romanjahrhunderte dem Radiogramm eines einzigen Herzschlags ähneln. Moretti setzt Anstieg und Rückgang mit externen Faktoren in Verbindung, die von den größten marxistischen Allgemeingültigkeiten – die Verwandlung des Romans in eine »alltägliche Massenware« des Spätkapitalismus – bis zu kleinen historischen Details – der Effekt des Sepoy-Aufstandes auf die Importrate britischer Romane nach Indien nach 1857 – reichen.

Im folgenden Kapitel »Maps« werden wir auf Morettis Heimat-

1 Morettis Buch erscheint unter dem Titel *Kurven, Karten, Bäume. Abstrakte Modelle für die Literaturgeschichte* im Januar 2009 in der *edition suhrkamp* (Anm. d. Verlags).

terrain zurückteleportiert, den viktorianischen Roman – genauer gesagt: hinein in die Dorferzählungen des frühen 19. Jahrhunderts, insbesondere Mary Mitfords *Our Village* und John Galts *Annals of the Parish*. Nicht alle Einzelheiten lassen sich ohne Hintergrundwissen über britische Dorferzählungen zur Gänze nachvollziehen, aber schon bald werden sie für die Zwecke eines aufregenden methodologischen Ansatzes in Anspruch genommen: nämlich, dass die »literarische Soziologie« ein Weg sein sollte, »von der Form eines Objekts auf die Kräfte zu schließen, die auf es eingewirkt haben«. Literarische Landkarten sind also eine Visualisierung dieser Kräfte: In den Schaubildern der Dorferzählungen, die dem Mittelpunkt einer Zielscheibe ähneln, sehen wir den Konflikt zwischen »dem wandernden Erzähler« und »der Anziehungskraft des Dorfes«; bei Balzac bilden die Konflikte zwischen »altem Wohlstand« und »aufstrebender kleinbürgerlicher Jugend« verschiedene Dreiecke, die die Seine überspannen. Jedes Muster, behauptet Moretti, ist »ein Anhaltspunkt – ein Fingerabdruck der Geschichte«.

Fingerabdrücken und Anhaltspunkten wird im dritten Kapitel zentrale Bedeutung zugewiesen, das sich den morphologischen »Bäumen« zweier formaler literarischer Hilfsmittel widmet: den Anhaltspunkten in Detektivgeschichten und der erlebten Rede im Roman. Die Bäume sind entwickelt worden, um Darwins Gesetze der Evolution auf die Literaturgeschichte anzuwenden. Der Baum der Anhaltspunkte zeigt, dass die Präsenz oder Absenz von Anhaltspunkten der entscheidende Faktor für das Überleben eines Detektivromans auf dem literarischen Marktplatz der Jahrhundertwende ist – genauso wie ein ganz bestimmtes morphologisches Merkmal entscheidend für das Überleben eines Lebewesens in seiner jeweiligen Umgebung sein kann. In Morettis zweitem Baum sitzen verschiedenste internationale Romanautoren nach rechts oder links über Äste verteilt, je nachdem, ob sie beim Gebrauch der erlebten Rede mehr zur zweiten oder zur ersten Person tendieren. Moretti behauptet eine Beziehung zwischen der Nationalität des Autors und seiner bzw. ihrer Verwendung des Instruments der erlebten Rede, die sich durch Darwins Theorie der »allopatrischen Artenbildung« erklärt: Wenn eine morphologische Struktur in eine neue Umgebung eintritt, muss sie mutieren, um zu überleben.

Von all den Konzepten, die Moretti vom Teufel erhalten hat, ist »Weltliteratur« eines der glitschigsten. Einmal behauptet sie eine Einheit, die die Nationalliteraturen überwindet; dann wiederum behauptet sie eine Gesamtsumme der Literaturen aller Nationen. *Graphs, Maps, Trees* wiederum schaltet virtuos zwischen dem Abstrakten und dem Konkreten hin und her; es ist ein theoretischer Aufruf zur Reform und zugleich eine Illustration der praktischen Auswirkungen dieser Reform. Morettis »abstrakte Modelle« haben »extrem konkrete« Konsequenzen und sind letzten Endes entwickelt worden, um eine hoch materialistische literarische Methode zu stützen. Mit gerade einmal knapp über einhundert Seiten kann man das Buch in einem Rutsch lesen, der in etwa so lange dauert wie *Don Giovanni* – aber es fühlt sich viel eher an, als läse man *Krieg und Frieden*. Dessen Umfang ist genauso irreführend, und man ist ebenso unsicher darüber, ob man eine universale Abhandlung in den Händen hält, ein Nationalepos oder eine für sich stehende Geschichte.

Die Schaubilder des Anstiegs und Rückgangs der Romanproduktion beispielsweise sind durchzogen von Epigrafen aus dicht gedrängten Achtpunkt-Kursivbuchstaben, die bewirken, dass die Leserin nicht recht weiß, ob sie ihre *close reading*- oder und ihre *distant reading*-Brille aufsetzen soll. Zum Beispiel Abbildung 3, »Der Niedergang des Romans: Japan«: Unterhalb des Scheitelpunkts des Romans zwischen 1770 und 1820 kauert ein Absatz aus einem Geschichtsbuch über Matsudaira Sadanobus Zensur populärer Romane, die dazu führte, dass der Romanautor Santo Kyoden »für fünfzig Tage in Handschellen gelegt« wurde. Gleich rechts davon, oberhalb der Romanrezession der Tempo-Ära, hockt ein sogar noch längeres Zitat, das vom Austausch der romantischen *ninjobon* durch »Erzählungen von kindlicher Frömmigkeit« zeugt, ein Prozess, der offenbar von der landesweiten Konfiszierung von Holzdrucken begleitet worden war, auf denen Kurtisanen abgebildet waren.

Hier war ich an das Werk eines der Lieblingskritiker Morettis erinnert, des russischen Formalisten Wladimir Propp. Propps großartige *Morphologie des Märchens* (1927) war ein Text, der die Literaturwissenschaft revolutionierte, weil er die Erzählung mehr nach Form denn nach Inhalt klassifizierte. Während vorherige Klassifizierungen alle Erzählungen zusammengeworfen hatten, in denen beispielsweise Drachen vorkamen, hat Propp alle Formen der »*Schädigung*« unter einem einzigen Typus A vereint, der von »*Er stiehlt oder verwüstet die Saat*« (A^3) bis zur »*Drohung mit Kannibalismus unter Blutsverwandten*« (A^{xvii}) reichte. Eine Grundvoraussetzung des Volksmärchens, »*Mangelsituation*« (a) kann sich ebenfalls als »Es fehlt eine Braut« (a^1), »Es fehlt an Geld« (a^5) oder »Es fehlt das Ei des Todes (oder der Liebe)« (a^4) offenbaren.

Vielleicht kann man am besten zeigen, was Propp eigentlich will, indem man seine Paraphrase einer »Doppelschritterzählung mit einer Schädigung (Typ: Entführung einer Person)« zitiert:

$$\beta^1\gamma^2\xi^1\eta^3\delta^2\theta^3A^1\left\{\frac{C\uparrow[D^1E^1\text{ neg.}]^3\,[D^1E^1\text{neg.}]^3\,F\text{ contr}}{B^4C\uparrow[D^1E^1\text{pos.}]^3\,[D^1E^1\text{pos.}]^3}\right\}H^1 - I^1K^4\downarrow$$

Man sieht, warum Moretti ihn mag. Dennoch ist die Morphologie irgendwie merkwürdig. Denn was eigentlich hat das »Ei des Todes (oder der Liebe)« überhaupt in einer »formalen« Theorie zu suchen? »Ei des Todes« kann unmöglich für irgendjemanden ein herausragendes Konzept sein – warum hat Propp nicht einfach »Mangel (Geld, Braut etc.)« gesagt?

Eine Erklärung wäre, dass das Ei des Todes Propps ansonsten ziemlich unaufregende »formale« Verlaufskurve des Volksmärchens belebt: eine einfache Abfolge von »Mangelsituation«, »Hindernis« und »Aneignung«. Vielleicht leisten Kyodens Handschellen aus Abbildung 3 der Kurve des »Rückgangs des Romans« denselben Dienst – um die wenig sensationelle Beobachtung zu bekräftigen, dass die Romanproduktion in Zeiten politischer Repression zurückgeht.

Propps Ei des Todes ist ebenfalls typisch für eine rhetorische Strategie, die von den russischen Formalisten bevorzugt wird, etwas, das wir »Schockreduktionismus« nennen könnten. Diese Strategie bringt mit sich, dass man hämisch vom Text zum Schema zoomt – vom »Ei des Todes (oder der Liebe)« nach »a^4« –, um Wert darauf zu legen, dass »*dies* nicht mehr als *dies*« ist. Der Formalismus wird durch diesen formalen Tick immer wieder eingeschränkt: Probleme neigen dazu, bis zum Verschwinden schematisiert zu werden und zwischen blutrünstigen binären Ziffern verloren zu gehen. Moretti, ein Formalist der Letzten Tage, unternimmt wenig, um seine reduktionistischen Neigungen zu verheimlichen: Es geschieht mit spürbarem Genuss, wenn er »*Pamela, Verführung, Der Mönch, The Wild Irish Girl, Oliver Twist*« auf »fünf winzige Punkte auf der Kurve in Abbildung 2« reduziert.

»Graphs« ist am überzeugendsten, wenn es nur ein kleines bisschen weniger schwindelerregend ist, z. B. in Morettis Diskussion der literarischen »Kreisläufe« und Gattungen. Gattungen, stellt Moretti fest, ersetzen einander alle 25 bis 30 Jahre dialektisch, also *jede menschliche Generation*; und so kommt es, dass die Abfolge der Romangattungen einen viel interessanteren Graphen ergibt als der Anstieg und Rückgang des Romans an sich. Wir stellen fest, dass die empfindsamen Romane nach der Französischen Revolution verschwinden, ersetzt durch die jakobinischen, antijakobinischen und die Schauerromane; Dorfgeschichten werden durch den Industrieroman ersetzt; der Industrieroman macht dem Invasionsroman Platz. Anstelle einer vertikalen, binären Beziehung zwischen dem Romanautor und dem Regime haben wir jetzt eine Geschichte mit interner, lateraler Dynamik – wie bei Balzac oder Darwin.

Der Faden Darwins wird im dritten Kapitel aufgenommen, das mit einem evolutionären Rätsel beginnt: Wie können wir das Überleben Sherlock Holmes' im Gegensatz zum Scheitern der anderen Romandetektive seiner Zeit verstehen? Noch ein Dreieck: Statt Conan Doyle und seine Leser – Conan Doyle, *seine Rivalen* und seine Leser. Auf der Suche nach Antworten sind Moretti und sein Team aus Doktoranden in das Archiv der viktorianischen Detektivromane eingetaucht und mit 108 lange vergessenen Rivalentexten an die Oberfläche zurückgekehrt – die nach sachgerechter Analyse das Geheimnis ihrer eigenen Auslöschung offenbarten: Ihre Autoren wussten nicht, wie man Anhaltspunkte verwendet.

Abbildung 1: Die erlebte Rede in der modernen Erzählliteratur

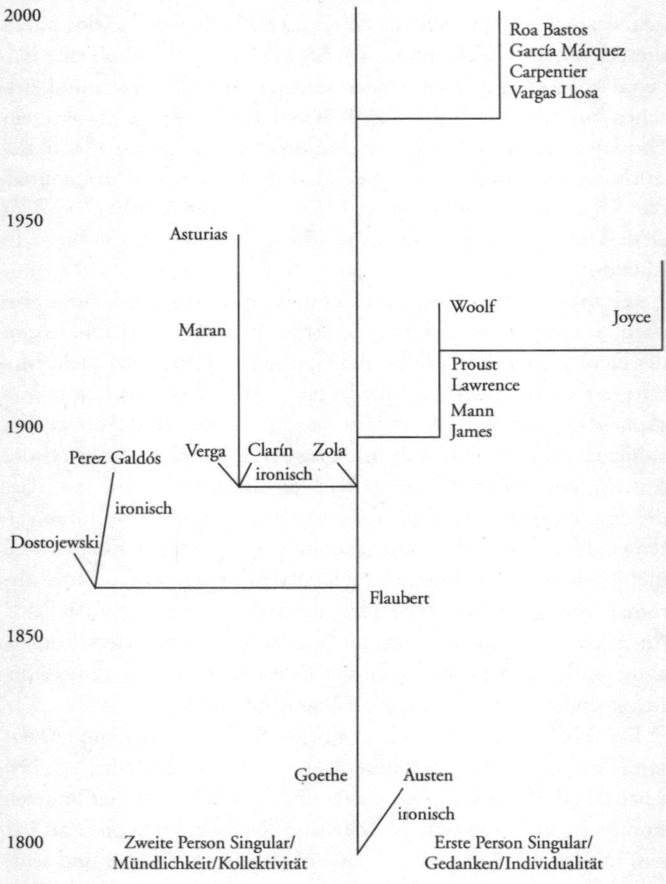

Die Abbildung entstand im Rahmen eines Projekts, das noch lange nicht abgeschlossen ist, und sollte daher als vorläufig betrachtet werden. Dies gilt insbesondere für außereuropäische Literaturen für die Zeitspanne, die die einzelnen Äste umfassen.

Einige Rivalen verzichteten ganz darauf, Anhaltspunkte zu platzieren, und setzten stattdessen auf ganz andere Mittel, um den Leser die Wahrheit ahnen zu lassen: hypermnesische Träume, unverlangte Geständnisse und in einem Fall die zufällige Autopsie eines Hais, von dem sich herausstellt, dass er eine Flaschenpost verschluckt hat, die die Identität des wahren Mörders nennt. Andere Rivalen, die Anhaltspunkte eingearbeitet haben, haben sie falsch benutzt: So macht ein Detektiv z. B., nachdem er geschlussfolgert hat, dass »das Betäubungsmittel in der dritten Tasse Kaffee ist«, damit weiter, *den Kaffee zu trinken.*

Die Sache mit den vermasselten Anhaltspunkten ist ein faszinierender Fund und brillant formuliert. Sie erinnert an all diese frühen Detektivtexte, in denen die Mörder sich als Monomanen, Opiumesser oder Riesenaffen erwiesen – und der deduktive Wert der Anhaltspunkte durch den Kriminellen, der jemand ist, dessen Verhalten nicht dem Gesetz der (menschlichen) Vernunft verpflichtet ist, zunichte gemacht wird. Morettis Darwin'sche Erklärung solcher Phänomene lautet, dass der aufs Heftigste umkämpfte Literaturmarkt Autoren in »verrückte Sackgassen« treibt und sie dazu bringt, *aufs Geratewohl* neue Formen zu produzieren. Die meisten sind unbrauchbar und sterben aus, aber wie durch ein Wunder sind einige gesund und überleben.

Diese Erklärung ist nicht völlig zufriedenstellend, insbesondere im Vergleich zu einem früheren Artikel, »Das Schlachthaus der Literatur« (2000). In dieser Arbeit widmet sich Moretti dem Problem, dass die Anhaltspunkte in den Sherlock-Holmes-Geschichten für die Leser nicht entschlüsselbar sind – wohingegen heutzutage die Entschlüsselbarkeit von Anhaltspunkten »das erste Gebot eines jeden Detektivromans« ist. »Conan Doyle macht so vieles richtig«, schreibt Moretti, wie kann es also sein, dass er in letzter Minute »sein Gespür verliert«? Moretti folgert schließlich, dass die Unverständlichkeit der Anhaltspunkte absichtlich eingesetzt wird, um Holmes' Allwissenheit zu betonen: Wenn der Leser die Anhaltspunkte entschlüsseln könnte, wäre Holmes nicht länger Superman. Kurzum: Conan Doyle missbraucht Anhaltspunkte, »weil ein Teil von ihm *es so will*«.

Abbildung 2: Der Niedergang des Romans am Beispiel Japan

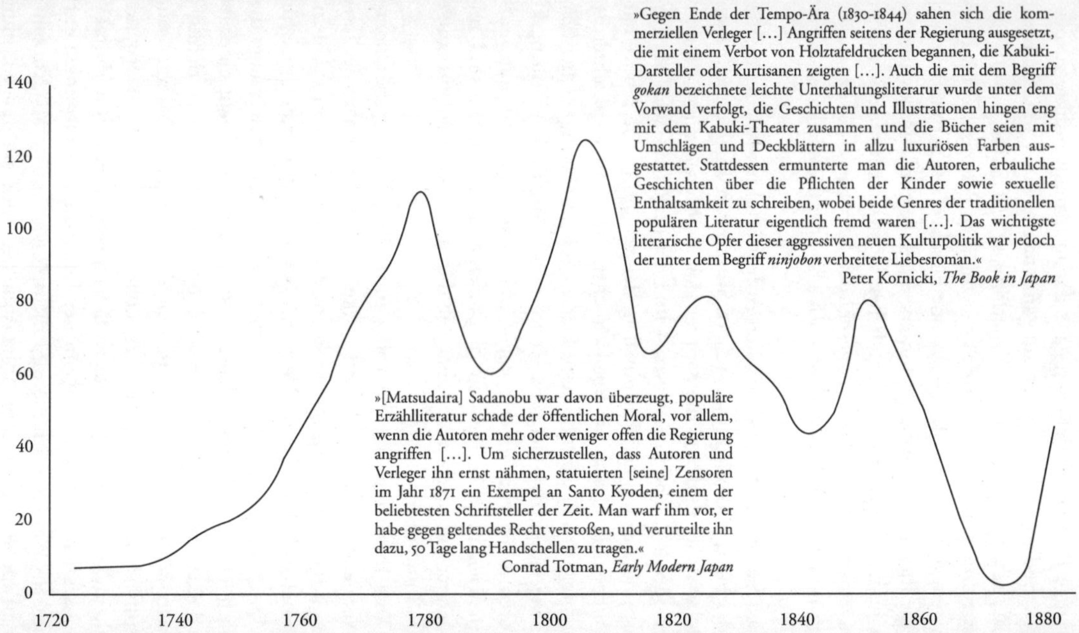

Neuerscheinungen (Romane) pro Jahr im Fünfjahresdurchschnitt. Quelle: Jonathan Zwicker, »Il lungo Ottocento del romanzo giapponese«, in: *Il romanzo III*. Vgl. dazu auch Totman, op. cit., Berkeley 2003 sowie Kornicki, op. cit., Leiden 1998.

In »Trees« übergeht Moretti das Moment der Intentionalität, vermutlich, um die Bedeutung des Zufalls zu betonen. Aber ich denke, er lag beim ersten Mal richtig. Wissenschaft ist notwendig aber für Holmes' Genie nicht ausreichend. Schließlich ist Dr. Watson ein guter Wissenschaftler und wendet die »deduktive Methode« gewissenhaft an, nur um immer wieder bei der falschen Schlussfolgerung zu landen – so wie es garantiert auch der Leser tut. Holmes' Gebrauch von Anhaltspunkten schlägt einen unglaublich schmalen Mittelweg ein: Das Rätsel wird immer unter Verwendung rationaler Regeln gelöst, aber das bedeutet nicht, dass die Lösung allen ganz einfach zur Verfügung steht. Holmes ist vor allem ein Aristokrat: Alles das, was sich anderen noch nicht einmal nähern würde, fliegt ihm ohne jeden Aufwand nur so zu.

Vielleicht sind die Holmes-Geschichten keine unausgereiften Versionen der »korrekten« Kriminalgeschichte, sondern eine andere Art der Kriminalgeschichte, in der die Nicht-Entschlüsselbarkeit der Anhaltspunkte kein Fehler ist, sondern ein Merkmal. Conan Doyle schrieb, während England von Industrie und Vernunft erobert wurde; vielleicht wollten seine Leser Geschichten über diejenigen Arten von Magie, die unter den Bedingungen der Wissenschaftlichkeit möglich sind. Holmes lehnt das Übernatürliche kategorisch ab, nicht um zu zeigen, dass die neuen, rationalen Regeln Magie unmöglich machen, sondern um zu zeigen, dass man trotz allem Magie haben kann, sogar dann, wenn man nach den Regeln spielt. Entschlüsselbare Anhaltspunkte kamen eine »Generation« später, mit Agatha Christie und dem Ersten Weltkrieg, und wurden spürbarer nach dem Zweiten – damals wollten die Leser daran erinnert werden, dass die Welt noch immer eine vernünftige war. Die Standards der Entschlüsselbarkeit sind heute höher als jemals zuvor – aber es sind eindeutig nicht 100 Prozent, weil es dann kein Rätsel mehr gäbe: Und sogar in den raubeinigsten und hemdsärmeligsten amerikanischen Detektivhelden unserer Zeit können wir Spurenelemente der Aristokratie, der Esoterik des alten Europa entdecken: Der neueste Ermittler bei *Law & Order* trägt italienische Anzüge und Seidenhemden für 300 Dollar, und auf den Bestsellerlisten standen in den letzten zehn Jahren regelmäßig die Abenteuer eines LAPD-Schnüfflers namens Hieronymus (»Harry«) Bosch.

Angenommen, dass Sherlock Holmes auf Anhaltspunkte zurückgreift, wegen und nicht trotz etwas, das Conan Doyle getan hat. Kann – in Anbetracht dessen, dass Bücher anders als Tiere ein Ergebnis »intelligenten Designs« sind – Darwins Gesetz der »zufälligen Abweichung« auf die Literatur angewandt werden? Hatte nicht Freud gezeigt, dass sogar die missgebildetste Geschichte, der beliebigste und unsinnigste Traum eine referentielle Bedeutung hat? Ganz sicher besitzt sogar der funktionsloseste aller literarischen Anhaltspunkte irgendeine Verbindung zu den Lebensumständen und Lesegewohnheiten seines Autors, sogar, wenn seine Funktion *innerhalb des Krimi-Plots* unlogisch oder beliebig erscheint. Wenn irgendjemand irgendwo eine Geschichte über einen Mann geschrieben hat, der sich selber vergiftet hat, weil dies eine Funktion seines deduktiven Genies ist, muss diese Tatsache – anders als die Tatsache eines Ferkels, das mit einer Epikanthusfalte geboren wird – auf etwas verweisen, das jenseits seiner selbst liegt.

Morettis Einstellung diesen Fragen gegenüber verdeutlicht sich in seiner Behauptung, dass der »Baum« der Literaturgeschichte eher divergent als konvergent ist (d. h., verschiedene Zweige entwickeln sich unterschiedlich, ohne aufeinander aufzubauen). Divergenz versus Konvergenz: Hier trennen sich Darwin und Balzac voneinander. In Darwins System ist die ungesteuerte »natürliche Selektion« der geheime Motor, während das menschliche Einwirken für Balzac immer das »Dritte Element« ist. »Macht nicht auch die Gesellschaft aus dem Menschen je nach den Umgebungen, in denen sein Handeln sich entfaltet, ebenso viele verschiedene Menschen, wie es in der Zoologie Variationen gibt?«, schreibt Balzac im Vorwort der *Menschlichen Komödie* und fährt mit charakteristischer Ausführlichkeit fort: »Die Unterschiede zwischen einem Soldaten, einem Arbeiter, einem Verwaltungsbeamten, einem Advokaten, einem Müßiggänger, einem Gelehrten, einem Staatsmann, einem Kaufmann, einem Seemann, einem Dichter, einem Bettler und einem Priester sind, wenn auch schwieriger zu definieren, so doch nicht minder beträchtlich als jene, die den Wolf, den Löwen, den Esel, die Krähe, den Hai, die Meerkuh, das Schaf und andere unterscheiden.« Zufällige Mutationen haben die Unterschiede zwischen dem Hai und dem Seelöwen geschaffen; aber es sind die »Umgebungen«, andere Menschen – Schenker, in Propps Terminologie –, die die unglaubliche Vielzahl menschlicher Typen erschaffen. Man wird kein Händler, bis man den einen schicksalhaften Investor trifft; man wird kein Dichter, bis man das eine schicksalhafte Buch liest.

Nun, es gab einen Grund, warum Balzac die *Menschliche Komödie* die *Menschliche Komödie* nannte, und wenn Moretti von der Mediation Balzacs zur Darwin'schen Selektion abkommt, anerkennt er, anscheinend ohne Bedauern, den Verlust eines »menschlichen« Elements: »Da die Geschichte des Menschen so selten menschlich ist«, schreibt er, »ist dies vielleicht nicht das stärkste Argument.« Moretti fährt mit der Behauptung fort, dass die Literaturgeschichte, in einem nicht trivialen Sinn, ein Teil der Naturgeschichte sein könnte – dass die *Kultur selber* wohl nichts weiter als »eine ›zweite Natur‹« sei. Er illustriert diese Behauptung in Abbildung 29: ein »genetischer Baum« der Sprachen der Welt, die sich tatsächlich durch Divergenz entwickelt *haben*. »Wenn sich die Sprache durch Divergenz entwickelt«, fragt er, »warum nicht auch die Literatur?« Wenn, wie Durkheim, Lévi-Strauss und Propp argumentiert haben, kulturelle Systeme wie Religion, Verwandtschaft und Folklore wie die Sprache strukturiert sind, warum *nicht* auch die moderne Literatur?

In seinem Nachwort liefert Alberto Piazza einen Grund dafür. Piazza – Mitautor von *The History and Geography of Human Genes* und möglicher allopatrischer Verwandter von Alberto Piazza, dem australischen Großhändler für edelste italienische Schuhe – merkt an, dass morphologische Bäume nur funktionieren, wenn »die verschiedenen Zweige keine Information austauschen können«. Die Vielfalt der »natürlichen Sprachen« kann von einem Baum nur insofern repräsentiert werden, als die Zweige wirklich keinen Kontakt zueinander haben; d.h. insofern, als monolinguale französische Sprecher und monolinguale japanische Sprecher im wahrsten Sinne des Wortes keine Informationen miteinander austauschen können. Auch haben linguistische und geografische Beschränkungen innerhalb der meisten religiösen und folkloristischen Systeme jeglichen überkulturellen Austausch verhindert.

Andererseits *ist* eine Form wie der Roman vom Informationsaustausch zwischen den Zweigen *abhängig*: Er ist abhängig davon, dass Bücher andere Bücher informieren, dass Autoren sich gegenseitig inspirieren, Autoren die Ideen anderer aufgreifen oder verwerfen. Der Austausch literarischer Information wird durch literarische Grenzen nicht eingeschränkt: *Harry Potter* ist in über sechzig Sprachen übersetzt worden, inklusive Plattdeutsch und Grönländisch. Das Zeitalter der Weltliteratur ist gekommen.

Morettis Meinung zur allopatrischen Speziation bei der Benutzung des Freien Indirekten Diskurses sollte in diesem Licht überdacht werden. Ist es wirklich sinnvoll, formale literarische Variationen mit den Veränderungen innerhalb des nationalen Umfelds in Beziehung zu setzen, wenn es keine nationale Literatur mehr gibt? Im Baum, der den Gebrauch der erlebten Rede abbildet, finden wir Dostojewski, der auf dem Zweig ganz links sitzt, weil er zu Dialogen in der zweiten Person tendiert; Joyce hockt ein wenig höher auf der rechten Seite, weil er dazu neigt, erlebte Rede in der Form des *stream of consciousness* in der ersten Person zu verwenden. Und dennoch kann man nicht sagen, dass Dostojewski eher eine russische als eine irische erlebte Rede gebraucht; Tolstoi müsste zum Beispiel auf der rechten Seite erscheinen, da sein Einsatz der erlebten Rede in *Anna Karenina* in vollem Tempo auf Dublin und die erste Person zuhält. Schließlich liest Anna nicht Dostojewski; sie liest französische Romane, vielleicht Flaubert – so wie es James Joyce getan hat.

Eine handlichere und überzeugendere »allopatrische« Erörterung findet sich in dem Kapitel über Graphen, das nicht so sehr die formalen Mittel thematisiert wie die Verschiebung von Gattungen und Worten. Moretti zitiert hier seine Studie »Planet Hollywood« von 2001 – eine Analyse der relativen Anteile amerikanischer Komödien an den jeweils fünf größten Kinokassenschlagern in 45 Ländern. Überall machten Komödien 30 Prozent oder weniger der Top

Fünf aus, mit einer mysteriösen Ausnahme: »Absolut *alle* italienischen Kassenschlager des Beispieljahrzehnts sind Komödien gewesen.« Dieses Rätsel klingt wesentlich vielversprechender als der der erlebten Rede gewidmete Baum, weil es eine Antwort zu bieten haben könnte. Moretti selber ist nicht in der Lage, dieses Phänomen zu erklären – und er behauptet überzeugend, dass solch ungelöste Rätsel »genau das sind, was wir auf einem Gebiet wie dem unseren brauchen, wo wir gewöhnt sind, nur die Fragen zu stellen, auf die wir bereits eine Antwort haben«.

Fragen zu beantworten – anstatt sie zu stellen – ist zu einer Konvention des akademischen »guten Schreibens« fossiliert: Um veröffentlicht zu werden, müssen wie bei *Jeopardy* alle Beobachtungen zu Antworten auf eine Frage umformuliert werden, sogar wenn diese Frage nie irgendjemand gestellt hat. Im Gegenteil, es ist unglaublich erfrischend, sich eine Zeit vorzustellen, in der Akademiker sich nach entsprechenden Feldforschungen an einem Tisch versammeln und herausarbeiten könnten, warum genau die Italiener Komödien so sehr lieben. Diese Frage wiederum lädt zu einer größeren Untersuchung im Stile Morettis ein über das, was man den »Big in Japan«-Effekt nennen könnte: Häufig gerät ein Werk in seinem Heimatland aus der Mode, aber in der Übersetzung überlebt es bizarrerweise. Die meisten türkischen Schulkinder der Generation meiner Eltern haben zum Beispiel einen mehrbändigen französischen Roman namens *Les Pardaillan* von Michel Zévaco gelesen, ein Autor, der vielen ihrer französischen Zeitgenossen unbekannt war.

Und so kehren wir zu den Themen Kanonizität und literarisches Überleben zurück. Im Jahr 2001 habe ich mich für ein von Moretti geleitetes Seminar mit dem Titel »Vergessene Bestseller des viktorianischen Großbritannien« angemeldet. Der Grundgedanke war, die formalen Mittel festzustellen, die für den anfänglichen Erfolg und das anschließende Verschwinden dieser Bücher verantwortlich gewesen sein könnten. Es war ein großartiges Seminar, wenn auch keines, das sich durch seine Menschlichkeit oder durch die Qualität der Leseliste ausgezeichnet hätte. *Coelebs in Search of a Wife*, *The Mysteries of London*, *The Woman Who Did It* haben sich als jene

Art von trüben und trostlosen Erzeugnissen erwiesen, die einen mit der eigenen Ausgabe von *Die Prinzessin von Clèves* im Rhein Schutz suchen lassen wollte. Es gab jedoch eine Ausnahme: Edward Bulwer-Lyttons *Pelham oder die Begegnisse eines Weltmannes* aus dem vergessenen Genre des »Silbergabel-Romans«.

»Bei meiner Ankunft in Paris«, berichtet Pelham, »hatte ich beschlossen, ›einen Charakter‹ anzunehmen, denn Ehrgeiz beherrschte mich immer ... Nach mancherlei Erwägungen in betreff des besonderen Charakters, den ich anzunehmen habe, dachte ich, keiner scheine mich sicherer unter den Männern bemerklich und eben deshalb den Frauen angenehm zu machen, als der eines ausgemachten Gecken.« Ein junger Mann geht nach Paris, entschlossen, ein »ausgemachter Geck« zu sein – jetzt aber, da hat sich endlich einmal jemand etwas mit ein wenig Pfeffer vorgenommen.

Eines Tages erwähnte ich *Pelham* zu meiner Verteidigung meiner Studienberaterin im Slawistikinstitut gegenüber, die sich andauernd über mich lustig gemacht hatte, weil ich an diesem Seminar zu vergessenen viktorianischen Bestsellern teilnahm.

»Es gibt da dieses eine Buch«, sagte ich, »das wirklich gut ist.«

Zu meiner Überraschung wusste meine Studienberaterin alles über das Buch. »Oh ja, *Pelham*«, sagte sie. »Klar, Puschkin hat *Pelham* geliebt.«

Wie sich herausstellte, hatte Puschkins Liebe für *Pelham* sogar dazu geführt, dass er eineinhalb Kapitel eines Romans mit dem Titel *Der russische Pelham* schrieb und bestimmte Merkmale von Lyttons »ausgemachten Gecken« in *Eugen Onegin* einarbeitete, einen Antihelden, der mit der Morgendämmerung aufsteht, ein Eiswasserbad nimmt und den Rest des Morgens damit verbringt, seine Billardstöße zu trainieren. *Pelham* war sozusagen *big in Japan*; das Buch war überhaupt gar nicht vergessen, wenigstens nicht für Puschkinisten. Diese Entdeckung brachte mich dazu, das theoretische Projekt, die 30 000 vergessenen viktorianischen Romane zu lesen, noch einmal zu überdenken. Denn immerhin hatte es mir all meine Willenskraft abverlangt, sechs von ihnen zu schaffen – und dann stellte sich der einzige, den ich mochte, als derjenige heraus, dem ich womöglich sowieso begegnet wäre, durch Puschkin – d.h. durch den Kanon.

Eines Tages erlitt meine Hingabe an die 30 000 einen weiteren Rückschlag, als im Seminar eine Kommilitonin anregte, dass wir die Stapel unverlangt eingesandter Manuskripte der großen viktorianischen Verlagshäuser lesen müssten, wenn wir die Überlebensregeln auf dem Gebiet des Romans verstehen wollten. Moretti begegnete diesem Vorschlag mit Enthusiasmus. »Das ist ein sehr intelligenter Gedanke«, sagte er.

»Ein intelligenter Gedanke«, dachte ich, als all die Stapel unverlangt eingesandter Manuskripte, die ich je gelesen hatte, als einzige grausige Parade vor meinem inneren Auge aufblitzten: Die Novelle über eine Frau, die in ihrem Wohnzimmer eine Reihe von Videokassetten entdeckt, auf denen die betagten Eltern ihres Ehemanns ihre Erfahrungen im Holocaust beschreiben – »Jackie hatte nicht einmal gewusst, dass Alex Jude war« –, und *sie dann alle anschaut*; der Briefroman über eine Frau, die Briefe von ihrem Uterus erhält, der behauptet, einen Roman zu schreiben zu versuchen: »Es ist dunkel hier drin – könntest du bitte eine Taschenlampe in deine Vagina einführen?«

Ich begriff, dass es, wenn ich versuchen würde, stapelweise unverlangt eingesandte Manuskripte in welcher Form auch immer systematisch zu lesen, nur eine Frage der Zeit wäre, bis ich meinen eigenen verrückten Roman darüber schreiben würde, wie das Lesen all dieser verrückten Romane mein Leben entstellt hat. Dann würde jemand *meinen* verrückten Roman lesen und der Datenbank hinzufügen müssen. Bald würden wir nicht mehr genügend Personal haben und outsourcen müssen, vielleicht nach Bangladesch. Wenn die Bangladeschis unvermeidlicherweise ihre »peripheren« Varianten unserer Schundromane schreiben, müssten auch diese der Datenbank hinzugefügt werden.

Dieses dystopische Bild besitzt wie alle Genres ein Spiegelbild: eine Idylle kooperativer Forschung. Stellen Sie sich vor, regt Moretti an, dass die Literatur so wichtig wäre wie die Naturwissenschaft – dass die Literatur eine Form der Naturwissenschaft *wäre* – und ebenso viele verschiedene Denker anzöge. »Neben das Roheisen, neben den Stahl hin / trete das Wort, zum Vers verdichtet! / Ich will, dass von Dichtererzeugnissen Stalin / im Namen des Politbüros berichtet«, hat Majakowski einmal geschrieben. In diesem Licht ist Piazzas Nachwort unglaublich erbaulich – eine Art Gegenmittel gegen die Sokal-Affäre, ein Hoffnungsschimmer für die viel geschmähte Interdisziplinarität zwischen Geistes- und Naturwissenschaften.

Morettis Graduiertenseminare ähneln diesen utopischen Träumen: Sein Standardkurs zur Theorie des Romans geht von der Hypothese aus, dass es noch keine funktionierende Theorie des Romans gibt, sodass das Seminar um die Aufgabe herum aufgebaut ist, eine solche zu finden. Der Roman selber ist die große unbeantwortete Frage, der schwer zu fassende weiße Wal von *Graphs, Maps, Trees*; irgendwie widersteht er sogar denjenigen Theorien, die sonst wie ein Zauberspruch auf die Gattungen oder Stilmittel funktionieren. In einer Fußnote zum »Schlachthaus der Literatur« erwähnt Moretti neben der Studie über Conan Doyle und seine Rivalen eine bald erscheinende Studie über Jane Austen und ihre Rivalinnen – und in dem Seminar über vergessene Beststeller haben wir tatsächlich einen Roman einer solchen Rivalin gelesen, Hannah More. Aber uns ist nichts eingefallen, was das Mysterium um Mores Obsoleszenz erklären würde; und der Austen-Artikel ist, soweit ich weiß, niemals entstanden.

In *Die unerträgliche Leichtigkeit des Seins* unterscheidet Milan Kundera zwischen zwei Kategorien von Frauenhelden – dem lyrisch-romantischen und dem episch-wissenschaftlichen. Der lyrisch-romantische Frauenheld sucht immerzu nach derselben Frau und findet sie nie; aber der episch-wissenschaftliche Frauenheld findet immer, wonach er sucht. »Daher interessiert ihn alles, und nichts kann ihn enttäuschen«, schreibt Kundera. »Gerade diese Unfähigkeit, enttäuscht zu werden, hat etwas Ungehöriges an sich.«

In Anbetracht der Tatsache, dass die meisten Kritiker Menschen sind, die ihre Laufbahnen dem Lesen und Wiederlesen ihrer Lieblingsbücher gewidmet haben – Romantiker, die in allem, was sie lesen, Jagd auf ein Ideal machen, Puschkin in *Pelham* entdecken und so weiter –, ist da etwas Rätselhaftes und sogar, wie Kundera sagt, Ungehöriges in Morettis entschlossener und wissenschaftlicher Entscheidung, zu lesen, was formal interessant ist, und dem, was ihm gefällt, derart wenig Aufmerksamkeit zu schenken. Und es ist nicht so, als ob ihm nichts gefiele. In seinem *Atlas des europäischen Romans* gesteht er: »Ich gebe zu, Balzac liegt mir näher als Dickens.« Im Folgenden nennt er *Verlorene Illusionen* den besten Roman, der jemals geschrieben worden sei, und verunglimpft *David Copperfield* als Kinderbuch: Der britische politische Isolationismus habe zum unnatürlichen literarischen Überleben eines »empfindsamen Moralismus« und von »Märchenstrukturen« geführt, daher »lesen britische Erwachsene *David Copperfield*, und das geschieht ihnen recht so«.

Man beginnt sich wirklich zu fragen: Wie zum Teufel ist ein in Rom geborener Balzac-Aficionado dazu gekommen, sich auf diese trostlosen Texte über Nebel, Waisen und Pudding zu spezialisieren? Beinhaltet Morettis Erzählung wie Propps Morphologie eine weggelassene »Schenker«-Funktion? – Ist Morettis Ausbildung, wie in *Große Erwartungen*, heimlich von einem grauhaarigen britischen Sträfling finanziert worden?

Innerhalb des textuellen Systems dieser Rezension male ich mir Morettis Funktion als die eines Schenkers im Sinne von Propps Morphologie aus. In diesem Zusammenhang eine kurze Anekdote. Eines Tages wurde ich in Morettis Büro eines Termins wegen vorstellig und traf eine Studentin des Englischfachbereichs, die vor seiner Tür auf und ab ging. Wir wechselten einige Worte, und es stellte sich heraus, dass wir beide zur selben Zeit einen Termin hatten, dass Moretti noch nicht in seinem Büro war, dass sie es sehr eilig hatte. Als ich sagte, dass sie ihn zuerst treffen könne, dankte sie mir, und wir verfielen in eine merkwürdig intensive Stille, vermieden Augenkontakt, ein wenig wie zwei Rivalinnen in einer romantischen Komödie, an der die Italiener vielleicht Gefallen finden könnten. Eine Minute später erschien Moretti – er trug, wie üblich, einen Koffer und einen Regenmantel – und schien irgendwie verärgert, als er erfuhr, dass er zwei Studentinnen denselben Termin gegeben hatte. Wissenschaftlich wie immer, bot er an, eine Münze zu werfen, um zu bestimmen, wer den ersten Termin bekommen würde. Wir erklärten, dass wir die Reihenfolge bereits bestimmt hatten.

»Ah, ausgezeichnet«, sagte er. »Jessica, Sie bekommen den ersten Termin ... Elif, Sie bekommen ein Geschenk.« Er reichte mir ein Buch. Es war *The Structure of Complex Words*, auf dessen Coverfoto William Empson etwas zur Schau stellte, was eine Federboa zu sein schien. Später erfuhr ich jedoch, dass es sein Bart war.

»Ich habe ein überzähliges Exemplar«, erklärte er, »und ich habe beschlossen, es derjenigen zu geben, die auf den ersten Termin verzichtet.«

Jessica und ich betrachteten Empsons Foto.

»Das ist ein sehr gutes Buch«, sagte Moretti.

»Ah, danke«, sagte ich.

Jessica sah Empson an und dann mich.

»Wow«, sagte sie, »bin ich froh, dass *ich* das nicht lesen muss.«

»Ha ha«, machte Moretti und folgte ihr in das Büro.

Als die Tür sich hinter ihnen schloss, setzte ich mich auf eine Bank auf dem Gang und öffnete das Buch irgendwo – ich hatte die abergläubische Hoffnung, eine Botschaft über meine Zukunft zu finden.

»Inzwischen ist die Maschinerie«, las ich, »unter dem Haupttitel ›1‹ bereits ziemlich ausgearbeitet; der Vorschlag in ›1+‹, den Geist und nicht den Buchstaben zu behalten, soll wohl die Verlagerung vom Verhalten zum Charakter, wie in ›2‹ und ›4‹ festgestellt, veranlassen, und die Enge von ›1-‹ könnte die Vernachlässigung von ›3‹ bewirken, insbesondere weil die Emotionen ›1!3‹ dazu da sind, sie dabei zu unterstützen.«

Ich legte das Buch in meinen Schoß und starrte an die Decke, sann über die Weisheit desjenigen nach, der diese Worte gelesen und verstanden hatte – eine Weisheit, die derjenigen Salomons Konkurrenz machte (»Bekommst *du* das Baby; bekommst *du* auch *The Structure of Complex Words*«).

Ich dachte auch an Propp als SCH, der in seiner Morphologie den

Schenker verkörpert. SCH^{10} bedeutet, »das Zaubermittel wird zum Tausch angeboten«. Ich dachte dann an F, »die Aneignung des Zaubermittels«; und ich erinnerte mich an die Qualen, die diejenigen Helden zu erleiden hatten, die nicht das Richtige tun: (F=), »die negative Reaktion des Helden provoziert grausame Vergeltung«.

Ich entschied, dass ich *The Structure of Complex Words* über den Sommer definitiv lesen würde. +

Nummer 4

Rekonstruktion

(Frühjahr 2006)

Zur intellektuellen Lage

Chad Harbach: Ein Zwischenruf

Für gewöhnlich geht diese Rubrik den Produkten unserer Kultur und den Fragen des Alltags nach. Doch es ist offensichtlich geworden, dass unsere Kultur und unser Alltag in ihrer jetzigen Form wohl nicht mehr lange existieren werden. Wenn sich nicht so einiges ändert, kommt unser Chronist der intellektuellen Szene wohl nie mehr aus Prudhoe Bay zurück, wo er sich an einen Bohrturm gekettet hat. Aber er wäre zu Ausgabe Nummer fünf gerne wieder da.

Im Verlauf des vergangenen Jahrhunderts sind die globalen Durchschnittstemperaturen um 0,6 °C gestiegen. Eine solche Veränderung erscheint gering, ist sie aber nicht: Im Winter 1905 deckte mein Urgroßvater, ein Kupferschmied, das Dach eines neuen Leuchtturms, der zwei Meilen vor der Küste des Lake Michigan vor einem Riff warnte. Jeden Morgen fuhr er mit einer mit seinen Werkzeugen, die er zur Bearbeitung des Kupfers benötigte, beladenen Kutsche hinaus über das offene Eis. Heutzutage friert das Wasser so weit von der Küste entfernt niemals, erst recht nicht bis zu einer Tiefe, die das Gewicht eines Pferdes tragen könnte.

Bis weit in die neunziger Jahre hinein haben solche Veränderungen langsam genug stattgefunden, um, zumindest im nördlichen Mittelwesten, begrüßenswert zu erscheinen – als karmische oder göttliche Belohnung für harte Arbeit oder gutes Benehmen vielleicht. Kein Schnee im Oktober! Noch ein Tag mit fünfzig Grad Fahrenheit im Februar! Es war, als machte sich auch das Wetter das allgemeine Gefühl des Nachkriegsfortschritts zu eigen: Die Wirtschaft expandierte, die Technik entwickelte sich stetig weiter, die verstaubten Sitten der Schwarz-Weiß-Ära lockerten sich, und wie ein Index oder zur Feier all dessen wurde das Klima allmählich immer milder. Das war Amerika. Unsere Kinder würden nicht nur größere

Autos, kleinere Stereoanlagen und einige Jahre mehr haben, um (zu) sich selber zu finden – sondern auch besseres Wetter.

Heute wissen wir, was wir getan haben. Zumindest sollten wir es wissen. Unser rauschhaftes Treibstoffverbrennen (und rauschhaftes Rindfleischessen und rauschhaftes Wälderroden) der vergangenen 150 und insbesondere – und immer intensiver und immer schneller – der letzten 60 Jahre hat die größte Bedrohung in der kurzen Geschichte unserer Zivilisation in Sichtweite gebracht. Es ist möglich geworden, einen flüchtigen Eindruck vom Verschwinden so vieler Dinge zu gewinnen, nicht nur von Gletschern und Tierarten, sondern auch von Gedanken und Institutionen. Nichts wird wohl jemals wieder so einfach und geregelt sein. Unsere Art zu leben, die doch immer so strapazierfähig schien, gleicht äußerlich mehr und mehr einem traurigen Abschiednehmen, ähnlich dem Leben einer beliebigen literarischen Figur des 19. Jahrhunderts, die sich auf ihren Weg zu einem Duell befindet, das als unbedeutendes Missverständnis begonnen hat. Der Sonnenaufgang sieht aus wie Feuer, die Blumen blühen, die Morgenluft tanzt gegen ihre Wangen. Das alles passt irgendwie nicht zusammen, es ist so unfair! Er ist gesund, er ist jung, er ist quicklebendig – aber er nimmt Abschied von der Welt. Und das tun auch wir, gesund und quicklebendig – aber unsere Welt verabschiedet sich von uns.

Lange Zeit haben wir befürchtet, dass wir uns in einem plötzlichen Anfall von Bombenabwerferei auslöschen könnten. Das befürchten wir noch immer, und das sollten wir auch: Überall gibt es Bomben, sie kleben an Raketen, die für unsere Städte und für uns selber bestimmt sind, obwohl man sie auf den leeren Himmel gerichtet hat. Unserer Angst zum Trotz haben wir uns fast umstandslos mit dem Gedanken zu beruhigen gelernt, dass für eine nukleare Katastrophe Knöpfe gedrückt werden müssen; dass die imaginierte Verbindung zwischen den Knöpfen und ihren Konsequenzen immerzu existieren wird, trotzdem es doch einfach ist, Knöpfe zu drücken; dass kein menschliches Wesen diese Knöpfe noch einmal bereitwillig drücken und die Konsequenzen akzeptieren würde. Es mag sein, dass wir uns täuschen, doch möglicherweise haben wir auch recht; jeder Tag, der ohne nukleare Katastrophe vergeht, stärkt die Hoffnung, dass es noch jahrzehnte-, jahrhunderte-, äonenlang so bleibt.

Die Erderwärmung – und all die anderen Umweltkatastrophen, die die Erderwärmung verschlimmern und durch die Erderwärmung verschlimmert werden – erlaubt diese Hoffnung nicht. Das Klima benötigt vierzig Jahre oder mehr, um auf das Kohlenstoffdioxid und das Methan, das wir ausstoßen, zu reagieren. Das bedeutet, dass all die Katastrophen, die während dieser wärmsten Jahrzehnte der Geschichte der Zivilisation stattgefunden haben (schwere Dürren in der afrikanischen Sahelzone, West-Australien und auf der Iberischen Halbinsel; tödliche Fluten in Mumbai; Hurrikanperioden von bislang unbekannter Länge, Wucht und Zerstörung; die Ausrottung vieler Tierarten; die außer Kontrolle geratene Gletscherschmelze; tödliche Hitzewellen; Hunderttausende Tote alles in allem), nicht auf unsere gegenwärtigen Verbrauchsraten zurückzuführen sind, sondern auf die mit erheblicher Verzögerung eingetretenen Auswirkungen von vor Jahrzehnten – lange vor der Erfindung des Hummer-Geländewagens – verbrannten Energieträgern und kahl geschlagenen Wäldern. Wenn wir alle Emissionen sofort einstellten, würde sich die Erde bis etwa 2050 weiter erwärmen.

Diese große Zeitdifferenz macht die besondere Gefährlichkeit der Erderwärmung aus. Ja, so *könnte* es sein, dass wir uns vernichten – und nicht, indem wir in einem apokalyptischen Anfall den roten Knopf drücken, sondern indem wir uns nur ein kleines bisschen zu viel Komfort gönnen, ein bisschen zu viel Wärme, ein bisschen zu viel Zeit. Wie Ödipus sind wir gewarnt worden. Wie Ödipus haben wir uns über die Warnung hinweggesetzt, und wir werden die Überraschten spielen, wenn nicht gar die Empörten, sobald wir feststellen, was wir getan haben.

Eine Erwärmung von drei Grad Celsius – fünf Mal so viel wie von 1900 bis heute – ist die übliche Hochrechnung für das Jahrhundert, das gerade begonnen hat. Obwohl eine solche Veränderung unvorstellbare Zerstörungen bedeuten würde, stellt sie noch nicht einmal ansatzweise das Worst-Case-Szenario dar; denn eigentlich ist dieser Erwärmungsgrad eine Schätzung des *US Climate Action Report 2002*, eines sorgfältig frisierten und geprüften Dokuments des Außenministeriums, das mit einem ermutigenden Zitat von Präsident Bush eröffnet (»Meine Regierung ist darum bemüht, eine führende Rolle bei der Bekämpfung des Klimawandels einzunehmen«). Drei Grad Celsius ist ein konservatives Gemisch von Zahlen, die anhand unserer allerbesten Klimamodellrechnungen erstellt worden sind und noch keines jener dramatischen Ereignisse annehmen – Stillstand des Golfstroms, Auflösung eines größeren Eisschelfs, Kollaps des amazonischen Regenwaldes –, die Klimaforscher seit einiger Zeit zunehmend beunruhigen.

Diese Rechenmodelle werden immer ausgefeilter und detaillierter – aber um wirklich zu verstehen, *wie es sein wird*, um zu wissen, wie das Leben nach einer Erwärmung von drei Grad Celsius aussehen wird, benötigten wir einen Borges'schen Computer, der vom Scheitelpunkt der Thermospähre bis auf den Boden des Ozeans reicht; ein Rechenmodell, mit dem die mögliche Vernichtung, Abwanderung oder Anpassung einer jeder lebenden Art erklärt werden könnte; ein Rechenmodell, mit dem die Reaktionen entmutigter und krisengeschüttelter Regierungen auf allgegenwärtige Hochwasser, auf Nahrungsmittel- und Frischwassermangel, von Stürmen zugrunde gerichtete Küsten, rasant ansteigende Meere prognostiziert werden könnten. In einigen wenigen kurzen Jahrzehnten wird nichts mehr so sein, wie es jetzt ist, alles wird neu berechnet werden müssen, und die Aufgabe, überhaupt nur ein einziges der vielen möglichen Szenarien zurechtzulegen, ist vergleichbar mit derjenigen, sich einen Science-Fiction-Planeten bis ins letzte Detail auszumalen, der mehr oder weniger wie der unsere ist: Unabhängig davon, wie viele Dutzend und Aberdutzend Romane geschrieben würden, wird es immer Details und Konsequenzen geben, an die niemand gedacht hat und uns, einmal erkannt, dazu zwingen würden, das Ganze noch einmal zu überdenken.

Bestimmte Konsequenzen liegen jedoch auf der Hand und sind nicht mehr zu leugnen, weil sie bereits eingetreten sind. Steigender Niederschlag und zunehmende Verdunstung werden die Dürre-

und Hochwasserkreisläufe weltweit intensivieren. Der *Climate Action Report* beschreibt ein Amerika, in dem noch zu unseren Lebzeiten »Dürre praktisch überall ein ernst zu nehmendes Problem darstellt und in dem Überschwemmungen und Wasserqualität vielen Regionen erhebliche Sorgen bereiten werden«. Äquatoriale Länder, die von den lebenserhaltenden Regenfällen der immer weniger verlässlichen Sommer-Monsune abhängig und von El Niños Stürmen und Dürren tendenziell am härtesten betroffen sind, werden damit sogar noch mehr zu schaffen haben.

Die Meeresspiegel werden weiter ansteigen, teilweise aufgrund der Gletscherschmelze, aber hauptsächlich deshalb, weil sich Wasser ausdehnt, wenn es sich erwärmt. Tiefliegende Gebiete werden von höheren Meeresspiegeln und immer heftigeren Stürmen verwüstet, zerstört oder einfach verschluckt werden. Die Holländer haben begonnen, Pläne zu erstellen, die große Teile ihrer unter großen Anstrengungen errungenen und mit Deichen trockengelegten Nation dem heranrückenden Meer überlassen. Tuvalu und andere tiefliegende Inseln planen so heimlich wie widerwillig die Umsiedlung ihrer gesamten Einwohnerschaft. Einige Studien schätzen, dass es zur Mitte des Jahrhunderts 150 Millionen Umweltflüchtlinge geben wird, die meisten davon infolge von Überschwemmungen in armen Ländern wie Bangladesch, wo 13 Millionen Menschen einen Meter oder niedriger über dem Meeresspiegel leben. Jene Milliarden von Dollar, die nötig sind, um New Orleans wieder aufzubauen, werden wieder und wieder und wieder benötigt werden, zumeist von Ländern, die sie nicht haben.

Die Ausrottung anderer Arten ist schon seit Langem eine menschliche Spezialität, aber die Erderwärmung wird diesen Prozess zusammen mit der fortgesetzten Zerstörung von Lebensräumen um ein Vielfaches beschleunigen. Unsere Korallenriffe und Hochgebirgswiesen werden zerstört werden. Tropenkrankheiten wie Malaria und Denguefieber werden sogar noch nördlichere Höhen und Breiten erfassen. Die Nahrungsmittelproduktion wird in vielen Regionen eingeschränkt oder lahmgelegt werden, und einige Menschen, vielleicht viele Menschen, werden hungern.

Und so weiter. Nur ein Merkmal unserer ansonsten völlig vergessenen Welt des 20. Jahrhunderts wird wahrscheinlich auch weiterhin existieren und sogar noch stärker ausgeprägt sein – die unübertroffene Bedeutung des Reichtums. Reichen Ländern wird es besser gehen als armen Ländern, reichen Haushalten wird es besser gehen als armen Haushalten, reichen Arten (der Homo sapiens und dessen Haustieren) wird es besser gehen als armen Arten (d.h. allen anderen). Die Erderwärmung wird die Kluft zwischen den Besitzenden und den Besitzlosen vertiefen – der Hurrikan Katrina ist das perfekte Beispiel dafür, wie derlei sogar in den USA geschehen kann, aber der deutlichere Unterschied wird sich international abzeichnen. Auch wenn arme Länder von plötzlichen Katastrophen und Langzeitdürren, Engpässen und Epidemien schwerer betroffen sein werden, so leisten reichere Länder paradoxer- und perverserweise immer weniger Hilfsmaßnahmen, weil sie mit ihren eigenen Ressourcenproblemen und Zukunftsunsicherheiten zu ringen haben.

In einer Welt relativer Stabilität können Regierungen mit relativer Gelassenheit und sogar Großherzigkeit Entscheidungen treffen. Sie denken zweimal darüber nach, ob sie sich gegenseitig bombardieren; manchmal geben sie Idealen wie Großzügigkeit, Gerechtigkeit und Humanität nach. Derlei wird in einer Welt, in der die fundamentalste Stabilität von allen – die Stabilität des Klimas, auf deren Basis die agrarische Zivilisation aufgebaut worden ist – ganz beiläufig ausgehebelt worden ist, unmöglich sein. Aus einer mehr oder weniger vorhersehbaren Welt vertrieben, werden wir verzweifeln und die Selbstkontrolle verlieren, und kein Computerprogramm wird diese Verzweiflung modellieren können. Unser Präsident hat in Konsequenz eines einzigen nicht vorhergesehenen Angriffs einen unbefristeten und grenzenlosen Krieg erklärt; sogar eine sehr viel vernünftigere Regierung wird ihr Gleichgewicht verlieren, wenn man sich auf nichts mehr, am wenigsten auf das Wetter des kommenden Jahres, verlassen kann. Diverse Konflikte oder noch Schlimmeres werden aufflackern, während die Ressourcen dahinschwinden. Unsere Isolation wird mit der Vernichtung von Millionen anderen Arten zunehmen. Der verdrängte Albtraum des Atomkriegs wird am hellichten Tag wieder auftauchen. Dies sind keine Worst-Case-Szenarien – die Worst-Case-Szenarien sind viel schlimmer.

Von allen Verbrechen unserer gegenwärtigen Regierung – institutionalisierte Folter, Kriegstreiberei unter Vortäuschung falscher Tatsachen etc. – sind ihre ökologischen Verbrechen die schädlichsten und bedauerlichsten. George W. Bush hat Umweltgesetzgebungen im Wert mehrerer Jahrzehnte harter Arbeit demontiert, aber sein schlimmstes Vergehen war, die verabscheuungswürdige, von den Ölfirmen zur gezielten Desinformation über die Erderwärmung lancierte Kampagne aufzugreifen und zur nationalen politischen Linie zu erklären. Sogar im nicht sehr wahrscheinlichen Fall, dass unsere nächste Regierung das Ausmaß der Gefahr in vollem Umfang erfasst, werden sich die Kosten dieser acht Jahre der Lähmung als unkalkulierbar erweisen.

1988 sagte der ranghöchste Klimawissenschaftler der NASA, James Hansen, vor dem Kongress aus, dass er zu »99 Prozent sicher sei«, dass sich die Erde durch menschliche Einwirkung erwärmen werde. Seine Worte schafften es auf die Titelseite der *Times* und markierten das Vordringen des Themas Erderwärmung in die öffentliche Mainstream-Diskussion. Im folgenden Jahr lud Al Gore Hansen vor, um erneut auszusagen: Diesmal zwang ihn die erste Bush-Regierung dazu, seinen vorbereiteten Bericht abzuändern. Ein aufgebrachter Gore nannte den Vorfall eine vom »Wissenschaftspolitbüro der Bush-Regierung« zu verantwortende »arglistige wissenschaftliche Täuschung«.

Aber Bush Sr., der das Montreal-Protokoll mit auf den Weg brachte, das die Zerstörung der Ozonschicht reduzieren sollte, ist im Vergleich zu seinem Sohn ein überzeugter Ökologe (dazwischen haben Clinton und Gore entscheidend am Kyoto-Protokoll mitgeschmiedet und sind in Umweltangelegenheiten generell viel vernünftiger gewesen, haben aber dennoch über einen 14-prozentigen Anstieg der US-Treibhausgasemissionen präsidiert). Der zweite Bush hat eine geradezu bolschewistische Verve an den Tag gelegt, um durchzusetzen, dass wissenschaftliche Untersuchungen ideologisch kontrolliert werden. Hansen, der noch immer dem Klimaprogramm der NASA vorsteht, wurde kürzlich vor »ernsthaften Konsequenzen« gewarnt, wenn er nicht lockerlasse und nicht aufhöre, über die Notwendigkeit der sofortigen Reduktion der Kohlenstoffemissionen zu sprechen. Wissenschaftler der Nationalen Wetter- und Ozeanografiebehörde sind ebenfalls mundtot gemacht geworden. Das Weiße Haus hat in verschiedenen Berichten der Umweltschutzbehörde EPA Abschnitte über den Klimawechsel abgeändert oder herausgeschnitten; der frühere Chef-Herausschneider, Philip A. Cooney, hat, nachdem er sein Amt niedergelegt hatte, einen Posten bei ExxonMobil angetreten.

Nach seinem ersten Auftritt vor dem Kongress wurde Hansen von vielen Forschern vorgeworfen, voreilige Schlüsse zu ziehen. Als Einziger hatte er den Unterschied verstanden zwischen der Wissenschaft, die auf der Suche nach der absoluten Sicherheit stetige Skepsis erfordert, und der Politik, die nach vernünftigen Einschätzungen der Möglichkeiten und Kosten verlangt. Das Exaktheitsideal der Wissenschaft sieht aus wie Schwäche und Zeitschinderei, wenn man es durch die Brille der Politik betrachtet. Das ist dieselbe verzerrte Unterscheidung, mit der der zweite Bush sein verlogenes Drängen nach einer »gesunden Wissenschaft« begründet hat – d.h. die vollkommene Kenntnis zukünftiger Ereignisse weit im Voraus als Grundbedingung jeglichen Einschreitens.

Inzwischen hat das Pentagon damit begonnen, die Szenarien eines abrupten Klimawechsels zu planen. Ein vom DoD in Auftrag gegebener Bericht aus dem Jahr 2003 eröffnet mit der Bemerkung, dass »es eindeutige Indizien gibt, die darauf hinweisen, dass sich die Erde im 21. Jahrhundert erheblich erwärmen wird«, und die Autoren fahren fort, sich die Konsequenzen eine Szenarios infolge einer abrupten Veränderung auszumalen, das immer mehr Aufmerksamkeit von Seiten der Wissenschaftler erhält – der Stillstand des Golfstroms, der den Großteil Europas in tiefe Kälte stürzen könnte, während der Rest der Welt immer wärmer würde. Der Bericht ist nicht sonderlich einfallsreich oder grammatisch korrekt, aber er ist sehr fundiert: »Angesichts von inzwischen wenigstens acht abrupten Klimawechselereignissen, die von geologischen Aufzeichnungen dokumentiert worden sind, scheinen sich folgende Fragen zu stellen: *Wann wird all dies passieren? Was werden die Auswirkungen sein?* Und: *Wie können wir uns darauf am besten vorbereiten?* Eher als: *Wird dies wirklich geschehen?*«

Die Autoren fahren fort und schlussfolgern, dass, während ihr überdurchschnittlicher Wohlstand und Ressourcenbesitz es den USA erlauben würde, sich an ein solches Szenario einigermaßen gut anzupassen, wir uns in einer Welt wiederfinden würden, »in der Europa um sein Überleben kämpft, zahlreiche Flüchtlinge an den Küsten angespült werden und Asien in einer ernsthaften Nahrungsmittel- und Wasserkrise steckt. Zerrissenheit und Konflikte werden die endemischen Charakteristika des Lebens sein.« Solche Schlussfolgerungen zwingen uns zu der zynischsten aller möglichen Interpretationen unserer Gleichgültigkeit der Erderwärmung gegenüber: Irgendwie scheinen wir tatsächlich nicht nur zu glauben, dass wir noch einmal davonkommen werden, sondern dass sich unser relativer Vorteil gegenüber anderen Ländern sogar noch weiter vergrößert. Anstatt bestimmte Aspekte unserer Dominanz in Teilen größeren Ländern wie China und Indien zu überlassen, werden wir eine aus den Fugen geratene Welt in unseren Händen behalten – eine so unmoralische wie fragwürdige Vorstellung.

Obwohl hier nur fünf Prozent der Weltbevölkerung leben, erzeugen die USA 25 Prozent aller Treibhausgase und sind daher überproportional verantwortlich für die bisherige Erderwärmung und für die der kommenden Jahrzehnte. Der *Climate Action Report* behauptet – und das Weiße Haus bleibt dabei –, dass die US-amerikanischen »Planungen Emissionsreduktionen erwarten, die mit den durchschnittlichen, vom Kyoto-Protokoll vorgeschriebenen Reduktionen vergleichbar sind, ohne eine Bedrohung für das Wirtschaftswachstum darzustellen«. Zwei Absätze später wird deutlich, dass unsere Emissionen zwischen 2000 und 2020 planmäßig um 43 Prozent ansteigen werden – ein irgendwie mit den sieben Prozent Reduktion, die Kyoto vorschreibt, »vergleichbarer« Umfang.

Immer wieder ist zu hören, dass Kyoto bedeutungslos ist, weil die vereinbarten Reduktionen zu niedrig sind, um jemals auszureichen – aber unsere Weigerung, wenigstens so weit zu gehen, hat die internationalen politischen Bemühungen, sich mit der Erderwärmung auseinanderzusetzen, zu einem tödlichen Stillstand gebracht. Kyoto läuft 2012 aus, und die Regierungen sollten schon heute weitaus ambitioniertere Pläne für die Zeit nach Kyoto schmieden, doch solche Pläne sind ohne US-amerikanische ökonomische Führung undenkbar. Die EU-Länder können so verantwortungsbewusst handeln, wie sie wollen, denn China und Indien, langsam erwachende Giganten, die im US-Maßstab fossile Brennstoffe verbrauchen, werden nichts tun, solange die Vereinigten Staaten nicht vormachen, dass große Industrieländer einen umfangreichen Übergang hin zu erneuerbaren Energien vollziehen können.

Dies ist die Verantwortung, die uns obliegt, und ihre Umsetzung wäre mit wohlbekannten wählerfreundlichen Stichworten wie »amerikanische Führung«, »Begabung« und »Heldentum« ganz einfach formuliert. Aber das ist nicht geschehen. Stattdessen freuen wir uns über die Aussicht, Schifffahrtsrouten über den auftauenden Nordpol verlaufen zu lassen, und planen in dem, was einmal die Tundra war, nach frischem Öl zu bohren. Anstatt ein Manhattan-Projekt für erneuerbare Energien zu beschließen, errichten wir zu astronomischen Kosten immer mehr technisch fossilierte Infrastruktur. Nach der profitorientierten Abkehr von Kohlekraftwerken in den Achtzigern und Neunzigern sollen in diesem Land bis 2025 zahlreiche neue Kohlekraftwerke errichtet werden. China und Indien folgen diesem Beispiel und fügen ihren Kohle verbrennenden Kapazitäten so schnell sie können noch weitere hinzu. Langsames, selbstgefälliges Kriechen in Richtung Zukunftsfähigkeit – hier eine geringfügige Investition in Solarenergie, dort eine Flotte »grüner« SUVs, die 30 Meilen aus einer Gallone herauskriegen – sind der tödlichen Infrastruktur im Wert mehrerer Milliarden Dollar nicht gewachsen. Einmal errichtet, werden diese Kraftwerke jahrzehntelang am Netz bleiben und Gigatonnen von Kohlenstoff in die Luft pusten, wenn nicht ein humanistisch gesinnter Staat seine Kampfflugzeuge schickt, um sie zu bombardieren.

Für ein freies demokratisches Volk ist es schwer, aber nicht unmöglich, seine Regierung zu überlisten. In den vergangenen Jahren hat die öffentliche Aufmerksamkeit für die Erderwärmung eindeutig zugenommen, sie wurde von Elizabeth Kolberts zurückhaltend erschütterndem dreiteiligem Artikel im *New Yorker* und von den Schrecken Katrinas belebt. Es gibt neue Bücher im Überfluss, und sie verkaufen sich gut. Ein abendfüllender Dokumentarfilm hat beim Sundance Filmfestival Premiere gefeiert. *ABC News* und *60 Minutes* haben Sondersendungen zur besten Fernsehzeit gebracht. Der *Rolling Stone* hat Artikel von Al Gore und Bill McKibben veröffentlicht. Und doch bleibt die Wirkung auf unser Gewissen gefährlich oberflächlich. Ein ganzer Haufen von Leitartikeln ist nicht in eine politische Bewegung gemündet und noch viel weniger in eine Veränderung unseres Denkens. Was bleibt, ist die furchterregende Diskrepanz zwischen dem Umfang des Problems und der Aufmerksamkeit, die wir ihm widmen.

Das gilt nicht nur für das Amerika der Meinungsforscher, für den amorphen fernsehenden Körper, der aus dem Schweigen seiner Regierung praktische Botschaften – Fahr diesen SUV! Bau ein Haus mit fünf Schlafzimmern, sobald die Kinder ausziehen! – extrahiert. Es gilt für die Mainstream-Presse und die Linke genauso. Die *Times* vergibt nach wie vor Kolumnenzentimeter an Erderwärmungszweifler, als existierten solche Zweifler außerhalb der geschützten, von den Ölkonzernen finanzierten Biosphäre. *The Nation* widmet den Gefahren der Erderwärmung ebenso viel Platz wie alle anderen, veröffentlicht aber auch »Eine ›Top Ten‹-Liste der kühnen Ideen«, die auf eine »positive, aggressive, kurz- und langfristige Veränderung für die Zeit nach Bush (und nach den Neuen Demokraten)« abzielt. Was also wünschen sich die Progressiven so kühn? Eine Dreißigstunden-Arbeitswoche und Ganztagsbetreuung für alle – doch das Wort Erderwärmung kommt nicht vor, und das allwöchentlich wiederholte »Investieren in Naturschutz und erneuerbare Energien« erhält nur eine ehrenvolle Erwähnung. Das ist so pervers wie typisch. Man stelle sich eine Historikerin im Jahr 2080 vor, die solche Listen liest, während sie der verstörenden Frage nachgeht, wie sogar gebildete, »progressive« Menschen sich weigern konnten, zu sehen, was geschieht.

Wenn so etwas wie eine literarische/politische/intellektuelle Linke existiert, definiert sie sich durch ihr Vermögen, auf einfallsreiche und verständnisvolle Weise ihre Hand auszustrecken – durch ihre Bereitwilligkeit, Barrieren der Differenz (Schicht, Distanz, Nationalität) zu überwinden und sich für eine gerechtere Verteilung derjenigen Güter und Güte stark zu machen, die unsere Vorstellungen eines menschlichen (und auch des nichtmenschlichen) Wohlbefindens ausmachen. In der Lage zu sein, sich vorzustellen, wie es ist, gefoltert zu werden oder in erbärmlicher Armut oder unter den wachsamen Augen US-amerikanischer Predator-Drohnen leben zu müssen – diese Fähigkeit ist für das Projekt einer jeden politischen Linken eines jeden wohlhabenden Landes entscheidend. Aber im Fall der Erderwärmung hat uns unser aller Vorstellungsvermögen vollkommen im Stich gelassen.

Seitens der Linken scheint es einen hartnäckigen, wenn auch nicht ausgesprochenen Widerstand gegen die moralischen Prinzipien der Ökologie zu geben. Umweltbelange haben die Aufmerksamkeit unserer scharfsinnigsten Denker und Schriftsteller bisher nicht erobern können, sie bleiben Spezialthemen, denen Naturliebhaber und Nicht-Profitierende nachgehen. Eigentlich repräsentiert die Erderwärmung die dritte große Krise der Technologie-Gesellschaft. Die ersten beiden sind nicht bewältigt worden, sie existieren nach wie vor – in Form von Sweatshops in der Dritten Welt, Slums (mit vergleichbar brutalen Zuständen und Wohlstandsdiskrepanzen, die einst Marx und Engels angestachelt hatten) und gehorteten Wasserstoffbomben (d.h. die Anwendung einer jeden neuen Technologie auf die Kunst des Tötens von Menschen). Die dritte verspricht sie beide bei Weitem zu überbieten, sogar noch während sie sie verschlimmert.

Als schlagkräftigste und stichhaltigste Kritik kann zurzeit gegen unsere Form des Kapitalismus in Stellung gebracht werden, dass es den Märkten nicht mehr gelingt, die ökologischen Kosten aufzufangen. In einer überfüllten Welt limitierter Ausmaße zählt für unsere politische Ökonomie nur Beschleunigung und Expansion. Begrenzte natürliche Ressourcen wie saubere Luft und Wasser, ganz zu schweigen von komplexeren Systemen wie den Regenwäldern oder Korallenriffen, werden entweder als Nichts betrachtet oder eindeutig unterbewertet. Die Unternehmen könnten unsere Wälder vollständig roden, Ernteland zu wirbelndem Staub reduzieren, Flüsse in Förderbänder giftigen Schlamms verwandeln, Mineralien und Metallvorräte aufbrauchen, Kohlenstoffemissionen wieder und wieder verdoppeln – und all unsere ökonomischen Maßstäbe würden bis zu genau jenem Moment, an dem die ganze Pyramide kollabiert, nichts als robustes Wachstum anzeigen. Die meisten dieser Dinge geschehen tatsächlich, sie stoßen lediglich vereinzelt auf Widerspruch. Wenn sich unsere Rechenkapazitäten verbessern, wenn sich die benutzten Ressourcen und die produzierten Abfälle – insbesondere CO_2 – vollständig in den Kosten unserer Produkte widerspiegeln: dann und nur dann kann der Kapitalismus zu einem lebensfähigen und menschlichen ökonomischen System werden.

Unterdessen fühlt es sich merkwürdig an, lebendig und gesund zu sein, merkwürdig, auch weiterhin auf der Welle unseres wilden Wohlstands zu reiten, merkwürdig, die Wärme der Februarsonne auf unseren Nacken zu spüren. Wissen wir, was geschieht, oder wissen wir es nicht? Es scheint, als wüssten wir es, es scheint, als wüssten es alle – die Nachrichten sind verkündet, die Wissenschaft bekräftigt unser Gefühl so lange, bis es unmöglich scheint, es nicht zu wissen –, aber wir weigern uns, es zu glauben. Uns ist beigebracht worden, uns ein immer noch längeres, noch glücklicheres und noch gesünderes Leben auszumalen – wir können nicht anders als unterbewusst die Spaziergänge zu zählen, die wir machen, die Bücher, die wir lesen und schreiben, die Enkel, die wir im Jahr 2060 auf den Arm nehmen werden. Und vielleicht werden diese Träume wahr. Vielleicht, wie der Bericht des Pentagons andeutet, wird dieselbe privilegierte Kaste von Menschen, die die kommenden Katastrophen technisch möglich gemacht hat, in 50 Jahren nahezu genauso leben wie heute, mit Geld und Medikamenten und Waffenmacht als Puffer gegen jeglichen Schaden. Das Wetter wird ein launisches und gefährliches Spektakel sein, Ökonomien und Ökosysteme werden kollabieren, irgendwo anders in der Welt werden Millionen sterben, aber wir werden unsere Grenzen versiegeln, unsere Vorstellungen von der Natur aufgeben, Kanada kaufen (das »Saudi-Arabien des Frischwassers«) und uns anpassen.

Und weitere fünfzig Jahre später? Wir werden nicht mehr da sein. Diejenigen, die da sein werden, sollen zusehen, wie sie klarkommen, und von uns halten, was sie wollen. +

Keith Gessen

Geld*

Wie viel Geld braucht ein Schriftsteller? In New York kann ein junger Autor mit 25 000 Dollar auskommen, plus minus 5000 Dollar, je nachdem, wie sparsam er lebt. Ein ein wenig älterer junger Autor wird mit 30 Jahren weitere 10 000 Dollar benötigen, um den Status zu wahren. Aber das ist New York. Es gibt Gegenden in diesem Land, in denen eine Person von zwölf- oder dreizehntausend Dollar im Jahr leben kann – Zahlen, die so klein sind, dass man sie ausschreiben kann. Natürlich kommt es immer darauf an.

Meine Frau und ich sind nach dem College nach New York gezogen, mit 22. Wir haben in Queens gelebt und für ein Zwei-Zimmer-Apartment (komplett mit Künstlereinrichtung von meinem Freund, dem Dichter und Gründer von Ugly Duckling Presse, Matvej Jankelewich, übernommen) 714 Dollar gezahlt. In jenem Jahr haben wir beide zusammen 24 000 Dollar verdient. Aber wir hatten ein Auto, und an den Wochenenden besuchten wir meinen Vater auf Cape Cod. Ich schrieb Erzählungen, sie organisierte eine Kunstausstellung. Wir waren jung.

* Die folgenden Beiträge von Keith Gessen und Benjamin Kunkel gehen zurück auf eine Auseinandersetzung, die sich die Redaktion von *n+1* mit dem renommierten englischen Literaturkritiker James Wood geliefert hat. Wood war in den neunziger Jahren Literaturchef des *Guardian*, danach wurde er Chefredakteur von *The New Republic*; er schreibt außerdem für den *New Yorker* und die *New York Review of Books*. Im Eröffnungstext der ersten Ausgabe warfen die Herausgeber Wood vor, sein Geschmack sei altmodisch, er interessiere sich nur für die Klassiker der Moderne, schreibe hauptsächlich Verrisse und merke dabei gar nicht, dass er allmählich zur Karikatur eines Kritikers werde. In der dritten Ausgabe nahm Wood dann in einem ausführlichen Essay Stellung zu den Vorwürfen. Er erklärte, er schätze Romane tatsächlich vor allem als »autonome Kunstwerke«, in interessierten die Techniken, mit denen es Autoren gelinge, psychische Vorgänge zu versprachlichen, und gab zu, er habe tatsächlich etwas gegen allzu »smarte«, theoretisch überladene Bücher. Die Herausgeber nahmen Woods Replik als Anlass für ein Symposium über verschiedene Aspekte der US-amerikanischen Gegenwartsliteratur. *Ein Schritt weiter* dokumentiert die Beiträge über den Roman sowie über die finanzielle Situation von Schriftstellern (Anm. d. Übers.).

Wir zogen nach Boston. Unsere Miete stieg auf 900 Dollar, aber das war 1999, sogar ein Türpfosten konnte »Inhalte« produzieren, und ich war mehr als ein Türpfosten. Ich schrieb lange Buchrezensionen für ein Online-Magazin, das 50 Cent pro Wort zahlte. Unser gemeinsames Einkommen stieg auf 34 000 Dollar. Doch ich konnte keine Erzählungen mehr schreiben; der Journalismus fraß all meine Zeit.

Das Magazin brach mit der NASDAQ zusammen. Wir zogen nach Syracuse und trennten uns. Ich blieb im Master-of-Fine-Arts-Programm, von dem ich 15 000 Dollar erhielt, dann 12 000 Dollar, dann 15 000 Dollar. Ich schrieb wieder Erzählungen. Meine Miete für ein Drei-Zimmer-Apartment betrug 435 Dollar.

Aber ich habe Syracuse gehasst. Ich zog zurück nach New York; ein anderer Freund, ein Romanautor, vermietete mir sein Apartment unter. Meine Miete betrug 550 Dollar! In jenem Jahr verdiente ich mit dem, was von meinem Graduierten-Stipendium übrig geblieben war, plus ein wenig Journalismus und einer Buchübersetzung (1500 Dollar), 20 000 Dollar. 2000 davon habe ich in *n+1* gesteckt.

Ich wurde 30. Etwas musste sich verändern. Ich zog nach Brooklyn und unterschrieb einen Einjahresvertrag über 40 000 Dollar als Buchrezensent für das Magazin *New York*. Das schien mir so viel Geld zu sein, dass ich etwas davon sofort meiner Exfrau schickte, die noch im Boston der hohen Mieten war.

Im Jahr 2006 gibt es diese vier Wege, in den USA als Autor zu überleben: die Universität, Journalismus, Gelegenheitsjobs und unabhängiges Vermögen. Ich habe die ersten drei ausprobiert. Jeder hat seinen Preis.

Heutzutage gibt es praktisch keinen Schriftsteller, dessen Weg nicht irgendwann das Universitätssystem kreuzt – das ist unbestreitbar der charakteristische soziologische Hauptfakt der modernen amerikanischen Literatur. Um 1940 herum haben Autoren begonnen, Einzug in die Universität zu halten, am Schwanzende des Federal Writers' Project, das sie bezahlt hat, damit sie Reiseführer der Vereinigten Staaten produzieren. Die ersten von der Universität ausgehaltenen Autoren unterrichteten hauptsächlich Englisch und Composition: In den Sechzigern und insbesondere in den Siebzigern begannen die Universitäten jedoch eigenständige Universitätsabschlüsse in Kreativem Schreiben anzubieten. Heutzutage werden riesige Regimenter anerkannter Schriftsteller zu den Universitäten von Tucson und Houston, Iowa City und Irvine entsandt. George Saunders, der großartige Kurzgeschichtenautor und mein Studienberater auf der Syracuse, hat mir erzählt, er kenne nur zwei Autoren seiner Generation (der um 1960 Geborenen), die nicht unterrichten: Donald Antrim war der eine, und den anderen habe ich vergessen.

Der Literaturhistoriker Richard Ohmann hat die Auffassung vertreten, dass der Grund für den Aufstieg der Englischfachbereiche in den neunziger Jahren des 19. Jahrhunderts und ihre sofortige Aufspaltung in einerseits Literaturwissenschaften und andererseits Composition in dem Bedarf einer neuen Wirtschaftsform nach gebildeten Managern lag. Unser eigenes Zeitalter – das der um 1960 Geborenen, das abwechselnd als postindustrielles, Informations- sowie Dienstleistungs- und Konsumzeitalter bezeichnet wird – verlangte nach Werbetextern und »Wissensarbeitern« und, mit dem Zusammenbruch der traditionellen sozialen Arrangements, nach Verhaltensratgeberautoren (*Warum schreibt er dir keine SMS?*). Der Aufstieg des Kreativen Schreibens ging mit dem Aufstieg der Kommunikationswissenschaften einher und mit der neuerlichen Aufspaltung der Englischfachbereiche in Literaturwissenschaft, Kreatives Schreiben und (immer noch) Composition. Inzwischen ist ziemlich eindeutig, in welche Richtung es weitergehen und welche einhundert Jahre alte Disziplin von nun an immer weniger relevant sein wird. Es gibt in diesem Land keine Lesekrise, sondern eine Lesefähigkeitskrise, und mit dem Kollaps der literaturwissenschaftlichen Studiengänge wird es noch viel schlimmer werden.

Einstweilen besticht die Universität den Autor durch ihr Mäzenatentum, sogar trotzdem sie damit die Grundvoraussetzungen seines Daseins zerstört. Eine Vollzeit-Tenure-Track-Anstellung wird bei so etwas wie 40 000 Dollar anfangen und auf ein Professorengehalt ansteigen – zwischen 60 000 Dollar und 100 000 Dollar –, wenn der Autor eine feste Tenure-Stelle erhält. Das ist gutes Geld, dazu bieten die Unigelände Wiesen und Sportanlagen, es gibt eine Krankenversicherung und Sommerferien, während deren der Autor als Berater für eines dieser Schreibcamps für Erwachsene extra verdienen kann.

Ein Nachteil ist, dass er an den Treffen des Fachbereichs teilnehmen und den Intrigen des Fachbereichs widerstehen muss. Noch schlimmer, dass er Workshops zu leiten hat, was bedeutet, intelligent und ausführlich auf Manuskripte einzugehen. Ein Autor, der seine Lehrverpflichtungen zugunsten seines eigenen Schreibens ignoriert, wird übermäßig viel Zeit damit verbringen, sich schuldig zu fühlen; einer, der die Manuskripte der Studenten peinlich genau liest und kommentiert, wird ein besseres Gewissen haben. Aber er wird seine gesamte Zeit mit Kindern verbringen.

Die Fallstricke des Journalismus sind wohl bekannt. Schlechte Magazine verderben einem die besten Gedankengänge und besprühen ihre Seiten im wahrsten Sinne des Wortes mit Kölnisch Wasser. Gute Magazine sind noch schlimmer: Bei ihnen gibt es ein Stillektorat, dann wird redigiert, dann folgt das Rückfragenlektorat, dann wird der Text schusssicher gemacht – und wenn man mit einem Müllbeutel voller Bücher (ein Brandopfer an den Faktenprüfer) aus der U-Bahn auftaucht, begreift man mit einem Mal, dass man einen Sechs-Dollar-die-Stunde-Job inklusive Gewichtheben an Land gezogen hat.

Und doch ist der größte Fallstrick des Journalismus nicht der Geiz, sondern die Eitelkeit. Ihr Name wird gedruckt, er wird, vielleicht, an der denkbar illustersten möglichen Stelle gedruckt. Und doch dienen Sie den Vorstellungen, die jemand anderes von seiner Leserschaft hat – und deren Vorstellungen von Ihnen. Sie machen noch immer nichts anderes als Journalismus – oder, noch schlimmer, Literaturkritik –, »was die Läuse tun, wenn es kein Blut mehr zu saugen gibt«, wie es das 19. Jahrhundert formuliert hat.

Gelegenheitsjobs – üblicherweise Redigieren, Privatunterricht, PowerPoint, Grafikdesign; ich kenne keine Autoren, die als Kellner arbeiten, aber es gibt vielleicht welche – scheinen die bessere Idee zu sein, wenn es um intellektuelle Unabhängigkeit geht. Aber sie können zu einer Art Verzweiflung führen. Was ist, wenn aus Ihrem Schreiben nichts wird? Wie lange können Sie das durchhalten? Sie haben keinerlei soziale Stellung außerhalb der künstlerischen Community; Sie haben begrenzte Mittel; Sie nennen sich Schriftsteller, aber Ihr Name erscheint nirgendwo gedruckt. Am schlimmsten ist es, für alle von *Ihnen*, dass da draußen noch fünf oder zehn oder fünfzehn andere sind, die ebenfalls an Romanen arbeiten und ebenfalls nur von Peanuts leben, die einfach nur Riesenschwindler sind – und das müssen sie auch sein, statistisch gesprochen. Der Journalismus verbindet Sie immerhin auf eine gewisse fühlbare Art mit der Welt des Verlagswesens; die Gelegenheitsjobs lassen einen auf unbestimmte Zeit im Exil zurück. Unter diesen Umständen nicht verbittert und demoralisiert zu sein, verlangt sehr viel Stärke. Ihr Erfolg, wenn er denn kommt, könnte zu spät kommen.

Und dann kann ein Autor natürlich Geld verdienen, indem er ein Buch veröffentlicht. Aber wenn es schon deprimierend ist, dass es einem an sozialem Status fehlt und man *Us Weekly* redigieren muss, ist es noch deprimierender, über das Verlagswesen zu sprechen – weil *dies* doch das ist, worauf Sie Ihr gesamtes Leben hingearbeitet haben. Nur, dass Sie jetzt lernen werden, wie es läuft. Das Buch, das Sie geschrieben haben, hat bestimmte Verkaufszahlen zu erreichen; es hat einen Vertreterstab, der ihm dabei hilft. Und Sie haben Schulden. Verleger benutzen von jeher anämische Verkaufszahlen dazu, ihre Autoren zu tyrannisieren – Malcolm Cowley geht auf die Behauptung ein, sein Verleger käme erst bei 10 000 verkauften Exemplaren auf seine Kosten; natürlich, sagt der gutmütige Cowley, »könnte es sein, dass sich hier ihre menschliche Schwäche zur Übertreibung offenbart«. Heutzutage erscheinen Verleger mit Nielsen BookScan bewaffnet zum Mittagessen – mit demselben Effekt. Das Lustige an dieser brandaktuellen Technologie zur Ermittlung von Absatzzahlen über die Kassen in den Bücherläden ist, dass sich alle einig sind, wie ungenau sie arbeitet – »522 verkaufte Exemplare Leinen« verkauft zu haben, kann 800 oder 1000 oder 1200 bedeuten, weil so viele Buchläden nicht mitmachen. Das weniger Lustige ist, dass es als Messinstrument kurzfristiger Popularität viel zu genau ist – *Alles ist erleuchtet*, jüdischer Kitsch, hat seit seiner Veröffentlichung im Jahr 2002 BookScan zufolge 271 433 Exemplare in den USA verkauft; Sam Lipsytes *Home Land* hingegen, ziemlich rüder jüdischer Humor, hat 13 503 Exemplare verkauft; Michael Walzers *Arguing About War*, politische Philosophie in skeptischer jüdischer Tradition, hat 3136 verkauft. Natürlich wusste man so viel schon; natürlich war man kein Idiot; dennoch ist es noch immer schwer zu glauben.

Gerade die Exaktheit der Zahlen stumpft die Verleger bis hin zur völlig falschen Wahrnehmung der Endgültigkeit dieser Zahlen ab. Sie können sich kein Buch vorstellen, das gut genug wäre, dass man seine zukünftigen Verkäufe bereits im Voraus kennen könnte. Verleger wünschen sich immerzu, dass alles ganz anders wäre, sie werden es Ihnen sagen; sie würden lieber bessere Bücher veröffentlichen; *aber die Zahlen lügen nicht.* Der Haupteindruck, den man heutzutage von Verlegern erhält, ist nicht der der Gier oder dass sie von unternehmerischen Interessen geleitet würden, sondern einer der Demoralisierung und Verwirrung. Sie haben ein Manuskript erworben; sie wissen, was sie davon halten; sie wissen vielleicht sogar, was die Kritiker davon halten werden; aber was ist mit der Öffentlichkeit? Diese Leute sind Tiere. Beim Mittagessen erzählt der Verleger seinem Autor, wie es da draußen ist – »Das können Sie sich nicht vorstellen.« In Wahrheit kann der Autor es sich vorstellen: Er lebt »da draußen«. Aber der Verleger kann ihn nicht hören; er ist wie ein Online-Poker-Spieler, der ständig den Computer befragt. Nielsen BookScan rules.

»Jene dubiose Figur«, nennt Pierre Bourdieu den Verleger, »durch die die Logik der Ökonomie in das Herz der literarischen Produktion gebracht wird.« Ja, aber er ist alles, was der Autor hat. Sieht er müde aus? Armer Verleger – letzte Woche haben ihn die »Realitäten der Verlagsindustrie« so sehr durcheinandergebracht, dass er 400 000 Dollar für den ersten Roman eines Bloggers bezahlt hat. »Er wird auf seinem Blog Werbung für das Buch machen!«, erzählt der Verleger seinem Autor bei scharfem, gebratenem Ahi-Thunfisch.

»Der, verstehen Sie, von *anderen Bloggern* gelesen wird!« Er ist wie Major McLaughlin, der verfluchte, unglückselige Besitzer der Chicago Blackhawks, der einmal so frustriert über das Spiel seiner Mannschaft und über die Trainer gewesen war, die einer nach dem anderen daran gescheitert waren, es zu verbessern, dass er einen Mann einstellte, der ihm einen Brief über die Mannschaft geschrieben hatte.

Sobald das Buch veröffentlicht ist, wird es nur noch schlimmer: Der Autor macht weiter mit dem Golgatha Publicity. Vorschüsse für erste Bücher variieren – ungefähr 20 000 Dollar bis 60 000 Dollar für ein Buch mit Erzählungen, aber manchmal höher; zwischen 50 000 Dollar und 250 000 Dollar für einen »literarischen« Roman, aber manchmal ebenfalls mehr. Sogar der Spitzensatz – 250 000 Dollar –, der so viel Geld zu sein scheint und auch so viel Geld *ist*, repräsentiert dennoch, zu beiden Seiten des Schreibens und des Umschreibens, den Zeitraum vor der Veröffentlichung und den nach der Veröffentlichung und ungefähr vier Jahre Arbeit – 60 000 Dollar im Jahr, dasselbe was ein Lifestyle-Lohnschreiber in New York verdient. Aber die Kosten! Die Erniedrigungen! Niemand wird einem Autor jemals vergeben, dass er so viel Geld auf einen Haufen bekommt – die Presse nicht, andere Autoren nicht und sein Verleger am wenigsten von allen. Er wird sicherstellen, dass die Phrase »Vorschuss gegen Tantiemen« nicht vergessen wird, und darauf bestehen, dass der Autor blutet und sich kasteit, um das Geld wieder hereinzuholen.

Unsere Vorväter, die Puritaner, hatten, zusätzlich zu den Tagen des Erntedankfestes, »Tage der Erniedrigung«, an denen sie sich vor Gott niederwarfen und um ein Ende ihres Elends bettelten. »Binnen Kurzem«, schrieb der Ideengeschichtler Perry Miller, »wurde deutlich, dass es mehr Anlässe gab, sich zu erniedrigen als zu jubeln.« Und das gilt auch für den veröffentlichten Autor. Die Kopfwäsche, die James Frey und sein Verleger kürzlich von Oprah erhielten, war ein Ereignis, das die Menschen in den Verlagen vor den Bürofernsehern versammelte, als wenn es sich um das *Challenger*-Unglück handelte. Aber es war nur die karmische Rache an Verlegern und

Autoren, die jeden Tag damit verbringen, sich zu prostituieren: mit Fotos, Interviews, Lesungen mit Akkordeonbegleitung, Live Blogs auf Amazon.com (»In der Wüste ist es wahrscheinlich ziemlich egal, ob das Murmeltier seinen Schatten sieht«, lautete kürzlich ein Eintrag des Romanautors Rick Moody, ein Mann, der all seiner Sünden zum Trotz noch immer der Autor von *Der Eissturm* ist und Besseres verdient hätte. »Oh, übrigens ist *Und täglich grüßt das Murmeltier* einer meiner Lieblingsfilme!«). Henry James hat sich darüber beschwert, dass Schriftsteller zu »dem allwöchentlichen Tratsch über die Zukunft der Literatur« gezwungen würden. Wenn das schon alles wäre. Man denke nur an den Blurp: Wie erniedrigend, dass jüngere Autoren so viel Zeit damit verbringen sollen, um für Unterstützung bei etablierteren Autoren anzusuchen, und wie absurd, dass etablierte Autoren sich dafür zu entschuldigen haben, sie nicht zur Verfügung zu stellen. Wenn sie Werbetexter hätten sein wollen, wären sie es geworden und würden dafür bezahlt. Aber sie haben auch einmal um diese Blurbs gebeten.

Im Zeitalter von BookScan ist es nur einem unveröffentlichten Autor erlaubt, seine Würde zu bewahren. Malcolm Cowley schrieb schon 1946, also im Zeitalter des Book-of-the-Month Club:

> »Die meisten Schriftsteller lebten so wie früher, von den Krumen von einem Dutzend verschiedener Tische. Inzwischen verdienten einige wenige Dutzend oder sogar einige Hundert der berühmtesten Schriftsteller in etwa in der Größenordnung von Rüstungsunternehmen.«

Vor nicht allzu langer Zeit habe ich einen sehr interessanten Brief voller Ratschläge gefunden, der in ein altes Buch meiner Mutter gefaltet war. Er stammte von dem russischen Exilautor Sergej Dowlatow an einen anderen Autor gerichtet, der anscheinend erst ganz neu angekommen war. Meine Mutter war Literaturkritikerin, aber ich weiß nicht, wie dieser Brief in dieses Buch gekommen ist; auf jeden Fall beschreibt er das literarische Leben hier in den Staaten – insbesondere, wie die beiden Herausgeber zweier Exilzeitschriften aneinandergeraten waren, von denen einer sehr angenehm ist, aber niemals zahlt, während der andere nicht sehr angenehm ist und es tut. Und so weiter.

Dowlatow hatte seinen sowjetischen Armeedienst als Wachposten in einem Arbeitslager absolviert und schrieb dunkle, lustige Geschichten über das Lagerleben – »Solschenizyn glaubt, dass die Lager die Hölle sind«, schrieb er, den Unterschied zwischen sich und dem Meister erklärend. »Wohingegen ich glaube, dass wir die Hölle sind.« 1979 emigrierte er nach Forest Hills, Queens und begann, über die dort lebenden Russen zu schreiben. Er veröffentliche einige Erzählungen im *New Yorker*, traf sich häufig mit seinem guten Freund Joseph Brodsky und starb, hauptsächlich am Alkohol, im Alter von 48. Ihm hatte es hier gut gefallen. »Amerika ist ein interessanter Ort«, schloss Dowlatow den Brief, der aus irgendeinem Grund in eines der Bücher meiner Mutter gefaltet war. »Irgendwann wirst du jemanden finden, der dich publiziert. Und du verdienst etwas Geld. Du findest sogar eine Frau. Es wird laufen.«

Das ist wahr. Das ist zum Großteil wahr. Und wenn man zurückdenkt an die lange Zeit gültige Vorstellung von einer Kunst, die in Opposition zur dominanten Kultur steht, wenn auch nur insofern, als sie ihre Autonomie vom Streben nach Geld aufrechterhält – jenen Wert, den alle großen Schriftsteller von rechts bis links pauschal akzeptiert haben –, beginnt man zu ahnen, was wir verloren haben. Schon als System zur gleichmäßigen Verteilung von Waren funktioniert der Kapitalismus nicht richtig; als Messinstrument für Erfolg ist er nutzlos. Wenn man zu glauben anfängt, dass die von den großen Unternehmen sparsam an Autoren ausgeteilten Vorschüsse in einer allenfalls zufälligen Beziehung zum künstlerischen Wert stehen, ist man am Ende. Alles wird Publicity. Wie viele Autoren lehnen es heute ab, fotografiert zu werden? Wie viele lehnen es ab, sich für idiotische »Lifestyle«-Artikel hinzusetzen? Oder Lesegruppen-»Anleitungen« als Beilagen für ihre Taschenbuchausgaben zu schreiben? Jeder einzelne entlang der Produktionskette geht einen winzigen Kompromiss ein, und plötzlich ist Jay McInerney Gastjuror bei *Iron Chef*.

Publicity ist nicht alles; ebenso wenig wie Geld. Émile Zola war so besorgt, dass er aufgrund seiner unglaublichen Popularität seine Position in den französischen Künstlerkreisen verlieren könnte, dass er eine ästhetische Theorie formulierte, um seine Kunst zu erklären. Es ist gerade erst fünf Jahre her, dass sich auch Jonathan Franzen sehr darum bemüht hat, sein Werk ästhetisch zu rechtfertigen, um sicherzustellen, dass seine *Korrekturen* durchaus als in der Tradition der maßgeblichen Strömungen des amerikanischen Kunstromans stehend wahrgenommen würden (weil er das getan hat, weil er in gequälten Meditationen über ästhetischen Wert öffentlich sein Visier heruntergelassen hat, haben zweitklassigen Autoren, die bei guter Literatur an den deutschen Film denken, Franzen wieder und wieder bluten lassen). Heute verweisen Autoren einfach nur auf ihre Verkaufszahlen und beschuldigen andere Autoren der Missgunst. Nun, das stimmt. Alle wollen Geld, und alle brauchen es (»Eine Frau muss Geld haben und ein Zimmer für sich allein«). Die einzige relevante Frage ist, was man bereit ist dafür zu tun.

Was mich und meine 40 000 Dollar angeht, bin ich vor Kurzem aus dem Vertrag bei *New York* ausgestiegen, damit ich einen Erzählungsband beenden kann. Mein letzter Artikel für das Magazin als freier Mitarbeiter handelte von den New York Rangers. Ich habe 7000 Dollar erhalten – sehr viel. Zwei Wochen später habe ich mir beim Footballspielen auf einem matschigen Platz im Prospect Park den Finger verletzt.

Als ich mit meinem Besorgnis erregend krummen und geschwollenen Finger im New-York-Methodisten-Krankenhaus saß, beobachtete ich einen Mann in OP-Bekleidung, der in sein Handy rief: »1,2 Millionen! Yeah! Wir zahlen 400 an!« Der Arzt hatte eine Eigentumswohnung gekauft.

Es war der Hand-Chirurg. Nachdem er kurz auf meine Röntgenaufnahmen geschaut hatte, erklärte der Chirurg, dass ich eine Operation benötigte.

»Wie wäre es mit einer Schiene?«, sagte ich.

»Auf keinen Fall.«

Ich entschied zu verhandeln. »Ich kann mir 3000 Dollar leisten«, sagte ich.

»Ich bin nicht Ihr Finanzberater.«

»Nun, wie viel wird es kosten?«

»7000 Dollar.«

Ha ha. Das war wie in einer O.-Henry-Erzählung: Ich habe den Artikel geschrieben, sie haben meinen Finger in Ordnung gebracht.

Nur, dass es nicht so war, weil ich die Operation abgelehnt und das Geld behalten habe. So wie ich im Moment Geld ausgebe, wird es drei Monate reichen. Das sollte genug sein. Ich hoffe, das ist genug. +

Benjamin Kunkel

Der Roman

Die meisten Romanautoren stehen in einer formalen Tradition, die derart konservativ ist, dass sie sich anfühlt, als sei sie in Fleisch und Blut übergegangen, und das Schreiben von Romanen, wie es während der nahezu zwei Jahrhunderte seit Austen und Stendhal als Kunstform ausgeübt wird, hat sich im Vergleich zur Malerei und Bildhauerei, sowohl zur populären als auch zur klassischen Musik, zur Lyrik und sogar zum Theater, ganz zu schweigen von den jungen Künsten Fotografie und Film, auffallend wenig verändert. In formaler Hinsicht ist der Roman nicht sehr offen für Neues, und wahrscheinlich ist *Madame Bovary* das letzte Buch gewesen, das die Verfahrensweisen von Romanautoren ganz grundsätzlich verändert hat; mit Flaubert hat es angefangen, dass die meisten Schriftsteller heutzutage auf jeden direkten Kommentar des Autors verzichten und von Zeit zu Zeit von der erlebten Rede Gebrauch machen.

Wir können etwas identifizieren, das wir *den ewigen Roman* nennen könnten. Indem er Beschreibungen der Welt, vorgeblich realistische Dialoge und psychologische Einblicke in einem heute klassisch erscheinenden Größenverhältnis vermischt und in einer oftmals gehobenen, aber immerzu vertrauten Version der Alltagssprache verfasst ist, situiert der ewige Roman glaubwürdige menschliche Figuren innerhalb eines relativ engen Ausschnitts einer wohlbekannten Gesellschaft (unserer eigenen oder einer historischen) und zeichnet die Niederlage seiner Protagonisten durch eine Krise oder ihr Überwinden einer solchen nach. Seine Prosa weist wenige oder keine essayistischen Anteile auf. Vielleicht erlaubt der Autor einen Hauch von Allegorie, aber dieser Aspekt kann niemals so sehr dominieren wie in Bunyans oder Sidneys Prosaromanzen oder einigen von Conrads kürzeren Romanen oder allen von Saramagos langen. Symbole können auftauchen, spielen aber niemals in konzentrierter Form eine größere Rolle als die Narration (so wie in Kafkas *Schloß*), oder können in barocker Hülle und Fülle blühen (so wie die dem Kontext der Kirche entnommene Bildsprache in Cormac McCarthys *Verlorene*). Ebenso würde der ewige Roman zu etwas ganz anderem werden, wenn seine Beschreibungen die promiskuitive Exaktheit eines Claude Simon oder eines Robbe-Grillet erlangten, wenn er von naturalistischer Sprache durchzogen wäre wie bei Henry Green oder William Gaddis oder wenn er solch rein theoretische und gründliche Streifzüge in die Psychologie wagte wie die Werke Prousts oder Musils. Sein charakteristisches Merkmal, noch einmal, ist eine klassisch anmutende Anordnung dieser Elemente, sogar trotzdem sich deren Verhältnis mit der Zeit verschieben mag.

Der ewige Roman sabotiert seinen Wahrheitsgehalt noch nicht in aller Offenheit wie so viele der postmodernen; es scheint unwahrscheinlich, dass er das jemals tun wird. Aber er ist dem Realismus treuer als der Realität. Beschreibt man die sinnlich verfügbare Welt mit zu viel Genauigkeit, lauscht man der Sprache mit zu aufmerksamem Gehör oder vollzieht man die Entwicklung eines Gedankens oder eines Gefühls zu minutiös nach, hat man sofort die Grundregeln des Realismus verletzt, und das ist ebenso der Fall, wenn man den Ausgang seiner Handlung am Ende zu offen lässt. Und auch moralisch neigt der ewige Roman zu einer Art Tarnkappenstilisierung; die Verteilung von guten und bösen Charakterzügen unter seinen Figuren richtet sich sogar noch heute viel mehr nach der narrativen Tradition als nach der tatsächlichen Verteilung von Tugenden in der Welt. Dies gilt insbesondere für die sogenannte Genreliteratur, aber wohl auch insgesamt für den ewigen Roman. Sogar der bekennende realistische Roman leitet seinen Realismus wenigstens ebenso sehr von den Konventionen her wie seine Konventionen von der Realität. Sein natürlicher Modus lässt ihn daher ein seiner selbst nicht bewusstes Pastiche seiner selbst sein.

Natürlich gehören schlechte und mittelmäßige Romane mehrheitlich der »slow cooking«-Kultur des ewigen Romans an; aber wer außer einem Ideologen könnte schon ahnen, dass dieses Verfahren Großartigkeit unmöglich macht? Es gibt den ewigen Roman, und dann gibt es eine andere Art von Roman (gleich mehr dazu), aber diese Kategorien entsprechen nicht unbedingt qualitativer Hoch- bzw. Minderwertigkeit. Inmitten all der mehr als genug vorhandenen ewigen Durchschnittlichkeit werden noch immer viele eindrucksvolle, aber formal nicht sonderlich unternehmungslustige Romane geschrieben, die sich voneinander durch die Genauigkeit der Wahrnehmung und der Erkenntnis unterscheiden, der es irgendwie gelingt, den Fallstricken der realistischen Konventionen auszuweichen. Sehr häufig scheint die Genauigkeit der Wahrnehmung des Romanautors mit der Einführung eines buchstäblich novellistischen, im Sinne eines neuartigen Stoffs zusammenzuhängen; ein unkontroverses Beispiel dafür ist vielleicht Trinidad als V. S. Naipauls indische Diaspora, die selten, wenn überhaupt jemals vor *Der mystische Masseur* in einem Roman behandelt worden war. Sogar John Updikes vorstädtischer Ehebruchalltag, Material, das heutzutage kaum mehr als eine abgedroschene Bearbeitung zuzulassen scheint, war in den ersten Jahrzehnten nach Levittown und dem *Kinsey Report* frisch und neu (Updike würde sagen »gut entwickelt«). Und sowohl in *Ein Haus für Mr. Biswas* als auch in *Hasenherz*, um diese Beispiele allein ihrer Einfachheit wegen anzuführen, können wir die Deckungsgleichheit – die wahrscheinlich keine ist – einer wachen visuellen Wahrnehmung mit einer bemerkenswerten Verweigerung jeglicher Sentimentalität feststellen; wir spüren, dass der Autor, in beiden Bedeutungen des Ausdrucks, hellsichtig ist.

Wenn heutzutage die besten Romane im ewigen Modus aus Randgruppen oder peripheren Ländern zu kommen scheinen, ist dies sicherlich zu einem Gutteil der Begeisterung des großstädtischen Lesers für das Exotische geschuldet; aber es hat auch mit der Tatsache zu tun, dass die standardisierten Darstellungsformen noch nicht alles unter der Sonne abgedeckt haben. Das hinlänglich bekannte Problem, das unsere amerikanische Generation mit der Unterscheidung zwischen Ernsthaftigkeit contra sogenannter Ironie hat, einschließlich der Schwierigkeiten, das eine vom anderen zu unterscheiden, leitet sich aus dem Zustand ab, sich hinter einer Barrikade aus *Kultur*, aus Darstellungen, aus bereits geleisteten Dingen von der eigenen Erfahrung abgetrennt zu fühlen. Daher übt die Option, die Perspektive eines Kindes oder eine kindliche Perspektive anzunehmen (Kinder werden als heldenhaft naiv gesehen) oder schreckliches privates oder historisches Leid als Stoff aufzugreifen (»Ich mag den Blick der Agonie, / Denn der ist sicher wahr –«), einen so großen Reiz auf viele Romanautoren aus. Leider machen es die rührseligen Pietäten, die der Kindheit und dem Levittown unschuldigen Leid anhaften, besonders schwer, diese Dinge aufrichtig und ohne Zuflucht beim Klischee darzustellen. Indem sie der Ernsthaftigkeit huldigen, gestehen »post-ironische« Romane ihr Exil von der Wahrheit häufiger ein.

Eine weitere zunehmend übliche Taktik des ewigen Romanautors, der seinen eigenen Fähigkeiten zu entrinnen wünscht, ist, mehrere unterschiedliche Genres (den *Policier*, die historische Romanze etc.) zu pastichisieren und aus seinen Seiten heraus einen verstohlen zwinkernden Blick auf den Leser zu werfen. Und es kommt vor, dass eine Genrepastiche einer alten Form wahrhaft neuen Sinn verleiht: Ein Beispiel wäre Kobo Abes Möbiusband eines Detektivromans, *Der verbrannte Stadtplan*. Noch häufiger ist der augenzwinkernde Gebrauch gattungsmäßiger Insignien nichts als das kokette Eingeständnis einer Täuschungsabsicht. Der Autor *weiß*, dass er in den Konventionen des Genres gefangen ist, er *weiß*, dass er nicht wirklich eine kritische Perspektive auf diese Konventionen einnimmt, und wendet, sich mit diesem Wissen nur dürftig rechtfertigend, diese Konventionen dennoch an. Ähnlich dem Metafiktionisten lenkt der Genrepasticheur die Aufmerksamkeit auf den Mann hinter dem Vorhang; anders als die Metafiktion ist die Enthüllung der Unwahrheit nicht dazu bestimmt, den Weg hin zur Realität zu weisen, vor der es überall außerhalb des Buches nur so wimmelt.

Dies sind die vielen Probleme eines mehr oder weniger technisch versierten, mehr oder weniger unprovinziellen Autors, der im ewigen Modus zu arbeiten versucht. Aber es gibt noch ein weiteres Verfahren, Romane zu schreiben, das man »modern« nennen könnte, nur dass es älter als die Moderne ist und diese längst überlebt hat; man könnte dieses Verfahren »experimentell« nennen, wenn damit nicht eine irreführende Analogie mit dem kumulativen Wissen der experimentellen Naturwissenschaften suggeriert würde, und das in formaler Hinsicht innovativ genannt werden könnte, wenn damit nicht die Tatsache verschleiert würde, dass in der Geschichte des Romans sehr viele Innovationen das Ergebnis sind von Adaptionen der Techniken anderer literarischer Formen (des lyrischen Gedichts, des Bühnendramas, der Prosaromanze, des Meinungsessays, des journalistischen Berichts). Richtig, der moderne Roman kann sich mehrere wirkliche und bedeutsame Innovationen zugute halten, insbesondere was die Darstellung innerer Zustände angeht; aber wir spüren, dass dieses modern(istische) technische Aufgebot zwar noch immer benutzt werden, ihm aber nichts mehr hinzugefügt werden kann. Dies ist eine Bedeutung der Postmoderne: Der Roman in seinem formal selbstreflektierenden Modus zeigt heute nicht mehr nach dem Vorbild der Fortschrittsauffassungen des 19. Jahrhunderts in eine historische Richtung, sondern scheint stattdessen auszustellen, was Fredric Jameson eine »räumliche Wucherung« formaler Tendenzen nennt.

Dennoch existiert ganz eindeutig, unter welcher Bezeichnung auch immer, eine ehemals moderne, heute postmoderne Kultur des Verfassens von Romanen, die die Form *nicht* für gegeben ansieht, die sich *nicht* einfach so verhält, als verhielte sie sich ganz natürlich, die stattdessen in der Kunstfertigkeit des Romanautors eine Gelegenheit findet, Selbstreflexivität auszublenden oder sich von formalen Schranken zu befreien. Und so kommt es, dass Samuel Beckett (dessen letzter vollständiger Roman und zugleich letzter Band seiner berühmten Trilogie so scheinbar treffend *Der Namenlose* genannt worden ist) für diese Kultur die letzte Figur von Bedeutung ist, auf die sich alle einigen können. In Abrissen der Nachkriegsgeschichte des Romans sticht die hagere große Figur Beckett heraus wie niemand sonst. Aber was bedeutet seine Bedeutung?

Die Trilogie beginnt in einem ziemlich öden Universum, nur einige wenige Requisiten (ein Fahrrad, ein Bett, einige Steine) unterscheiden es von der Bewusstseinslosigkeit, und dennoch hören wir über Hunderte von Seiten hinweg dabei zu, wie der bereits altersschwache Erzähler von der vollkommenen Auflösung seiner Welt und Person berichtet, die ihn plaudernd im Nichts zurücklässt. E. M. Cioran, der Beckett in Paris kennengelernt hat, hatte eindeutig die erst kurz zuvor erschienene Trilogie seines Freundes im Kopf, als er 1956 in seinem Essay »Jenseits des Romans« behauptete, dass »die einzigen Romane, die noch lesenswert sind, genau diejenigen sind, in denen die Welt ein für alle mal verabschiedet ist und nichts mehr geschieht«. Adorno, der 1969 starb, hatte vor, seine *Ästhetische Theorie* Beckett zu widmen; der einleitenden Seiten dieser unvollendeten Diagnose des Nachkriegszustandes der Kunst zufolge findet sich in Becketts Romanen das Hauptsymptom einer historischen Situation, die das bürgerliche Subjekt, wie man es (über den Großteil zweier Roman-Jahrhunderte hinweg) gekannt hatte, überwältigt, lähmt und letztlich überflüssig macht.

Eine Generation später hob Jameson Becketts Roman *Watt* als einen Wegbereiter des postmodernen Einfühlungsvermögens hervor und dessen Unfähigkeit, die Vergangenheit zu erinnern (außer als Simulacrum) oder sich die Zukunft vorzustellen (außer als Katastrophe). Mit Adorno und Jameson im Kopf, überrascht es kaum, dass man sich daran erinnert fühlt, was Don DeLillo in *Mao II* eine seiner Figuren, einen Romanautor, sagen lässt: »Beckett ist der letzte Schriftsteller, der unsere Art zu denken und zu sehen dargestellt hat.« Der blockierte Romanautor Bill Gray geht nicht weiter ins Detail; aber DeLillos Einfühlungsvermögen und dessen Aufmerksamkeit für das schwächer werdende Leben des Individuums und der Inkommensurabilität privater Erfahrung mit dem Spektakel der Zeitgeschichte schien schon immer in vielerlei Hinsicht mit dem der Frankfurter Schule und ihrer Erben übereinzustimmen.

James Woods Perspektive ist kaum mit derjenigen Ciorans (Wood glaubt nicht, dass der Roman eine hinfällige Form ist) oder mit derjenigen Perspektive, die vielleicht DeLillo und Adorno teilen würden, in Einklang zu bringen: In seiner an die Herausgeber von *n+1* gerichteten Entgegnung räumt Wood ein, dass das Selbst sich mit der Zeit verändern kann, aber »nicht so schnell wie unsere Repräsentationen des Selbst«. In diesem Zusammenhang bemängelt er, dass es in *Unterwelt* keine menschlichen Wesen gibt; die Schlussfolgerung lautet, dass DeLillo die novellistischen Eigenschaften heutiger Erfahrung bis zum Ausschluss zeitloser menschlicher Fragestellungen hervorgehoben hat. Und doch stimmt Wood über die herausragende Stellung Becketts mit DeLillo und mit den Marxisten Adorno und Jameson überein. Aus seinem Essay über W. G. Sebald, den Wood mehr gepriesen hat als irgendeinen anderen Autor, der in den Neunzigern aktiv war: »Hier ist zum ersten Mal seit Beckett ein zeitgenössischer Autor, der einen Weg gefunden hat, gegen die gerechte Herrschaft der konventionellen Form des Romans zu protestieren und dem Realismus bis zu einem Zustand der Selbst-Erforschung zuzusetzen.«[1]

Wood und DeLillo deuten eine Reaktion auf die Bedeutung Becketts lediglich an. Cioran und Adorno (der eine, das Spiegelbild eines Vitalisten, preist Inanition und Zerfall, für den anderen, den späten Marxisten, bezeugt nur die Kunst die Wahrheit der historischen Erfahrung) haben mehr zu sagen. Für sie liegt die Hauptaussagekraft der Romane Becketts darin, dass die Welt der Objekte verschwindet und mit ihr das Subjekt. Becketts Romane stellen die Beseitigung zuerst jedes sozialen, dann allen empirischen und schließlich des psychologischen Inhalts dar. Beckett konnte anderen Romanautoren nur entkommen, indem er aus der Trilogie einen wahren Antiroman machte; und *Der Namenlose* bis zum Ende zu lesen ist ein wenig so, als beobachte man den Roman dabei, wie er sich zu Tode hungert.

1 Die Tatsache, dass diese Behauptung vollkommen falsch ist, tut hier nichts zur Sache: In den nahezu vierzig Jahren zwischen 1957 (als der letzte Band von Becketts selbst übersetzter Trilogie auf Englisch erschien) und 1992 (als Sebalds *Die Ausgewanderten* in Deutschland veröffentlicht wurde) soll kein einziger Autor hervorgetreten sein, der den Prämissen des realistischen Romans wenigstens *zugesetzt* hätte? Ganz zu schweigen davon, dass es keinen gegeben haben soll, der diesen Prämissen gedroht oder sie angegriffen hätte? Kein Gaddis oder Pynchon, keine Sarraute, kein Perec oder Robbe-Grillet, kein Márquez oder Cortázar, kein Grass oder Bernhard, weder Abe in Japan noch Nadas in Ungarn, noch Saramago in Portugal? Nicht einer von diesen hätte gegen die Anständigkeit und Glätte des konventionellen Realismus Protest erhoben? […] Zu behaupten, dass es über fast vierzig Jahre hinweg keine wichtigen Abweichungen vom dominanten Realismus gegeben habe, ist eine surreale journalistische Bequemlichkeit; es ist vielleicht auch ein Weg, den Lesern der *New Republic* für ihr Unvermögen, Schritt zu halten, zu schmeicheln, und auch ein Beweis für Woods tiefsitzenden Konservatismus.

Becketts Bedeutung ist in etwa diese: Er steht für die offenbar gewordene Hinfälligkeit des psychologischen Romans – nachdem Proust, Cioran zufolge, »jede weitere Bemühung um psychologische Feinheiten überflüssig und ärgerlich gemacht« hatte. Aber das wäre viel eher Becketts allgemein europäische und insbesondere französische Bedeutung als seine amerikanische, insofern als der psychologische Roman immer schon mehr ein kontinentales Genre gewesen ist. Natürlich sind auch weiterhin außer Kontrolle geratene Monologe über wilde oder öde innere Zustände verfasst worden, manchmal sogar von Amerikanern (z. B. Harold Brodkey) und häufig, wie bei Thomas Bernhard, Cees Nooteboom oder Javier Marías, mit dem nachweislich anwesenden Schatten Becketts. Was nahelegen würde, dass Becketts Hungerstreik am Ende eher ein Heilfasten war; der psychologische Roman kam dünner heraus, vielleicht reiner, aber auf jeden Fall noch atmend. Und doch ist es schwer zu leugnen, dass sich diese großartigen Autoren trotz allem irgendwie unbedeutend ausmachen, »literarisch« in jenem leicht pejorativen Sinn, dass sie eine sehr exklusive Nische innerhalb einer Massenkultur besetzen, die sie kaum reflektieren – ein Thema für ein andermal.

Fürs Erste sind wir mit der Bedeutung Becketts in den Staaten beschäftigt, seiner Bedeutung, wie wir vermuten können, für beide, DeLillo und Wood. Und es scheint, als hätte diese Bedeutung mehr mit dem zu tun, was Adorno Becketts »Annihilierung der Realität« genannt hat, denn mit seinem allmählichen Verschwindenlassen der Wahrheit. Becketts Beseitigung jedweden Inhalts würde dann in etwa Folgendes symbolisieren: Von jetzt an ist für den formal bewussten Romanautor die Belebung des Inhalts oder Stoffes etwas, das ganz willentlich unternommen werden muss und im vollen Verständnis dessen, dass sich die darzustellende Realität, wenn sie ihrem Umfang oder ihrer Komplexität nach eine soziale oder historische Realität ist, dem Autor nicht spontan als natürliches Nebenprodukt seiner eigenen mehr oder weniger beschränkten Erfahrung darstellen wird, sondern dass sie ausfindig gemacht, verfolgt, dass sie zielgerichtet untersucht und dass dann über sie berichtet werden muss.

Denn es ist eindeutig diese Eigenschaft der Recherche, die DeLillo (den Wood missbilligt) und Sebald (den Wood so überschwenglich lobt) gemein haben und die sie mit, wenn wir schon dabei sind, den mehr enzyklopädischen Romanen von Pynchon, Vollmann, David Foster Wallace und anderen teilen. Wir finden sogar in Roths jüngster Trilogie etwas Ähnliches, deren Erzähler Zuckerman andauernd von seinen Nachbarn drangekriegt wird, damit sie die kulturell-politischen Melodramen, die ihre Lebensgeschichten sind, auf ihm abladen können; durch dieses transparente Hilfsmittel hindurch entdecken wir ganz leicht Roths eigene Recherchen zu McCarthy, dem Weather Underground und so weiter. Das Verschwinden der großen Welt als ureigenes Erbe des Romanautors, sein Gefühl der Enteignung im Hinblick auf den Stoff, bedeutet, dass das Wiederfinden der Welt als offenes und bewusst vorgenommenes Projekt angegangen werden muss. Manchmal finden die Recherchen in Bibliotheken statt, wie in DeLillos *Libra* (über die Figur des Kurators) und in Sebalds *Die Ringe des Saturn* deutlich wird. Manchmal wäre »Berichten« der bessere Ausdruck für Recherchieren, denn ganz offensichtlich hat der Romanautor für sein Buch Interviews führen (wie in *Die Ausgewanderten* oder Vollmanns *Rainbow Stories*) oder mit seinem Notizblock weite Reisen unternehmen müssen.

Sebald hat seine Recherchen expliziter thematisiert als so ziemlich jeder andere zeitgenössische Autor, nämlich als inneren Zwang seiner von einem dunklen Schicksal verfolgten Erzähler. Aber das soll nicht bedeuten, dass es keinen anderen oder keinen feinsinnigeren Weg gibt, dasselbe zu tun. Was James Wood in DeLillo sieht und mit Begriffen aus der Pathologie als Paranoia beschreibt, ist in Wahrheit etwas anderes: DeLillo müht sich nicht in dem Irrglauben ab, *alles sei so sehr miteinander verknüpft*, sondern er gibt das thematische Arrangement seines Materials preis, als wollte er sagen: *Ich habe mich entschlossen, diese Dinge miteinander zu verknüpfen.* Natürlich erklärt dies, dass derart viele neuere »Gesellschaftsromane« so endlos lang sind und keine richtige Pointe haben; die verschiedensten Menschen werden über eine herumgehende Videokassette, einen Baseball, ein Akkordeon, was auch immer, in eine narrative Beziehung zueinander versammelt, nicht der ihm innewohnenden sozialen Bedeutung des Objekts wegen, sondern als Möglichkeit für den Autor, das wahrhaft miteinander Verknüpfende nachdrücklich zu betonen: das Buch selber, das für das Phantompublikum einspringt. Auf diese Weise meldet sich die Recherche für den Dienst an der Vision, und die Soziologie wird lyrisch. In der Tat ist es diese Vorgehensweise, die die privaten Quellen einer allgemeinen Vision enthüllt, die den postmodernen Gesellschaftsroman so überlegen über jene Art des extensiv recherchierten gesellschaftlichen Panoramas (eine Version des ewigen Romans) werden lässt, das niemals die Subjektivität seines Schöpfers berücksichtigt und niemals die Obsessionen enthüllt, die der Anlass für so viel Objektivität sind.

Aber inzwischen scheint der postmoderne Gesellschaftsroman seine Denkmäler errichtet zu haben, in Amerika sowieso. Es ist zu bezweifeln, dass in dieser Generation noch weitere auftauchen. Die Zukunft des Romans vorherzusagen ist riskant – und eigennützig –, aber es fällt dennoch schwer, nicht darüber nachzudenken, ob die alte Form des psychologischen Romans jüngeren amerikanischen Autoren nicht mehr Möglichkeiten bietet. Einer These zufolge, der zu wenig nachgegangen worden ist, ist die Tradition des amerikanischen psychologischen Romans, die vielleicht im Anschluss an Faulkner und Ellison in Bewegung gesetzt worden ist, durch die Nachkriegsinstitutionalisierung der Psychoanalyse und deren weit verbreitete öffentliche Akzeptanz als Diskurs schwer behindert worden. Jetzt, da die Psychoanalyse so viel Boden an die Sozialbiologie und Psychopharmazeutik verloren hat, sodass alles, was von ihr in der Öffentlichkeit überlebt, die stumpfe Wiederholung einiger weniger therapeutischer Patentlösungen ist, scheint es vorstellbar, dass der Roman in Amerika seine alte europäische Rolle als Hauptort psychologischer Untersuchungen erfüllt. In einer Kultur, in der es einfacher ist, jemandem zuzuhören, der sich an seinem Handy unterhält, als den eigenen Gedanken, besäße diese Entwicklung einen gewissen Nutzen.

Wir könnten uns ebenso fragen – dies scheint eine der größten Fragen in Bezug auf die Zukunft der Literatur zu sein –, ob einfache, untadelige Ahnungslosigkeit auf Seiten sowohl der Leser als auch der Autoren nicht den Roman am Leben erhalten und neue Fälle von Großartigkeit erlauben könnte. Vielleicht wird im Jahr 2025 oder 2050 ein Autor, dem eine angeborene Sprachgewalt geschenkt worden ist und der vollkommen unsystematisch gelesen hat, der niemals mehr als nur gerüchteweise von dem Traum des mittleren 20. Jahrhunderts von einer höheren Massenausbildung in den Freien Künsten gehört hat, eine einzigartige unvergessliche Figur schaffen wollen – sagen wir, einen Ehebrecher – oder auch ein riesiges soziohistorisches Wandgemälde malen. Er wird womöglich nie von Emma Bovary oder Molly Bloom oder Rabbit Angstrom gehört haben; oder sie wird *Krieg und Frieden*, die *USA*-Trilogie oder *Der Krieg am Ende der Welt* nicht gelesen haben, viel weniger noch alle drei, ganz sicher nicht, wenn wir das doch noch nicht einmal getan haben. »Die Sonne schien, da sie keine andere Wahl hatte, auf nichts Neues.« So lautet die erste Zeile von Becketts erstem veröffentlichtem Roman. Aber was, wenn die Sonne keine Erinnerung hätte an das, was sie am Tag zuvor gesehen hat? Würde sie dann nicht viel weniger lustlos scheinen?

Der Roman, wie er als Kunstform innerhalb einer sich selbstreflexiv entwickelnden Tradition geschrieben wurde, besaß sein Hauptquartier in Frankreich, und man könnte sagen, dass er 1958 in Becketts Zimmer gestorben ist, kaum mehr als einhundert Jahre nach seiner Geburt, welche Stadt auch immer man als seinen *lieu de naissance* festhalten möchte. Vermutlich wird er nie wieder dieselbe zentrale Stellung erreichen, dieselben Marktanteile. Was Bestand hat, ist eine Art Nachleben. Aber wann enden solche Nachleben überhaupt? Man denke an diese Zeilen aus Becketts Stück *Endspiel*:

HAMM Glaubst du an das zukünftige Leben?
CLOV Meines ist es immer gewesen.

Hamm meinte, dass er in der Hölle sitze und dort geboren worden sei. Borgte man sich diese Worte jedoch als Wahlspruch für den Roman aus, würden sie etwas anderes bedeuten; sie würden bedeuten, dass der Roman, einmal gestorben, nun für immer leben kann, oder wenigstens so lange, wie unsere Zivilisation und ihr Andenken andauert. +

Nummer 5

Der Prozess der Entzivilisierung

(Winter 2007)

Zur intellektuellen Lage

Ein Tagebuch

Wir haben einiges durchgemacht auf unsere Rückreise aus Juneau. An den Flughäfen mussten wir unsere Schuhe ausziehen. Im Greyhound spricht keiner mehr mit einem, weil sich alle anderweitig zerstreuen. In jedem Dreckskaff entlang der Strecke kassierten sie bei Kinko's fünf Dollar nur fürs E-Mail-Checken: fünfzig exklusive Angebote verschreibungspflichtiger Medikamente, fünfzig dringende Mitteilungen von MoveOn.org. Und das, obwohl wir noch den ganzen Leuten antworten müssen, denen wir versäumt haben zu antworten, weil wir an diese Bohrinsel in der Prudhoe Bay gekettet waren. Außerdem allen, die wir auf unserer Reise durch Amerika kennengelernt haben. Und allen, die wir jemals kennengelernt haben. Hoffentlich sind sie nicht sauer. Aber warum schreiben sie dann nicht?

Gegen E-Mail

In den frühen Tagen des Posteingangsordners bereitete es dem naiven menschlichen Organismus ein gewisses Vergnügen, eine E-Mail zu erhalten. *Wie schön, jemand denkt an mich ...* Ein oder zwei Memorandi kameradschaftlicher Zuneigung, die durch den langen, einsamen Tag schwirrten. Dank der E-Mail erhielt das rhetorische Vermögen einer zum Aussterben verurteilten Kultur des Briefes, soweit noch erhalten, einen verjüngenden Schuss Unmittelbarkeit. Noch gegen Ende der Neunziger und in den frühen Nullerjahren, als die Tage des Modems gezählt waren, war es ein gutes Gefühl, gelegentlich eine geistreiche Glosse zu versenden oder zu erhalten, im Schlagabtausch mit Freunden eine feine Klinge eleganter Episteln zu führen. Es kam sogar vor, dass jemand einen Witz weiterleitete, ein Schabernack, der einem heutzutage als ungeheure Infamie erscheint.

Mittlerweile hat sich nämlich herausgestellt, dass nichts das Leben mehr belastet als eine E-Mail-Adresse. Es ist die alte Geschichte von der neuen, hocheffizienten Technologie, die am Ende deutlich mehr Zeit auffrisst als einspart, weil sie die Erwartungen an das Leistungsvermögen ihrer Nutzer erhöht. Und so verbringen Pendler täglich mehrere Stunden im stockenden Verkehr, um dann im Büro E-Mails zu lesen und zu verschicken.

Es gibt keine korrekte Praxis des E-Mailens. Der natürliche Modus des Mediums ist die Spontaneität, Eilfertigkeit; der richtige Zeitpunkt, auf eine Mail zu antworten, ist postwendend. Aber dann hat man kein Leben mehr. Also verweigert man sich der Spontaneität und schiebt die Antwort auf: Stunden, Tage, Wochen. Mittlerweile ist die Eingangs-Mail schal und abgestanden, jede Antwort kann nur bemüht klingen. Die Kränkung ist unabwendbar, also kompensiert man sie mit einer unnötig elaborierten Mitteilung. Man stellt höfliche Fragen und betet, sie mögen unbeantwortet bleiben. Man betet vergeblich.

Klar, man könnte immer schön schroff und ausschließlich in Minuskeln antworten. Man könnte die Antwort auch ganz schuldig bleiben, es sei denn, es geht um was Konkretes. Doch die abendländische Kultur hat der schriftlichen Korrespondenz schon immer ihre nobelsten Gesten der Höflichkeit vorbehalten, und die Erinnerung an früher ist nicht totzukriegen. Per E-Mail kann man mit so vielen Leuten in Kontakt treten – und jeden von ihnen gegen sich aufbringen. Denn aufgebracht sind sie, die ehemaligen Freunde, schließlich gab es nie ein effizienteres Vehikel zur Übermittlung von Unbesonnenheiten und Erregungen als eine E-Mail. Irgendwas hat einen gefuchst – meistens etwas Eingebildetes, weil der Tonfall ja auch nie richtig rüberkommt in E-Mails –, und ehe man sich versieht, teilt man schon aus. Ein Klick auf SENDEN, und es ist zu spät. Zu spät, weil zu früh.

Das Einzige, wozu E-Mail gut ist: zum Flirten. Das größte Problem beim Flirten war ja immer, dass man unter den Augen der Angebeteten zu nervös war, um witzig zu sein. Im Zeitalter der E-Mail kann man eine Stunde an einem beiläufigen Bonmot feilen. Man wechselt clevere Zeilen, so leicht, hübsch und kitzelnd wie eine Feder. Ganz wie ein Sonett von Petrarca ist die E-Mail eigentlich ein Werkzeug der Verführung, und jeder weiß, dass es statt BETREFF eigentlich VORWAND heißen müsste.

Das ändert nichts daran, dass man – wenn überhaupt – nur wenige Liebhaber hat, aber jede Menge Mails von Menschen bekommt, die für sich genommen allesamt anständige Leute sind, aber zusammen eine Armee von Invasoren auf einem Feldzug gegen die Einsiedelei bilden. Ihre Beute ist unsere wertvolle Zeit. Nietzsche zufolge sollte sich jeder eine Stunde pro Woche für das Lesen von Briefen freihalten – mehr sei ungesund. Heutzutage müssen wir in der Zeitung Gloria Steinems Klage darüber lesen, dass sie drei Stunden täglich mit dem Beantworten von E-Mails verbringt.

Die amerikanische Vorzeigeökonomie ist in Wirklichkeit ein Albtraum verschwendeter Zeit. Unser Wirtschaftssystem verdammt die Menschen dazu, in Büros zu sitzen und E-Mails zu schreiben; das ist es, was sie dort tun. (Und um sich abzusichern, schicken sie Kopien von allem an alle.) Dann nehmen sie die Arbeit, die sie eigentlich tagsüber erledigen sollten, abends mit nach Hause. Und wie rächen sie sich an uns, die wir nicht in Büros arbeiten? Sie überfluten uns von neun bis fünf mit E-Mails.

Auch wir waren einst Habenichtse der E-Mail-Ökonomie, Bittsteller, die sich abmühten, den richtigen Ton zu treffen: einschmeichelnd genug, dass dem Adressaten gar nichts anders übrig bleibt, als zu antworten, beiläufig genug, damit man ungerührt tun kann, wenn er es trotzdem unterlässt. Nichts als Quälerei, das Ganze. Es muss einfach mal gesagt werden: Hinter einer Fassade, die Leichtigkeit und Bequemlichkeit suggeriert, dient das System E-Mail der Durchsetzung eiserner Disziplin. Man ist verpflichtet, sich in Schreibtischnähe aufzuhalten. Man ist verpflichtet, nicht nur höflich, sondern auch schnellstmöglich zu antworten, nur nicht, wenn man aufgekratzt, verärgert, übermüdet oder betrunken ist – man könnte sonst den richtigen Tonfall verfehlen. Verlangt wird die unbedingte Befolgung des E-Mail-Reglements, jede Hingabe an Stimmungen wird mit umgehenden Schuldgefühlen bestraft. Das passt zum gegenwärtigen Stadium des Kapitalismus: So beiläufig, lässig und scheinbar ungekünstelt wir uns geben, so permanent und intensiv ist der Drill, dem wir unterworfen sind.

Heute erinnert man sich an die frühen Tage des sporadischen E-Mail-Verkehrs mit derselben Nostalgie wie ein Kokser an das herrliche Gefühl der ersten Nase. Wie schnell hat sich das anfängliche Vergnügen in Zwanghaftigkeit und Katzenjammer verkehrt! Nichts ist geblieben außer besorgter Nervosität (*wem hab ich vergessen zu antworten?*) und Schuldgefühlen (*ich weiß, wem*). Dabei ist der triebhafte E-Mailer in seiner Sucht nach Substanzlosigkeit sogar noch schlimmer dran als der Drogenabhängige – für *ihn* gibt es keine Suchtkliniken. Die westliche Zivilisation ist ein riesiger Posteingangsordner, der stöhnend anschwillt, ohne Aussicht auf Leerung – bis er irgendwann platzt.

Unser einziger Trost ist der Prospekt des nahenden Untergangs. Eine Zeitlang schien es, als funktioniere das effiziente System E-Mail ganz im Sinne der Produktionsmittel und ihrer Besitzer. Neuerdings jedoch berichten die Wirtschaftsteile über eine dialektische Umkehrung: Die Kommunikationsmittel überwältigen die Produktionsmittel, sodass deren Besitzer und ihre Manager keine Arbeit mehr verrichten oder auch nur überwachen können – sie können nur noch darüber lamentieren, was sie eigentlich alles machen sollten. Per E-Mail. Sabotage und Bummelstreik, klassische Techniken des Arbeitskampfes, sind nicht mehr von dem zu unterscheiden, was ein braver Angestellter tagtäglich in seinem Büro so treibt. Es besteht die Möglichkeit, dass wir alle miteinander, indem wir unaufhörlich Nichtigkeiten in die Tastaturen tippen, unserer Zivilisation endgültig den Rest geben. Aber nicht, bevor sich alles Fleisch in Spam verwandelt hat.

Endlich sind wir am Ziel unserer Reise, und siehe da: Das Licht eines sonnigen New Yorker Wintertages ist so wie immer. Atemwölkchen stiegen vor der glitzernden Stadtlandschaft auf, und am Union Square ist alles voller eingemummelter Menschen. Also sind doch nicht alle zu Hause und schreiben E-Mails! Es gibt noch Hoffnung.

»Ich brauch einfach jemanden, mit dem ich reden kann«, sagt jemand, der mit dem Rücken zu uns auf den Stufen sitzt. Seine Stimme klingt schwermütig und sympathisch.

Mann, und wir erst! »Hallo.«

Betrübt nimmt unser neuer Freund sein Handy vom Ohr und deutet darauf. »Äh ... ich telefoniere?«

»Oh«, erwidern wir. »Ach so.«

Wir sind ein Geist.

Freigewäschminuten

Es dauerte 2500 Jahre, dann hatte die westliche Zivilisation die Leute so weit, ihre Klappe zu halten. Die Armeen Alexanders des Großen sahen ihrem Herrscher erstaunt dabei zu, wie er einen Brief seiner Mutter las, und zwar still – er allein wusste, wie man das macht. Nach Anbruch des Christentums stand die Fähigkeit, sich *nicht* zu äußern, in hohem Ansehen. Schweigen war eine Errungenschaft. Der heilige Ambrosius galt unter anderem deshalb als besonders fromm, weil er so wortkarg war. Schweigsamkeit signalisierte eine besonders intensive Innerlichkeit des Glaubens, eine private Zurückgezogenheit, in die niemand eindringen konnte, eine andere Art zu denken. Die Redelust der Menschheit wurde nach und nach besänftigt, und das galt als zivilisatorischer Fortschritt.

Die neue Verhaltensnorm führte schließlich zur Stille der Bibliothek, zum gedämpften Flüsterton der Museen, zur raschelnden Anspannung vor Beginn eines Konzertes. Zunächst ergriff das Schweigen Besitz vom Publikum der Schauspiele und Operetten in den mit Gaslampen beleuchteten Theatern von Paris, Berlin, New York; später breiteten sich die neuen Gepflogenheiten auch in die Provinzen hinein aus. Sie hatten, könnte man sagen, Anteil an der Herausbildung des modernen Individuums. Andererseits muss man gar keine derartigen Ursprungsgeschichten bemühen, um ein Gespür dafür zu haben, dass ein gedämpfter Tonfall in Gegenwart eines Fremden, sofern man nicht gerade ein Gespräch mit ihm führt, Ausdruck einer gewissen Rücksicht oder respektvollen Aufmerksamkeit ist. Wenn wir früher, als Kinder, neben einem Fremden standen und laut redeten, aber nicht mit ihm, wurden wir von unseren Eltern dazu angehalten, uns befangen zu fühlen – wir lernten, uns an die Stelle des anderen zu versetzen, der wohl oder übel unser Geplapper anhören musste, obwohl ihm möglicherweise der Sinn nach Ruhe stand.

Mittlerweile haben wir eine Epoche erreicht, in der uns die Technologie zum Sprechen bringt. Wohlgemerkt: nicht mit einem Gegenüber und nicht auf eine Weise, die von Aufmerksamkeit gegenüber unserer Umgebung zeugt. Wir haben uns daran gewöhnt, dass die Leute auch in der Bibliothek und im Museum ans Telefon gehen oder ihrerseits jemanden anrufen: »Hallo, ich bin in der Bibliothek.« Sie kaufen ein und gehen dabei am Handy ganze Geschäftsvorgänge durch. Es ist unhöflich, es ist anstößig, alle finden es schrecklich. Es empört uns so sehr, dass wir selbst damit anfangen: Wir nutzen unsere Freiminuten und rufen unsere Freunde an, um uns zu beschweren. Alexander gab dem Westen das Startzeichen zum Zeitalter des Schweigens; Nokia setzt ihm ein Ende.

Wenn's nur die Unhöflichkeit wäre – das eigentliche Problem ist aber, dass wir die Welt umgestalten und die Konsequenzen zu tragen haben werden. Ob im Bus oder im Zug oder sonstwo – überall ist der Druck spürbar, nicht der Einzige zu sein, der niemanden hat, den er anrufen kann, wenn es wegen Schneefall Verspätung gibt. Alle verabscheuen das ewige Gelaber – und alle labern mit, oder jedenfalls die meisten. Der Wandel führt uns gewisse Wahrheiten vor Augen, von denen wir dachten, wir hätten sie längst begriffen – mag sein, aber nicht in dieser Konsequenz. Wahrscheinlich waren uns Freunde und Verwandte schon immer unendlich näher als jemand, neben dem wir zufällig im Bus sitzen oder im Laden stehen, und daran ist ja auch nichts verkehrt. Der Unterschied ist: Früher konnten wir es ihm nicht *demonstrieren.* Und es ist genau diese *Demonstration* gegenseitiger Gleichgültigkeit im öffentlichen Raum, von völliger Isolation bei gleichzeitig größtmöglicher körperlicher Nähe, die nach und nach unsere Haltung in Bezug auf alles Mögliche ändern könnte.

Die Zivilisation nimmt eine Wendung. Es ist nicht einfach nur ungehobelt und *unzivilisiert*, beim Bezahlen an der Supermarktkasse zu telefonieren, also ein aus Ignoranz resultierender Verstoß gegen nach wie vor geltende Regeln. Sondern Ausdruck eines *zivilisatorischen Rückschritts* in dem Sinne, dass zivilisatorische Standards abgeschafft werden, die so fundamental sind wie das Essen mit Besteck. Oder auch, wenn man so will, eines zivilisatorischen Fortschritts, da es uns nicht geradewegs zurück in Richtung Steinzeit katapultiert (wir fangen jetzt nicht an, mit den Fingern zu essen und beim Licht von Tranlampen zu lesen), sondern einen Kurs auf etwas ganz Neues markiert, das keiner gewollt hat.

Man mag einwenden, dass menschliche Kommunikation eine prima Sache und das Mobiltelefon ein wirksames Mittel gegen die Einsamkeit sei. Wir sind auch nicht gerne einsam, und Geräusche sind schon okay – wir jedenfalls sind es nicht, die erbost zischen, wenn im Kino jemand redet. Valéry vermisste die Zeit, als er seinen Gehstock mit in den Louvre nehmen und bei der Betrachtung der Venus von Milo seine Pfeife rauchen durfte – als es ihm, mit anderen Worten, gestattet war, sich in Gegenwart seiner Mitmenschen natürlich zu verhalten, anstatt vor Ehrfurcht zu erstarren. Doch öffentliche Freiheit in Valérys Sinne hat nichts zu tun mit einer Entwicklung, die dazu führt, dass Leute im Museum telefonieren und sich dabei aus diesem herausbegeben. Der unaufhörliche Strom von Worten, den wir produzieren, indem wir in Handys oder Geräte mit Stimmerkennung sprechen (vom Geschwätzigkeitsaufkommen der Werbung und der Medien ganz zu schweigen), wird zum Ersatz sowohl für inneren Monolog als auch für formale Konversation in Gegenwart leibhaftiger Gesprächspartner. Für den Einzelnen wirkt sich der Beitrag des Mobiltelefons zur Entzivilisierung wie folgt aus: Er kann nicht mehr allein sein, und er vermeidet es unter allen Umständen, allein zu sein, ohne sich zugleich in Gesellschaft zu begeben.

Das führt zum Verlust einer großen Annehmlichkeit des modernen urbanen Lebens, dem in der umfassenden soziologischen Literatur zum Thema Anomie bislang nicht Rechnung getragen wurde:

der Gemeinschaft der Vereinzelten. Es kommt vor, dass man allein zu Abend isst, allein einkaufen geht, allein Bus fährt. Lebt man in der Stadt, gibt es aber immer jemanden, der in derselben Sekunde auch allein isst, allein einkauft, allein Bus fährt – die Gemeinschaft der Vereinzelten steht einem immer offen. Pynchon hatte die Idee einer Gesellschaft der »Anonymen Inamorati«, einsamer Antiliebes- und Antigeselligkeitsmenschen, die sich über ein geheimes Netzwerk Briefe schicken, um sich gegenseitig ihrer Existenz zu vergewissern. Heutzutage kann man im Restaurant andere einzelne Gäste dabei beobachten, wie sie während der Vorspeise das Handy rausholen und bis zum Dessert ohne Unterbrechung telefonieren. Man hat nur zwei Möglichkeiten: Entweder telefoniert man selbst, oder man hört zu.

Von der Literatur bis zur Werbung gilt: Wir leben in einer Welt des endlosen Geschwafels. An schwatzhafte Erzählliteratur, die sich permanent selbst ins Wort fällt und ein Arsenal überflüssiger Fußnoten mit sich schleppt, haben wir uns schon gewöhnt – wir waren also gewarnt. Jetzt aber, da selbst Burger King den textwütigen Stil von McSweeney's kopiert, bekommt man sein Bratfett von einem skurril-redseligen Geist der Papiertüte und der Serviette serviert. Sprechendes Spielzeug redet auf Kinder ein, die gerade versuchen, stilles Denken zu lernen. Im Fernsehen sagen irgendwelche Labertaschen rund um die Uhr so schnell wie möglich das Erste, was ihnen einfällt, damit wieder Platz ist für das nächste Erste, was jemandem einfällt. Sie morphen zu einem einzigen Labermonster und füllen mit ihrem Geschwafel auch den letzten Moment der Ruhe, in dem jemand einen Gedanken fassen könnte, während das Spielzeug aufnimmt, was der Säugling brabbelt, um es ihm anschließend vorzuspielen. Selbst mein Dinosaurier wird mir identisch – aber wer zum Teufel bin ich eigentlich? Man ist, was man seinen Freunden am Handy erzählt: »Ich mache jetzt das. Jetzt mache ich das. Ich berichte alles und bemerke nichts.« Unterm Strich lässt sich diese Art der permanenten Selbstauskunft in einer einzigen Aussage zusammenfassen: »Ich telefoniere. Ich telefoniere. Ich telefoniere.«

Wir machen das einzig Mögliche: Wir fingern einen alten Taschenrechner aus einem Papierkorb an der Ecke, wischen den Raureif ab, halten ihn uns ans Ohr und reden so laut wie möglich. Vielleicht gehören wir jetzt dazu. New York war immer voll von Verrückten, die in Selbstgespräche versunken waren. Jetzt sind es die Zurechnungsfähigen, die mit sich selbst sprechen, und dann drehen sie sich um und offenbaren ihre leuchtend blauen Hörmuscheln, die aussehen wie Androidenimplantate.

»Brüder und Schwestern!« Da, ein Mann auf einer Seifenbox, am Union Square – wie in alten Tagen. »Revolutionäre Arbeiter von Manhattan!« Teenager drängen sich durch die Menschenmenge und verteilen Handzettel mit bissigen Attacken gegen das System; ehrfurchtsvoll blicken sie auf zu dem bärtigen Sprecher, der mit heiserer Stimme brüllt: »Sie nennen uns Revisionisten, Gefolgsleute von Bernstein, Verräter von Marx. Doch das ist der wahre Marxismus, Brüder und Schwestern! Unsere Stunde ist gekommen! Die Kommunistische Partei hat uns ausgeschlossen, die Spartakisten haben uns verfemt, man hat uns aus Debatten in der Public Library rausgeschmissen! Aber Karl Marx lehrte, dass das System an seinen inneren Widersprüchen zugrunde gehen wird, und wir befinden uns im letzten Stadium – nicht der Effizienz der Ausbeutung, sondern der Ineffizienz von E-Mail. Das System bringt das Gift hervor, an dem es sterben wird, Kameraden! Wir müssen es nur in Blindkopien weiterleiten!«

Mit diesen Worten steigt der hitzige Revolutionär von seiner Kanzel. »Aber wie brechen wir sie auf, unsere Ketten?«, rufen die Zuhörer.

»Lest meinen Blog!«, erwidert der Mann. »Hier habe ich nur eine Stunde, um euch mit der Wahrheit zu füttern, bevor die Bullen die Entfaltung der Kritik unterbrechen. Online habe ich dreiundzwanzig mehr!«

Der Blog-Reflex

Paul Virilio verdanken wir eine verlockend reduzierte Darstellung der Weltgeschichte. Ihm zufolge ist Fortschritt nichts anderes als die Geschichte der Geschwindigkeit: In der Kriegsführung wurde die Infanterie vom Streitwagen abgelöst, dieser von Pferden, gefolgt vom Panzer und schließlich der Luftwaffe (die, äh, Infanterie bombardiert). Virilio prägte auch den Begriff der »Endo-Kolonisierung«, um die beschleunigten Anstrengungen von Staaten und Wirtschaftsunternehmen zu beschreiben, das letzte unbesiedelte und unbebaute Territorium – unsere Gedanken – ebenso gründlich auszubeuten wie zuvor die Natur.

Schießereien vor Saloons, der Goldrausch, die transkontinentale Eisenbahn: All das findet wieder zusammen in der sogenannten Blogosphäre, in die mittlerweile auch die traditionellen Medien und Nachrichtenorgane drängen, um – aufgeschreckt durch Leserflucht und finanzielle Einbußen – unsere Aufmerksamkeit zurückzugewinnen. Fragt sich nur, warum wir so scharf darauf sind, ihre Seiten anzuklicken. Die Antwort: Weil hier Technologiegeschichte (schnell) auf Geistesgeschichte (langsam) trifft – wie ein Laster mit Vollgas auf ein Gürteltier. »Wir leben in einem Zeitalter der Werbung und Reklame«, schrieb Kierkegaard, und das war 1846! Der Idealbürger dieser neuen Epoche war der von endloser Information paralysierte Zeitungsleser. Nachhaltige Leidenschaften wurden von flüchtiger Begeisterung abgelöst. Kierkegaard hatte eine nette Analogie für den Zustand ständiger mentaler Stimulation: Man stelle sich eine schöne alte Standuhr vor, die in arbiträren Intervallen schlägt, sodass es unmöglich ist, die Zeit zu bestimmen, man dafür aber in permanenter Erwartung des nächsten willkürlichen Gongs lebt. Auf diese Weise erfüllte Kierkegaards Zeitalter – das auch das unsere ist – ironischerweise die Offenbarung des Johannes: »Es soll hinfort keine Zeit mehr sein.«

Eine jüngere revolutionäre Fantasie handelte davon, dass wir, allzeit verbunden mit den Nachrichtentickern, jede Information nur einen Tastenklick entfernt, so richtig sauer werden und die ganze Scheiße nicht mehr hinnehmen. So viel zur Theorie – in Wirklichkeit begannen wir zu bloggen. Von nun an wurden Informationen verlinkt, aber nicht mit dem Gemeinwesen, sondern mit – anderen Links! Und das soll die Einlösung des Versprechens von der Aneignung der Produktionsmittel sein? Dass Leser jetzt Autoren sein können? Dass »Bürgerjournalisten« die Profis von den Rändern her überwachen? Das zumindest war einer der vielgepriesenen Aspekte des Bloggens, und er lässt sich nicht verleugnen, sieht man mal davon ab, dass die meisten der herausragenden frühen Blogs von Profis geschrieben wurden, die sich mit ihren Kollegen anlegten. Dann jedoch fielen die Blogs, wie noch jede technologische Erneuerung, den Kräften des Marktes und der ungleichen Verteilung von Ressourcen – insbesondere: Zeit und Geld – zum Opfer. Das Kapital triumphierte über die Bürgerschaft. Dieselben durchgeknallten Reaktionäre, die das Talk-Radio dominiert hatten, eigneten sich die Blogosphäre an. Entrepreneurs wie Nick Denton nutzten die Gelegenheit, zu den Murdochs des neuen Mediums zu werden. Dann witterten die Werber ihre Chance, und der fragile menschliche Geist gab klein bei.

Eine logische Schlussfolgerung von Virilios geschichtsphilosophischer These ist, dass jedes neue Stadium der technologischen Entwicklung neue Störfälle hervorbringt. Um eine Technologie zu verstehen, musste man demnach immer ihre Anfälligkeiten voraussehen. Als die Schrift entstand, befürchteten die antiken Philosophen, sie würde das menschliche Gedächtnis zerstören; irgendetwas aufzuschreiben hieße, so zu werden wie der Typ in dem Film *Memento*. Und sie lagen nicht ganz falsch. Oder später dann, Briefe: Sie hatten die seltsame Angewohnheit, verloren zu gehen oder in die falschen Hände zu geraten. Zum ersten Störfall der Technologie der Schrift kam es, als ein König instruiert wurde, den Überbringer einer gewissen Nachricht zu töten. Zum Glück konnte der Bote auch lesen und schickte jemand anderes an seiner Stelle.

Welcher Störfall die Blogger erwartete, wurde offenbar, als sie sich der Literatur und Weltanschauung zuwandten, in der Hoffnung, die intellektuelle Sphäre zu demokratisieren. Pressefreiheit genießt, wer eine Presse besitzt, schon klar – doch genügten fortan nicht ein Laptop und ein wenig Zeit? Vor dem Hintergrund der Fusionen von Medienunternehmen und der Zerstörung des intellektuellen Lebens in den achtziger und neunziger Jahren, als die Leute für weniger Geld länger und härter arbeiteten, als öffentliche Orte und stille Cafés verkümmerten und an den Universitäten das stichhaltige Argument von »Respekt« abgelöst wurde, gewann die Idee einer alternativen intellektuellen Öffentlichkeit zusätzlich an Reiz.

Es stimmt, dass Blogs die Lethargie durchbrachen und zur Entstehung substantieller Mikrogemeinschaften führten. Die Kritik als Kunstform blieb dabei allerdings auf der Strecke. Es ist unbestritten, dass jeder die *Möglichkeit* hatte, vielen anderen seine besten Gedanken mitzuteilen. Jeder hätte ausführliche Rezensionen seiner besten Bücher und Platten ins Netz stellen können. Nur: Es ist nicht passiert, zumindest nicht oft genug. Tatsächlich erfährt man beim Lesen von Blogs vor allem, mit welcher Gedankenlosigkeit wir angesagte Idiome und Marketingsprache nachplappern, wie unoriginell und häufig auch gehässig unsere unbewussten Impulse noch immer sind. Die obligatorische Diktion der Geschwindigkeit begünstigt das Überspitzte, Undurchdachte, Unverdaute. (Nicht umsonst evoziert das Wort »Blog« das Geräusch, das wir machen, wenn wir uns übergeben.) »Das ist der heiße Scheiß«, lassen uns die Blogger wissen. Oder auch: »Das ist so was von durch.« Ihre Sprache soll wiedergeben, wie die Leute auf der Straße oder dem College-Campus reden – das phatisch-gefühlige, exhibitionistische Grummeln und Brabbeln zufriedener (»*Die Göttliche Komödie* ist so geil!«) oder verdrossener (»Dante ist für'n Arsch!«) Verbraucher. Das ist es, was Menschen einander mitzuteilen haben.

Eines muss man ihnen lassen: Lit-Blogger sind die Marketing-Avantgarde des 21. Jahrhundert. Niemand verkörpert wie sie die völlige Verinnerlichung des Ethos der Auslagerung, das den gegenwärtigen Kapitalismus prägt. Was nämlich ein ausgebuffter Leser ist, der misstraut den Kaufempfehlungen von oben, dem Kartell der Verlage, der Rezensionsgazetten und Unterhaltungsindustriebosse.

Warum also sollten Verlage für ihre PR zahlen und Anzeigen in Buchbeilagen schalten, wenn es eine Community engagierter Spezialisten gibt, die dasselbe umsonst erledigen und noch dazu als freie Geister gelten? Im Gegenzug erhalten die Blogger Rezensionsexemplare und Aufmerksamkeit: von den Verlagen und von anderen Bloggern. Aufmerksamkeit wird in Hits gemessen – an ihren Klicks sollt ihr sie erkennen – und in Kommentaren von Besuchern. Die Lit-Blogger bilden eine selbsterhaltende Gemeinschaft: freiwillige Einsatzgruppen, die jederzeit bereit sind, für die Verteidigung ihrer Nische die Stimme zu heben. So ist das, wenn Menschen nichts haben außer ihrem prekären Selbstrespekt. Doch Kommentare – kleine herablassende Tiefschläge oder feuchte Küsse – sind keine Kritik. Sie können die Meinungen anderer nur bestärken, niemals ändern. So viel Tipperei, so wenig Kommunikation. Wir haben es mit einem ausufernden Arbeitsmarkt zu tun, in dem die freie Entfaltung des Geistes für etwas verschachert wird, das weniger Nährwert besitzt als eine Schüssel Haferbrei. Von seinem Selbstrespekt und seiner Popularität kann man sich nichts kaufen – es sei denn, man kriegt genügend Hits, um für die Werbung interessant zu werden.

Der Revolutionär ist verschwunden, doch er hat uns ein Pamphlet hinterlassen. Als wir die billig bedruckten Seiten aufschlagen, von denen die Druckerschwärze abfärbt, machen wir uns auf die üblichen Artikel über Chiapas oder einen »Police Riot« in Detroit gefasst. Doch dann: seitenweise Unterwäsche-Models und gut bestückte Kerle in Speedo-Badehosen. Wir finden weder Telefonnummern noch Informationen über Hausbesuche, dafür ist alles voller Webadressen. So also hofft unser moderner Bakunin sein Gift zu verbreiten. Wir sind uns nicht sicher, ob es funktioniert.

Die Porno-Maschinerie

Es war 1899, als Freuds Lieblingssexologe Havelock Ellis der Welt den würdigen Terminus »Autoerotismus« bescherte. Rückblickend war der Zeitpunkt perfekt, denn das folgende Jahrhundert erlebte einen triumphalen Durchmarsch der Masturbation – von Freuds Dora bis zu Joyces Briefen an Nora (»Bist also du auch wie ich, einen Augenblick hoch in den Sternen, im nächsten niedriger als die niedrigste Kreatur?«), von Leopold Bloom am Strand (»Mr. Bloom zog sich mit sorgsamer Hand das nasse Hemd zurecht«) bis zu Alfred Kinsey, William Masters und Virginia Johnson, von dort zurück zu Molly Bloom, nicht zu vergessen Anaïs Nin und Eve Kosofsky Sedgwick, die behauptete, die Schwestern in *Sinn und Sinnlichkeit* masturbierten (arme Jane Austen: Da hat man das eine oder andere begriffen, und dann das), und Ginsberg, der onanierte, als seine Mutter starb, und Portnoy und Woody Allen (»Now you're knocking my hobbies!«) und schließlich dieser Film, wo Cameron Diaz die ganze Zeit Sperma in den Haaren klebt. Wirklich ergreifend an dieser Prozession ist das Ausmaß, in dem männliche und weibliche Masturbation sozusagen Hand in Hand auf eine strahlende Zukunft der Onanie zugingen. Selbst radikale Feministinnen, die das Recht auf weibliche Selbstbefriedigung mit dem Hinweis auf männliche sexuelle Minderkompetenz begründeten, zeigten sich an diesem Punkt gnädig und reichten den Ölzweig über den Geschlechtergraben. Denn war nicht der masturbierende Jugendliche in unserer Gesellschaft ebenso wehrlos wie die zum Sexualobjekt degradierte Frau? Die feministische Autorin Lonnie Barbach schwang sich sogar zur These auf, die Tendenz zum vorzeitigen Samenerguss sei keinesfalls dem männlichen Egoismus, sondern einem regressiven, antimasturbatorischen Drill geschuldet, der dafür sorgte, dass Jungen sich angewöhnten, so schnell wie möglich zu kommen, um nicht von den Eltern oder dem Schulmeister erwischt zu werden. Wenn das mal nicht echte Solidarität war! Die Masturbation hatte den Höhepunkt ihres moralischen Prestiges erreicht.

Dann kam das Internet. Es befreite den Angestellten aus seinem Büro, indem es ihn an ein weltweites Netzwerk zur unverzüglichen Übermittlung großer Bild- und Filmdateien anschloss. Damit haben wir das Dilemma: Büroarbeiter sind zwar nicht mehr an ihre Schreibtische gefesselt, aber mehr als je zuvor an ihre Computer. Sobald sie also ihre privaten Mails gelesen und die geschäftlichen Mails durchgearbeitet, beantwortet und in Kopie verschickt haben, sobald sie also einen Spaziergang an der frischen Luft machen könnten, werden sie von den Versprechen der Pornografie zurückgehalten. Zu den schmerzhaften postindustriellen Zivilisationsleiden wie Karpaltunnel-Syndrom, RSI-Syndrom oder Augenüberlastung gesellt sich der Masturbationsdaumen.

Es ist verwirrend. Das Arbeitsgerät ist zugleich ein Porno-Generator, der Porno-Generator ein Arbeitsgerät. Ergo ist die Arbeit nie und nirgends außen vor. Und Pornografie wird zu einer Art Vergeltung: Inmitten eines Produktivitätsschubs, wie er pro Jahrhundert nur einmal passiert, geben sich mehr Arbeitskräfte als je zuvor der am wenigsten produktiven menschlichen Tätigkeit überhaupt hin. Was aber stellt sich der werktätige männliche Masturbator im tiefsten Innern wirklich vor, wenn er sich einen Cum Shot auf das Gesicht seines Lieblingspornostars in Superzeitlupe anschaut? Malt er sich aus, auch einmal auf das Gesicht einer Frau zu kommen? Oder träumt er vielmehr davon, auf seinen Bildschirm zu kommen, ihn womöglich dabei unbrauchbar zu machen und sich damit ein für alle Male zu befreien: von der Arbeit und von der Pornografie, auch wenn es nicht einfach wäre, das seinem Chef zu erklären? Er tut, was er kann. Und Masturbation ist seine Form der Sabotage!

Das heißt: Sie wäre es, sofern er sich während der Arbeitszeit an die Sache machen würde. Stattdessen haben wir es mit der Zwickmühle des modernen freiberuflichen Masturbators zu tun, eines emanzipierten Individuums, das versucht, »zu Hause« zu arbeiten. Vor ein paar Jahren, als es mit den virtuellen Büros und virtuellen Beziehungen losging, fragte man sich besorgt, ob zukünftig jeder nur noch im Pyjama am Küchentisch sitzen und sein Blog vollschreiben würde. Stattdessen brummen die Plätze, Cafés und Tee-Lounges, sie quellen über vor Freiberuflern mit BlueZone-Headsets. Versammeln sie sich dort, um mit anderen zu reden und zu diskutieren? Keineswegs – sie aktualisieren ihre MySpace-Profile, sie chatten mit ihren Schulfreunden, aber sie schauen sich keine Pornos an. Für den Preis eines Kaffees aalen sie sich unter den kontrollierenden Blicken von ihresgleichen. »Im Fall der École militaire sagen es die Mauern, dass es um den Kampf gegen Homosexualität und Masturbation geht«, meinte Foucault missbilligend. In den Cafés übernehmen das die anderen Gäste – Gott sei Dank, denkt der Masturbator. Oder vielmehr: Danke allerseits. Und wirft einen Dollar in den Trinkgeldbecher.

Wir haben die Masturbation vom Stigma früherer Jahrhunderte befreit. Doch wer befreit uns von der Masturbation? Selbst die oft zitierten Statistiken, die einst für Legionen schuldbeladener Teenager so befreiend waren, haben heute einen deprimierenden Beiklang. Kinsey zufolge masturbieren 92 Prozent der Männer. Laut Koestlers *Encyclopedia of Sexual Knowledge* sind es je nach Ausgabe 85, 90, 93 beziehungsweise 95 Prozent! Aber was, wenn man keine Lust hat? Als Freud den Genitalien in einem Text über frühkindliche sexuelle Entwicklungen eine große Zukunft voraussagte, hatte er etwas anderes im Sinn. Darum: Bleibt standhaft, ihr tapferen Recken, haltet durch, ihr Getreuen, ihr Rebellen, ihr Perlen der Menschheit. Einen kleinen Augenblick noch, ihr durchgeknallten Freaks. Wir kommen.

Lied vom Maschinenstürmer
(Volksweise)

Singet nicht länger die alte Leier
Zu ehren die Kühnheit des Robin Hood
Den wahren Helden von Nottinghamshire
Will ich preisen: So höret vom großen Ned Ludd.

Dem Sturm auf die Webstühle folgten bald
die Sammlung der Handys im Kober
Schmolz SIM-Karten ein wie das Goldene Kalb
Als wär's im roten Oktober.

Wireless-Wellen verebben im Sande
die Speicher im Lande entleert.
Saboteur nenn' sie ihn, doch ist das die Bande
der zugehört, wer sich nicht wehrt.

Ja, Ned Ludd ist da, es ist nicht zu spät,
sein Kampf gegen Knechtschaft gilt dir
Da ist nur eines, was er nicht versteht –
die Ketten, sie sind dein Pläsier

Der Prozess der Entzivilisierung

So kommt eines zum andern, bis irgendwann möglicherweise die trivialsten Technologien die größten Folgen haben. Sollte die Stimmerkennung je das leisten, was ihre Fürsprecher voraussagen, wird unsere Arbeit am Computer nicht mehr zu unterscheiden sein von allem anderen, was wir so tun – ob wir nun telefonieren, in einer Besprechung sitzen, das Armaturenbrett unseres Autos anweisen, die Lüftung runterzudrehen, oder unseren Kindern etwas erklären. Wem genau eine Äußerung gilt, wird immer unwichtiger werden, das Geschwafel immer allumfassender, und im Kreuzfeuer der Instruktionen wird der einstmals herausgehobene Status des zuhörenden menschlichen Wesens immer mehr in Vergessenheit geraten. Mag sein, dass wir hier in die Gefilde der Science-Fiction geraten, doch die Ausstattung dieser Zukunftsvision, das Repertoire der Hilfsmittel zur endlosen Kommunikation und Stimmkontrolle, wird schon heute all jenen feilgeboten, die es sich leisten können.

Möglicherweise ist es an der Zeit, die alte Unterscheidung zwischen Wilden und Barbaren zu entmotten. Wilde waren Menschen ohne avancierte Technologie; sie trugen Lendenschurze und beteten Regengötter an. Barbaren dagegen hatten jede Menge Technologie, doch sie eigneten sie sich an, ohne die Wertesysteme anzuerkennen, die sie hervorbrachten. Sie plünderten die Städte und brandschatzten sich durch die Provinzen, sie besetzten die Anwesen und vergnügten sich in den Mosaikbädern und Weinkellern, ohne für ihre Bewahrung zu sorgen. Erinnern wir uns: Die Wilden wurden nahezu vollständig vernichtet, den Barbaren dagegen ist die Welt wohlgesonnen. Ihre Gesellschaft gilt als fortschrittlichste überhaupt. Wir Amerikaner haben die Technologie eigenhändig geschaffen. Und eigenhändig missbraucht.

Die Trennung der Technologie von den Naturwissenschaften erwies sich als ebenso verhängnisvoll wie die spätere Trennung der Naturwissenschaften von der Philosophie sowie der Philosophie von der Suche nach dem richtigen Leben – ein verhängnisvoller Schritt nach dem anderen, während ringsum die Gebäude in die Höhe schießen und die Kugeln fliegen. So konnte es passieren, dass eine Nation, die nicht an Darwins Lehren glaubt, einen Affen zum Präsidenten wählt, und so konnte dieser Affe, der den Aussagen der Wissenschaftler über die Erderwärmung nicht glaubt, Ingenieure dazu bringen, ein Raketenabwehrsystem im Weltraum zu installieren. Unsere neuen Technologien versprechen immer das Beste und öffnen die Schleusen für das Schlimmste. Die dem Allgemeinwohl dienenden Verwendungen von Telefon, Internet, Weblogs, E-Mail und so weiter schwimmen wie Korken auf einer Flutwelle des Mülls.

Eine Auffälligkeit vieler moderner technologischer Errungenschaften ist, dass ihr Einsatz in Notfällen die menschliche Freiheit befördert, während ihre alltägliche Nutzung entzivilisierend wirkt. Nehmen wir das Mobiltelefon, das ursprünglich als eine Art Walkie-Talkie mit unbeschränkter Bandbreite und Nutzbarkeit gedacht war. Wenn man im Stau feststand, einen Überfall beobachtete oder Verspätung hatte, war man mit einem Handy aus dem Schneider. Fünfzig Minuten pro Monat waren schon zu hoch angesetzt für solche Zwecke, und frühe Verträge deckten auch nicht viel mehr ab. Heute dagegen reichen nicht mal mehr 700 Minuten plus kostenlose Nächte und Wochenenden aus. Oder das Internet: Es sollte die Notfallkommunikationen aufrechterhalten, falls einmal alle anderen Kanäle kollabierten. Selbst der Blog – eigentlich ein Tagebuch *im* Netz, kein Tagebuch *über* das Netz – entsprang dem Bedürfnis von Menschen, sich anderen mitzuteilen. Wir vermissen sie, die frühen Web-Tagebücher, die überwuchert wurden von Links. Der Prozess der Entzivilisierung, eine Abfolge technologischer Innovationen und selbst auferlegter kultureller Bilder, wird nach und nach unsere Gedanken, unsere Sprachfähigkeit und unsere Fantasien vernichten. Auch das ist ein Notfall. Fragt sich nur, wen man anruft. +

Aus dem Englischen von Karsten Kredel

Benjamin Kunkel

Mein Dilemma

Eine Fabel

Ich bin nicht gerne eine Spinne. Abgesehen von jenen gedankenlosen Momenten, in denen mein Netz getroffen wird und ich mechanisch zu meiner Beute krabbele, zischend und erregt, das Gift im Anschlag, die Kiefer weit aufgerissen, vielleicht lächle ich sogar – abgesehen von diesen Momenten bin ich überhaupt nicht gern eine Spinne. Grundsätzlich empfinde ich sogar dieselbe Abscheu gegen Spinnen wie alle anderen Geschöpfe dieser schrecklichen Welt. Gewiss, Vergnügen ist auch im Spiel, wenn man sich aufbäumt und seine Kiefer in das Opfer gräbt, das man gerade mit zwei oder vier Händen gepackt hat (manchmal reichen zwei, dann kann man die anderen beiden triumphierend in die Höhe reißen). Nicht weniger Lust – oder auch selbstvergessene Freude – bereitet es, eine weiße Motte oder eine schwarze Fliege zu einem Bündel zu verschnüren, in Stoffbahnen, die man aus sich selbst gesponnen hat. Und welches Tier würde ein Festmahl nicht genießen, ein Festmahl gar, bei uns Spinnen, hoch in den Lüften? Und dann bin ich einfach zu satt vom Blut, um zu bedenken, was ich bin, und zu bereuen, was ich getan habe; tagelang döse ich benommen in meinem Netz und lass mich im Wind schaukeln, Sonnenlicht umflutet mich, ich schließe die Augen und lausche dem Gurgeln des Verdauungsprozesses. Doch wenn mein Bewusstsein wieder erwacht und sich langsam über diese Tatsachen erhebt, kommt auch die alte Schuld wieder hoch – eine uralte Schuld, trotz meiner Jugend –, und dann erkenne ich mich als das Ding, das ich bin, und beschließe zu verhungern.

Oftmals – ich sage oftmals, obwohl ich nur bei drei oder vier Gelegenheiten gefressen habe: eine Spinne meiner Art ist kein sehr großes Geschöpf, vor allem nicht in ihrem ersten und aller Wahrscheinlichkeit nach letzten Lebensjahr, ihr Appetit verlangt nicht allzu viele Opfer –, oftmals also, wenn ich die Beute verspeist und verdaut habe, wenn mein Bewusstsein allmählich erwacht ist und meine geistige und körperliche Agilität wiederhergestellt sind, drehe ich fast durch vor Selbstverachtung, ich krabble hin und her, kreuz und quer über mein Netz, und frage mich, was ich tun kann, um zu sühnen oder mich umzubringen. So war es, nachdem ich im Frühjahr die weiße Motte gegessen hatte, und genau so war es erst letzte Woche wieder, nachdem der Schmetterling endgültig verdaut war. Die Schuldgefühle mögen seit der weißen Motte schwächer geworden sein, eine Folge der Gewohnheit, aber sie kamen mit alter Intensität zurück, als ich daran dachte, wie wunderschön und zart die Flügel meines Schmetterlings gewesen waren, wie köstlich, leicht und knusprig sie schmeckten, wie schmerzlich das Flehen in den Augen des sterbenden Tieres war – es gibt nichts, was diesem Blick einer Kreatur gleicht, die man gerade verschlingt; sie sehen dich an wie einen Gott. Ich bin mir sicher, dass eine grausame Spinne diesen Blick genießen würde – eine hungrige Spinne wie ich wischt sich nur mit ein, zwei Händen den Mund ab und versucht, ihn, solange es geht, zu ignorieren. Bis der Hunger befriedigt und man wieder bei sich ist, dieser flehende Blick aber nicht verblassen will, obwohl die flehenden Augen längst verschlungen sind.

Nach meiner ersten eigenen Mahlzeit (ob ich zuvor schon einmal gemeinsam mit Mutter und Geschwistern gegessen hatte, kann ich nicht mehr mit Sicherheit sagen) schwor ich mir umgehend, nie wieder zu essen. Ich könnte nicht sagen, ob mich mein Heißhunger überrascht hatte oder nicht, aber es war auch nicht wichtig – ich war jedenfalls entsetzt. Mit schnellen, reumütigen Handgriffen löste ich mein Netz an der einen Ecke, die von einem Zweig gesichert wurde, der über die enge Schlucht ging, dann löste ich die gegenüberliegende Ecke, die an einem ebensolchen Zweig befestigt war, und als die einstürzende Konstruktion zu Boden sank, blieb ich auf ihr sitzen. Ich werde durch die Wälder ziehen, bis ich verhungere, dachte ich, oder anders, ich werde blitzschnell unter den erhobenen Fuß eines großen Tieres krabbeln, und zwar so, dass er mich zerquetscht. Ich war völlig außer mir, als ich über die rote Erde und die Zweige am Boden wanderte, unter grünem Laub oder Blattskeletten hindurch, mal in die eine, mal in die andere Richtung treibend und schweifend, ohne Richtung geschweige denn Ziel im Sinn, bis auf meinen Tod natürlich. Nach nur wenigen Tagen war es so weit: Ich wurde schwächer und begann zu stolpern, musste ständig verschnaufen, diverse Gliedmaßen versagten mir den Dienst, mir wurde immer schwindeliger, und ich verlor die Sonne aus den Augen. Ich sterbe, dachte ich, ich werde tot sein, austrocknen und mich im Regen auflösen. Und ich glaube, ich war froh, als der Tag dämmrig wurde, oder mein Augenlicht, und ich die Hoffnung verlor, zu finden, was ich nicht finden wollte: etwas zu fressen.

Aber eines Abends sah ich einen ahnungslosen kleinen grünen Käfer, der vor mir durch das Dämmerlicht krabbelte und leuchtete wie ein wandelnder Edelstein, keine fünf Zentimeter weit entfernt. Ich griff ihn an, wohl wissend, dass er Nahrung war. Der Käfer entkam dank seines harten Panzers und seiner schnellen Beine, und ich blieb zurück, keuchend vor Erschöpfung und Reue. Du hast keinerlei Selbstkontrolle, schalt ich mich, und ich spürte die Verzweiflung des Wesens, das merkt, dass es zu schwach ist zu sterben. Es ist so wenig, was eine Spinnenmutter einer Spinne und ihren Geschwistern mit auf dem Weg gibt, wenn sie kreuz und quer und in alle Richtungen auseinanderstieben, überhaupt erinnere ich mich an kaum etwas, das meine Mutter sagte, und ich konnte und kann mich nicht entsinnen, dass sie uns vor giftigen Pflanzen gewarnt hätte oder vor verhängnisvollen Orten zum Aufspannen eines Netzes, verhängnisvoll für die Spinne, meine ich. (Sie redete über nichts anderes als über die Jahreszeiten, und meistens schien sie nur vor sich hin zu faseln.) Ich wusste also nicht, was tun, und mir kam der Gedanke, dass ich mich ertränken könnte. Wenn ein Fluss in der Nähe gewesen wäre. Aber da war keiner.

Ich folgerte, dass die Welt vermutlich sicherer vor mir wäre, wenn ich wieder in meinem Netz säße. Mit letzter Kraft schwang ich mich erst auf einen Ast, dann auf einen anderen, und bald darauf hatte ich ein rudimentäres Netz im Unterholz eines struppigen Gebüschs gespannt. Das Netz bestand aus so wenigen Fäden, dass ich mir nicht vorstellen konnte, wie sich irgendein kleines Lebewesen dorthinein verirren sollte, es müsste schon sehr großes Pech haben; es war aber auch so schwach, dass es ausgeschlossen schien, dass irgendein großes Lebewesen sich auch nur für kurze Zeit darin verfangen könnte. Völlig benommen von Hunger und Schuld ließ ich mich also schlapp von meinem laschen Netz baumeln, schaukelte zwischen Bewusstsein und Ohnmacht und wartete darauf zu verhungern. Und in diesen vergangenen Tagen, als der Frühling erwachte, war ich immer noch so neu in der Welt, dass es mich aufrichtig überraschte, als ich eines Tages feststellte, dass zwar keinesfalls der Hunger, aber Schuld und Reue von mir wichen und von Wut und Begierde abgelöst wurden. Ja, Wut, Begierde und Hunger stimmten ihr Lied an, das lauter wurde und endlose, konzentrische Schleifen in meinem Kopf zog – und ich merkte, dass ich nicht sterben wollte, sondern töten und fressen und leben. Mit einem Mal bereute ich meine Reue: Ich wollte fressen und fressen, ich wollte ein, zwei, jede Menge Kreaturen verschlingen, ich wollte es, als hätte mich meine Beute verhöhnt und ich müsste mich rächen, oder als sei meine Begierde Geilheit und das Fressen somit öffentlicher Sex, eine Orgie.

Spinnen kichern nicht – was Geräusche betrifft, sind wir aufs Fauchen beschränkt –, aber als ich mich daranmachte, mein Netz zu erweitern und zu verstärken, bis es eine perfekte Todesfalle war, fühlte ich mich trotz meiner Schwäche so selbstzufrieden, dass mir beinahe nach Kichern zumute war. Dann hängte ich mich in die Mitte des Netzes und wartete. Ich hing dort und wartete und hoffte, ich würde genügend Kraft aufbringen, sollte irgendein Lebewesen – und nicht bloß ein vom Wind losgerissenes Blatt, wie es gelegentlich vorkommt – in mein Netz geraten. Und siehe da, als es so weit war, hatte ich die Kraft. Denn nach ein paar langen Tagen ging sie mir tatsächlich in die Falle: eine arme, dicke kleine Fliege. Mein ganzes Netz brummte und bebte, ich krabbelte in die Richtung des Einschlags, und meine Kiefer waren weit aufgerissen, als ich mich über die verzweifelt strampelnde Kreatur erhob.

Eine Woche später hing ich in meinem zerfledderten Netz und

betete. Ich lehnte über den Rand und betete mit allen vier Händen, dass mir nichts mehr in die Hände fiele. Bitte, las mich verhungern, betete ich, natürlich an niemanden gerichtet. Es tut mir so leid, entschuldigte ich mich, gleichfalls bei niemanden – die Natur ist an sich schon eine einsame Angelegenheit, und wir Spinnen sind sogar noch einsamer als der Rest. Doch nach und nach verschwamm meine heftige Schuld abermals, der Hunger schwächte Verstand und Gewissen, und da war sie wieder, meine rasende Begierde, die ich inzwischen so gut kenne. Sie vereinte sich mit dem Hunger, und ein zweites Mal setzte ich an die Stelle des Entschlusses, an Unterernährung zu sterben, den neuen Entschluss, mich der Völlerei hinzugeben und Blut zu trinken, so viel ich kriegen konnte. Stell dir nur vor, sagte ich mir, wie du dich durchs Jahr schlemmen könntest vom Körper eines einzigen großen Lebewesens, eines Hundes, eines Menschen, eines Pferdes ... Wie dick und groß du blasse kleine Spinne werden würdest! Das nächste Opfer allerdings, mein letztes, war in Wirklichkeit der Schmetterling: Seine Flügel waren irisierend wie Kirchenfenster, so zart und leicht wie ein Baiser. Und seine Augen erst ...

Ich hasse mich.

Wirklich.

Nicht, dass es keine ruhigen Zeiten gäbe, friedliche Zeiten. Manchmal bin ich fast ohnmächtig vor Hunger, und mein Verstand ist fast ausgeschaltet, manchmal wölbt sich mein Magen so leicht und leer, dass ich bei starkem Wind einfach auf der Luft gleite, fast heruntergerissen werde, aber bislang nur fast – und in diesen Momenten, wenn das Netz sich bis an die Grenzen seiner Dehnbarkeit bläht, weiß ich kaum noch, dass ich bleibe, was ich bin – nur, dass ich lebe, und die Welt, sie ist. Meine eigenen Lebensgeister schwinden, das Leben selbst bleibt bestehen: Blauer Himmel, rote Erde, grüne Welt, sie fließen ineinander, verschwimmen. Doch diese Phasen sind kurz. Jetzt ist wieder ein Morgen, und die Luft steht still, argwöhnisch trällern und tirilieren die Vögel in den Bäumen, das Licht zieht den Tau von meinem Netz, und ich weiß nur zu gut, dass mir nicht viel Zeit bleibt, ehe Wut, Begierde und Hunger sich erneut vereinigen. Ich könnte mir jetzt fest vornehmen, niemals wieder anzugreifen, was mir ins Netz gegangen ist, aber dann würde ich lügen.

Was kann ich jetzt, da ich mein Wesen kenne, tun? Natürlich kann es mir immer noch passieren, dass ich verhungere, hier und da sieht man verdorrte Spinnen schief in ihren zerrissenen Netzen hängen. Und dann soll bald diese Jahreszeit des Herbstes kommen, von der es heißt, dass irgendwie die Temperaturen tagsüber noch tiefer fallen als jetzt des Nachts. Dass die Bäume, völlig unvorstellbar, ihre Blätter abschütteln. Ein kalter Vorfall namens Frost wäre scheinbar mein sicherer Tod – allerdings gibt es da auch eine andere Warnung, die ich nicht vergessen habe.

Ich habe ohnehin nur schemenhafte Erinnerungen an meine Mutter, meine Geschwister, unsere Geburt. Und ob das Bild, wie ich mich auf eines dieser Geschwisterkinder stürze und es fresse, eine Erinnerung ist oder schlechten Träumen entspringt, weiß ich einfach nicht. Woran ich mich erinnere, ist das Fauchen winziger fliehender Spinnen und das lautere, hervorstechende Fauchen unserer Mutter. Sie war offenbar erstaunt, Mutter von so vielen Jungen zu sein, und sie hörte überhaupt nicht mehr auf, sich lauthals darüber zu wundern, überhaupt ein weiteres Mal Mutter geworden zu sein. Hat sie einer von uns gefragt, was sie damit meinte, oder setzte sie ihre Tirade einfach aus eigenem Antrieb fort? Ich weiß es nicht, meine Kindheit schlummert im Dunkel. Aber aus dem, was sie ohne Unterlass wiederholte, zu uns oder zu sich selbst, entnahm ich, dass sie damit gerechnet hatte, das vergangene Jahr, ihr erstes, würde auch ihr letztes sein, da wir scheinbar in einer Region leben, in der einer ehernen Regel zufolge jedes Jahr etwas herrscht, das sie tödlicher Frost nannte. Im Herbst grub meine Mutter sich in die Erde ein, sie war überzeugt, sie würde sich als ihr Grab erweisen, aber dann fand sie sich ein paar Monate später zu ihrer großen Überraschung hochschwanger in der Frühlingssonne wieder. Es scheint, als verdankten wir diesem Zufall unser Leben. Völlig hysterisch lag sie auf dem Rücken und erzählte, wie sie aus ihrem Loch gekrabbelt sei, sich auf den Rücken gelegt und uns alle zur Welt gebracht habe, und wie fassungslos sie sei, wieder am Leben zu sein. Jetzt frage ich mich natürlich, ob auch ich mein erstes Jahr überleben werde. Ich hoffe nicht – und ich weiß, wie bald ich möglicherweise das Gegenteil ersehne.

Ich kann nicht sagen, welche Einstellung meine Mutter zu ihrer erneuten Mutterschaft hatte, ich habe nur gesehen, wie überrascht sie war. (Ich war genauso überrascht, geboren zu sein.) Ich erinnere mich an fast nichts anderes als an ihre heftige Überraschung – daran und an die blasse Farbe ihres Körpers und an ihre sehr blauen blauen Augen. Schließlich ist so wenig blau in der Natur: diese Augen meiner Mutter, die Flügel mancher Schmetterlinge, und der Himmel natürlich, der auch. +

Aus dem Englischen von Harriet Köhler

Keith Gessen

Folter und das gewusste Nichtwissen

In der Zeit unmittelbar nach den Anschlägen des 11. September konzentrierte sich ein hartnäckiger Strang der Berichterstattung auf die Frage, wie die westlichen Gesellschaften mit ihren technologischen Innovationen und offenen, demokratischen Prozeduren die idealen Bedingungen für hoch motivierte Einzelne schaffen konnten, die ganz versessen darauf waren, ebendiese zu zerstören. Nach einem alten marxistischen Gedankengang sät jedes politisch-wirtschaftliche System zwangsläufig die Saat seines Untergangs. Die Terroristen haben fantastische, im Westen entwickelte Technologien verwendet, Satelliten- und Mobiltelefone, das Internet und zum Schluss Flugzeuge, und sie gegen ihre Erfinder gerichtet. »Es ist das System selber gewesen«, schrieb Baudrillard, »das die objektiven Bedingungen für diese brutale Heimzahlung geschaffen hat.« Noch beunruhigender war – immerhin hatte niemand im Westen jemals die Absicht gehabt, die Benutzung von Handys, des Internets und von Flugzeugen einzudämmen –, dass es hieß, sie hätten von unseren offenen Grenzen profitiert, von unserer Bewegungsfreiheit, davon, wie freundlich wir waren. »Sie haben sich auf alles Mögliche, von den Weiten des Internets bis hin zur Offenheit unserer Gesellschaft, gestützt«, sagte FBI-Direkter Robert Mueller vor dem Kongress. Sie haben sich jahrelang verschworen, und wir wussten nichts davon.

All das war unwiderstehlich ironisch und teilweise wahr. Aber was sich ebenfalls nach und nach abzeichnete, nachdem Zeitungen und Kommissionsmitglieder das Versäumnis der CIA und des FBI und der National Security Agency (NSA), Informationen angemessen auszutauschen, analysiert hatten – und was sich in letzter Zeit in einem Buch nach dem anderen herausgestellt hat –, war lediglich, wie unglaublich gut die Überwachungs- und Informationsbeschaffungstechnologien unseres Systems tatsächlich funktioniert hatten. Wir wussten jede Menge; es schien, als hatten wir nichts anderes getan als zu wissen. Über die Jahre hatte die NSA Tausende relevanter E-Mails und Telefongespräche abgefangen; im Jemen hatte das FBI mehrere Schlüsselfiguren des Bombenanschlags auf die USS Cole ertragreich verhört; in Kuala Lumpur hatte die CIA im Januar 2000 einheimische Geheimagenten gebeten, ein größeres al-Qaida-»Gipfeltreffen« abzuhören – und innerhalb weniger Tage Fotos, Berichte und sogar digitale Spuren der Computer erhalten, die die Teilnehmer in den Internetcafés der Stadt benutzt hatten. In den Tagen nach den Anschlägen schien in den Medien die Frage zu sein, wer verantwortlich ist. Und tatsächlich hatte die CIA, kaum dass sie um ungefähr 11 Uhr vormittags am 11. September die Passagierlisten sah, zwei al-Qaida-Mitglieder erkannt: Khalid al-Midhar und Nawaf al-Hazmi. Sie hatte sogar gewusst, dass diese zwei im Land waren. Dass diese unfassbare Menge präziser Informationen nicht angemessen kommuniziert worden war, dass man nicht rechtzeitig entsprechend gehandelt hatte, dass sie die ganze Zeit über missinterpretiert worden waren: All das ist wahr. Aber wahrhaft erstaunlich ist die Menge all dessen und wie viel davon mit Hilfe derjenigen Technologie zusammengetragen worden war, die uns – wie Richard Clarke sagte, als er im September 2000 die ersten Bilder sah, die eine unbemannte Predator-Drohne aus Afghanistan zurückgeschickt hatte – das Genick brach.

Es gab da eine Leerstelle, aber keine technologische. Das Problem war, im Geheimdienstjargon, »Humint« – humane Intelligenz. Die CIA besaß keine »Kontaktperson« in den al-Qaida-Camps (keine *humint* vor Ort); als es einem westlichen Geheimdienst dennoch gelang, al-Qaida zu infiltrieren, wusste man nicht, was man mit den gewonnenen Informationen anfangen sollte (keine *humint* an der eigenen Basis). Und schließlich, und am entscheidendsten, waren wir auf der menschlichen Ebene nicht recht in der Lage zu verstehen, warum uns jemand in die Luft sprengen wollen sollte (keine emotionale *humint*, sozusagen). Die Versäumnisse fügten sich nahtlos ineinander. Zum Beispiel wurde spekuliert, die CIA habe das FBI deshalb nicht darüber alarmiert, dass zwei bekannte al-Qaida-

Mitglieder das Land betreten hatten, weil sie hoffte, die beiden »umdrehen« zu können; also hat das ursprüngliche Versäumnis, al-Qaida zu infiltrieren, zu dem katastrophalen Versäumnis geführt, al-Midhar und al-Hazmi im Auge zu behalten. Die Geheimdienstwelt hatte die Wahrheit über al-Qaida noch lange nicht begriffen – sie hatte den entscheidenden Schritt, wie FBI-Agent Dan Coleman es ausdrückte, »von der Information zum Wissen« nicht gemacht –, bis sie ihre eigenen Camps besaß, in denen nicht ausgebildet, sondern gefoltert wurde, und bis sie begonnen hatte, Menschen, und insbesondere eine ganz bestimmte Person, in hell ausgeleuchteten Räumen zu verhören.

Diese Person, Khalid Scheich Mohammed, war in einer wohlhabenden Mittelschichtfamilie in Kuwait aufgewachsen, hatte dann das College in den USA besucht, das North Carolina A&T State, wo er einen Abschluss als Ingenieur machte. Dort verbrachte er seine Zeit mit anderen muslimischen Studenten; meist kamen sie in ihren Zimmern zusammen und diskutierten die Probleme der arabischen Welt. Darüber hinaus war KSM (wie er in den entsprechenden Berichten heißt) still und nicht weiter auffällig. Als kurz nach dem 11. September bekannt wurde, dass er das Mastermind und der Organisator des gesamten Anschlags gewesen war, zeigt sich sein alter Physikprofessor der Associated Press gegenüber so verwirrt darüber, wie es alle Physikprofessoren überall sind, sobald ihre Studenten Dinge in die Luft zu jagen beginnen.

Es war noch mehr über KSM bekannt gewesen, bevor er verhaftet wurde. Zum Beispiel war er kein strenggläubiger Muslim. Als er in Manila lebte, wo er einen früheren Anschlag ausbrütete, ging er häufig in Strip Clubs und machte sogar einer hübschen Zahnärztin den Hof, die er kennengelernt hatte. Er war eitel und aufgeblasen: Sein ursprünglicher Plan für die 9/11-Entführungen war, zehn Flugzeuge zu kapern und neun davon in strategische Ziele stürzen zu lassen. Das zehnte würde KSM selber entführen, um es zu landen, »die Frauen und Kinder freizulassen« und dann über das Fernsehen eine Erklärung an die Welt abzugeben. Wir hatten ebenfalls gewusst, dass KSM in den großen pakistanischen Städten und jederzeit einsatzbereit geblieben war, während andere führende al-Qaida-Mitglieder untergetaucht waren – und nur bin Laden selber hatte mehr Grund unterzutauchen als KSM. KSM wusste, dass er sicher sein würde, solange er nicht viel unterwegs wäre und das Telefon nicht benutzte. Aber er war unterwegs, und er benutzte das Telefon. Er lud sogar einen Al-Dschasira-Reporter in sein Haus nach Karachi ein. Später verriet der Reporter seinen Vorgesetzten in der Regierung von Katar, wo genau das Haus lag, eine Information, die diese dann umgehend der CIA weitergaben.

Vielleicht wollte KSM geschnappt werden. Vielleicht reicht es einem Mann, der viel Zeit in den Staaten verbracht hat, einfach nicht, dass er von der muslimischen Welt verehrt wird. Darin würde er sich von seinem Boss, bin Laden, unterscheiden. Bin Laden zu provozieren, ist in Wirklichkeit feudal und nur lokal begrenzt nützlich gewesen: Die saudische Regierung und ihre Freunde im Westen würden sich seinem fürstlichen Willen nicht beugen. Gegen KSM vorzugehen, war modern, globalisiert:[1] Ähnlich Dostojewskis jungen Männern in den großen Städten war er ignoriert worden. Jene eine direkte Äußerung KSMs, die die Außenwelt in den letzten drei Jahren erreicht hat, wurde als Bestandteil des Beweisstücks 941 im Prozess gegen Zacharias Moussaoui bekannt. Darin gibt KSM, der sehr bemüht ist, seine Vorgehensweise von der seiner Feinde abzugrenzen, damit an, dass al-Qaida ihre Operationen mit einem Minimum an bürokratischem Papierkram durchgeführt habe – etwas, so behauptet KSM, das »das westliche Denken nicht verstehen kann«.

Aber wir können durchaus so einiges aus unseren Akten heraushalten, haben seine Interviewer wohl geantwortet. Dieses Verhör zum Beispiel: Was denken Sie, in welchen Akten es auftauchen wird?

Die Verhaftung KSMs in Karatschi wurde im März 2003 offiziell

1 Ganz ähnlich hat sich in den Aussagen von al-Qaida-Kämpfern, die das verheerende Bombardement ihrer afghanischen Stellungen durch die US-Streitkräfte im Herbst 2001 überlebt haben, wiederholt Empörung über die Weigerung der amerikanischen Truppen ausgedrückt, sich ihnen offen *zu stellen*.

verkündet. Sie fand mitten in der Nacht statt und brachte ein inzwischen ikonisches Foto hervor, auf dem ein beleibter unrasierter Mann in einem Hemd, das in alle Richtungen von seinem Nacken herunterhängt und stark behaarte Brust-, Rücken- und Schulterpartien offenbart, sein Kinn reckt und mürrisch in die Kamera blickt. Das FBI hatte Gefallen daran gefunden, ihn den »Forrest Gump des internationalen Terrorismus« zu nennen, weil er für gewöhnlich an irgendeinem Punkt einer jeden größeren Operation auftauchte, auf die man stieß. Aber das hier war kein süßer glücklicher Trottel, der da von dem Foto herunterstarrte. Das hier war Bluto Blutarsky.

KSM wurde drei lange Jahre vom CIA verhört. Sehr wenige Leute wussten, wo genau. Es wurde gemutmaßt, dass KSM in einem der geheimen CIA-Gefängnisse in Jordanien, Rumänien oder Thailand einsitze. Andere behaupteten, er befinde sich weit draußen auf dem Meer auf einem amerikanischen Kriegsschiff, das so sicher sei, dass jedes auf weniger als fünf Meilen herankommende Schiff ohne mit der Wimper zu zucken ausradiert würde. Wieder andere sagten, er sitze einfach nur in einer Untersuchungshaftzelle auf einem der gewaltigen Stützpunkte, die unser Militär in wohlgesinnten Ländern wie Deutschland, Japan oder Afghanistan errichtet. Zwei ehemaligen Kongressabgeordneten, die die 9/11-Kommission leiteten, wurde, als sie im Rahmen ihrer Untersuchungen Zutritt zu KSM zu erhalten versuchten, mitgeteilt, dass selbst Präsident Bush nicht wisse, wo KSM sei.

In der Zwischenzeit ist sein Name immer wieder in Frontberichten aufgetaucht. Man berief sich auf ihn, wann immer Bushs Weißes Haus seinen Standpunkt gegenüber den Genfer Konventionen zu rechtfertigen versuchte, sodass KSM in den Worten des Journalisten Ron Suskind »zur theoretischen Rechtfertigung aller juristischen Manöver der Regierung in Folterfragen« geworden sei. Ende 2001, als nach und nach die ersten Gefangenen der Invasion in Afghanistan eintrudelten, sagte ein CIA-Agent dem *Wall Street Journal*, dass die Zeit reif sei, mit der anderen Seite ein wenig »Klatschgesicht« zu spielen. Niemand zweifelte daran, dass KSM die Klatschgesicht-Behandlung zukommen würde. Man begann über eine Liste von

Verhörtechniken zu sprechen, die die Regierung genehmigt habe; ihre Existenz wurde später von ABC News bestätigt. Sie stellte sich, im Vergleich zu den endlosen Listen einzelner Folterpraktiken, die die verschiedenen Abu-Ghuraib-Untersuchungsausschüsse dokumentiert hatten, als rührend kurz heraus:

1. Aufmerksamkeitsgriff
2. Aufmerksamkeitsschlag (ins Gesicht)
3. Bauchschlag
4. Langzeitstehen (Schlafentzug)
5. Kältezelle
6. *waterboarding*

2004 erklärte die *New York Times* nüchtern, dass KSM der Schlaf entzogen, dass er niedrigen Temperaturen ausgesetzt und der Technik des *waterboarding* unterzogen werde – also alles gemäß der Liste.

Es hätte schlimmer sein können. KSM hätte den Ägyptern übergeben werden können (während der letzten zehn Jahre unser größter Gefangenenaustauschpartner), von denen er elektrische Schocks in die Genitalien erhalten hätte; sie hätten ihn an seinen Gliedmaßen aufgehängt und in einer Zelle mit kniehohem Dreckwasser gehalten. Hätten wir KSM den Marokkanern ausgeliefert, so wie wir Binyam Mohammed den Marokkanern gegeben haben, hätten sie wohl seinen gesamten Körper, inklusive seinem Penis, mit winzig kleinen Rasierklingenschnitten überzogen – Schnitte, die sehr schmerzhaft wären, aber so oberflächlich, dass sie keine Narben hinterließen. Von Usbekistan, einem aufstrebenden Mitfahrer auf dem internationalen Folter-Austausch-Karussell, sagt man, dass man dort vorzugsweise Hände oder Arme verbrüht, und damit sind die bereits untergegangenen Regime und deren jeweils eigenen idiosynkratischen Interessen und Neigungen, zu denen wir KSM mit einer Zeitmaschine hätten schicken können, noch nicht einmal erwähnt. Unter der Baath-Partei hatten die Iraker Spaß daran, auszuprobieren, welche Art von Veränderungen sie an einem Körper vornehmen konnten, bevor er starb – also schnitten sie, zum Beispiel, Ohren ab. Auch die Deutschen waren während des Zweiten Weltkriegs für ihre experimentierfreudigen Foltermethoden berühmt, allerdings hingen sie vorzugsweise Menschen an ihren Armen auf, bis ihre Arme aus ihren Gelenken sprangen – das haben sie mit dem Philosophen Jean Améry getan.

KSM ist jedoch an keinen dieser Orte gebracht worden. Er befand sich in amerikanischer Obhut, obwohl nicht wirklich in Amerika, und unsere Foltermethoden waren vergleichsweise mild und angenehm (außer, wenn sie es nicht waren). In einem langen *Atlantic*-Essay über die »dunkle Kunst des Verhörs« von Ende 2003 beschrieb der investigative bzw. imaginative Journalist Marc Bowden KSMs Gesichtsdruck auf dem Foto, das in der Nacht seiner Verhaftung aufgenommen worden war: »Er war in einem Albtraum aufgewacht.« Gerade die Ortsungebundenheit der Inhaftierung KSMs erwies sich bald als eine Schlüsselkomponente dieses Albtraums. Ägypten, Marokko, Usbekistan – das waren richtige Orte, mit Speisen und Kulturen und einem Klima. Aber dort war KSM nicht. »An diesem Ort«, schrieb Orwell über das Verhörzentrum in *1984*, »konnte man nichts empfinden, außer Qual und dem Vorauswissen der Qual.« KSM ist dort gewesen.

Sein Wert als Verhörpartner ist heiß diskutiert worden. Die Regierung Bush behauptete, er würde reden, aber Bush hat wiederholt und zynisch über den Wert von Informationen gelogen, die man aus Gefangenen herausgeholt hatte. Andere haben diesen Wert nichtsdestotrotz bekräftigt. »Er singt wie ein Vogel«, prahlte Anfang 2004 ein europäischer Geheimdienstbeamter der *Times* gegenüber. Im Mitte 2004 erschienenen *9/11 Report* redet KSM ohne Ende; tatsächlich müssen sich die Autoren des Berichts, trotzdem es ihnen versagt blieb, KSM jemals zu treffen, zu hören oder wenigstens ein Transkript seiner Verhöre zu lesen (sie hatten Zusammenfassungen der Verhöre erhalten), mit seiner Aussage immerhin so wohl gefühlt haben, um ihn im Haupttext und insbesondere in den Fußnoten mit semi-gefühlsgeladenen attributiven Verben gehörig zu humanisieren. »KSM merkt an«, teilt man uns mit, »KSM verlangt«, »KSM fügt hinzu«, »KSM behauptet außerdem«, »KSM bleibt dabei«. Dementgegen hat Ron Suskind berichtet, dass KSM in seinen ersten Sitzungen mit Interviewern der CIA die härtestmögliche Behandlung erhielt, sich aber weigerte, irgendetwas preiszugeben. (Die Interviewer waren so verzweifelt, dass sie drohten, KSMs kleinen Kindern, die ebenfalls in Gewahrsam waren, etwas anzutun; KSM war das egal. »Bei Allah werden sie an einem besseren Ort sein«, sagte er.) Dieser Darstellung zufolge wurden KSMs spätere Enthüllungen über die »Flugzeugoperation« im Geiste der Kollegialität dargebracht, von einem Meisterspion zum anderen.

Am Ende wurde KSM im September 2006 unter dem zunehmend kritischen Blick der Öffentlichkeit und nachdem jede Information von Wert aus ihm herausgeholt worden war, nach Guantánamo Bay überführt. Im folgenden Monat berichtete das *Time* Magazin von dem, was forensische Experten des FBI schon bald nach KSMs Verhaftung immer wieder versichert hatten: Dies war der Mann, der den Kopf des *Wall Street Journal*-Reporters Daniel Pearl von seinem Körper getrennt, ihn dann an seinen Haaren in die Kamera gehalten hatte.

Wir wussten also alles über KSM, und gleichzeitig wussten wir nichts. Wir kannten ihn als sozialen Typus, und wir kannten ihn als psychologischen Typus, und wir konnten seine Hand auf einem drei Sekunden langen Video im Internet identifizieren. Aber wir wussten nicht, wie es war, er zu *sein*, der dem Westen die Stirn bot, und das einzig und allein zu dem Zweck, ihm verheerenden Schaden zuzufügen (von bin Laden kann man wohl sagen, dass er eine Ideologie hat; KSM hat allein seine Professionalität). Und doch hatte zu dem Zeitpunkt, als wir ihn ins Camp Delta schickten – dem Nachfolger des Camp X-Ray, ein willkürlich vom Verteidigungsministerium gewählter Name, der nur zufällig andeutete, dass das Camp geschaffen worden war, um in die Gehirne von Menschen hineinzuschauen –, KSMs Gehirn bereits alles ausgespuckt, was auszuspucken war.

Wir waren in ein klassisches erkenntnistheoretisches Dilemma geraten. Zu Beginn des Kriegs gegen den Terror argumentierten einige

Intellektuelle, dass die Ereignisse der Auslöser einer nationalen ideologischen Mobilisierung sein sollten – »Wir kämpfen für die Demokratie«. Stattdessen verwandelte sich der Krieg, der mit einem Versagen der Geheimdienste begann, sofort in eine gewaltige Mission zur Anhäufung von Wissen. Buch um Buch versprach, den Amerikanern dabei zu helfen, ihren »Feind zu kennen«, um ihn auf diese Weise besser in unserer Mitte ausfindig machen zu können. Wissenschaftler fertigen Monografien über den Islam oder den Irak an, die dann an die Besatzungsarmee ausgeteilt werden (die Soldaten setzen sich hin und lesen sie in ihren gepanzerten Stryker-Radpanzern). Wie es Edward Said, der Begründer des Gedankens, dass die westliche Erforschung östlicher Kulturen eine Form der Dominanz ist, gegen Ende seines Lebens geschmerzt haben muss, zu sehen, dass sich seine Langzeitnemesis Bernard Lewis in eine nationalen Berühmtheit verwandelte. Oder vielleicht hätte es ihm ein dunkles Vergnügen bereitet, seine Theorien so sauber bestätigt zu bekommen. Immerhin ist Professor Lewis aus Princeton nicht deshalb ins Weiße Haus eingeladen worden, weil man sich dort mit einer spekulativen Neugierde über den Osten trug.

Wir würden den Feind also schon bald *kennen*. Und dann? Nun, und dann – würden wir ihn töten. Die Schwierigkeit für die Produzenten solchen Wissens ist, dass eine Narration Verständnis und Identifikation benötigt. Der *9/11 Report* ließ KSM wie einen liebenswürdigen Exzentriker klingen – nicht zuletzt, indem er ihm, so wie dieser Essay, ein süßes Dreierinitial verliehen hat (er hat außerdem, beinahe entgegen seiner eigenen Absicht, aus der Beziehung zwischen Ziad Jarrah, dem Terroristen, der am Steuer von United Flug 93 saß, und seiner Langzeitfreundin Aysel Senguen eine dramatische Geschichte gemacht). Suskinds *Die Ein-Prozent-Doktrin*, die die Bush-Regierung regelrecht vernichtet und im Zusammenhang mit der Folter eindeutig gegen die CIA Stellung bezieht, bekundet nichtsdestotrotz große Sympathie für CIA-Direktor George Tenet. Lawrence Wright, dessen *Der Tod wird euch finden. Al-Qaida und der Weg zum 11. September* die beste journalistische Darstellung des Aufstiegs von al-Qaida und derjenigen amerikanischen Geheimdienstoffziere ist, die sie zu stoppen versucht haben, mag John O'Neill vom FBI, den saudischen Prinz Turki al Faisal und schließlich sogar bin Laden wirklich. Nur Peter Bergen, dem Doyen der bin-Laden-Studien in der anglophonen Welt, gelingt es, die Fallstricke der Narration zu umgehen, und das in einem Oral-History-Buch. Im Laufe seines faszinierenden *The Osama Bin Laden I Know* drückt Bergen immer wieder seine Frustration über die Ungeschicklichkeit der amerikanischen Versuche aus, bin Laden physisch zu fassen zu bekommen: Die Al-Dschasira-Hauptquartiere nicht zu überwachen, war dumm, wohingegen die Weigerung, bin Laden in Tora Bora zur Strecke zu bringen, regelrecht Misstrauen erweckt. Im Nachwort der Taschenbuchausgabe geht Bergen noch einen Schritt weiter, er spekuliert über bin Ladens Schlupfwinkel (in den sogenannten Stammesgebieten im Nordwesten Pakistans, in der Nähe von Kaschmir, aber nah genug an der modernen Infrastruktur, um seine Propagandavideos herzustellen) und wagt sogar eine Vermutung darüber anzustellen, wo bin Ladens *Ehefrauen* sich verstecken könnten. »Und dann«, fährt Bergen fort,

> »könnte bin Laden natürlich ein Fehler unterlaufen, der seinen Aufenthaltsort preisgibt. Für diesen Fall haben sich amerikanische, mit Hellfire-Missiles bewaffnete Predator-Drohnen, die Echtzeitvideoaufnahmen ihrer Ziele produzieren und sowohl in Pakistan als auch im Jemen mehrere al-Qaida-Führer getötet haben, bereits als hilfreich erwiesen.«

Damit gelangt die Mobilisierung des Wissens an ihren logischen Endpunkt, und gleichzeitig verfügt man nun sogar über die perfekte Waffe: Ursprünglich ein magisches Überwachungsinstrument, wurde die Predator nach dem 11. September mit ihren heute berühmten Hellfire-Missiles ausgerüstet.

Und dennoch kann man noch nicht einmal von diesem Wissenschaftler, der für die Ermordung des Gegenstandes seiner Forschungen eintritt, sagen, dass er die Wissensmobilisierung mit einem mörderischen Orientalismus in eins setzt (trotz ihres Spotts für den israelischen Prozess gegen Adolf Eichmann befürwortete auch Hannah Arendt seine Exekution). Denn eine Sache, die wir aus Bushs Präsidentschaft gelernt haben, ist, dass die Macht das Wissen gerade eben so benutzen wird, wie es ihr gefällt; dies ist der eigenartige theoretische Beitrag der zwillingsgleichen Erkenntnistheoretiker des Weißen Hauses unter George W. Bush gewesen – der von Dick Cheney und Donald Rumsfeld.

Cheney ist der Schlüssel. Suskinds *Ein-Prozent-Doktrin* ist nach einem Konzept benannt, das Cheney kurz nach dem 11. September formuliert hatte: »Wenn es eine einprozentige Chance gibt, dass [etwas passieren könnte]«, sagte er bei einem Treffen des nationalen Sicherheitsapparats, »müssen wir es im Hinblick auf unseren Umgang mit dieser Chance als Sicherheit behandeln.« Wörtlich genommen – und wie hätten es seine Angestellten sonst nehmen sollen? – ist Cheneys Doktrin kühn und alarmierend. Er erkennt, dass die USA trotz ihrer gewaltigen elektronischen Überwachungsmaschinerie keine menschlichen Ressourcen besitzen, Informationen verlässlich in Wissen zu verwandeln; tatsächlich gibt es überhaupt keine Mittel, das Wissen zu schaffen, nach dem wir suchen. Also verwischt Cheney den Unterschied. Gemäß der Ein-Prozent-Doktrin sind alle Informationen bereits Wissen – sogar schlechte Informationen. Soll Gott doch entscheiden, welche davon brauchbar sind.

Cheneys Gegenüber war Rumsfeld; wirklich, sie waren wie ein Comedy-Duo. Wo Cheney die eiserne erkenntnistheoretische Sicherheit seiner Ein-Prozent-Doktrin besaß, betrieb Rumsfeld eine Art Politik der erkenntnistheoretischen Verzweiflung. »Es gibt das gewusste Wissen«, so seine mittlerweile berühmte Überlegung, »und das gewusste Unwissen. Aber es gibt auch Unwissen, von dem wir nichts wissen.« Später in einem privaten Memo: »Es fehlt uns an Maßstäben, um zu wissen, ob wir dabei sind, den Krieg gegen den Terror zu gewinnen.« Über diesen letzten Satz ist überall gespottet geworden – »Die exponentiell zunehmende Anzahl terroristischer Angriffe scheint kein relevanter Maßstab zu sein«, schreibt Bergen, oberflächlich betrachtet hört es sich jedoch vollkommen vernünftig an. Ganz allgemein mag es uns nicht an Maßstäben fehlen, aber die alten Maßstäbe (Rumsfeld verabscheute alles Alte mit dem Hass des ruhelosen alten Mannes) waren eben veraltet. Seine Bemerkung war als Ausdruck dessen, was Rumsfelds »99-Prozent-Doktrin« genannt werden könnte, dennoch beunruhigend. Cheney hat immer sofort auf jedwedes antiterroristische Wissen reagiert, das eine nur einprozentige Chance besaß, wahr zu sein; Rumsfeld hat es konsequent versäumt, auf Informationen zu reagieren, die zu etwa 99 Prozent wahr zu sein schienen. Dies bleiben die grundlegenden Doktrinen der Bush-Regierung und sogar noch der Zeit nach Rumsfeld, weil sie sich in einer Zeit, in der die Medien längst vor den Mächtigen auf die Knie gefallen waren, als so wundervoll effektiv erwiesen haben. Cheney hat uns erklärt, dass wir in höchster Gefahr seien (das stimmt) und dass diese Gefahr jederzeit und überall unterbunden werden würde (das war unmöglich), während Rumsfeld uns auch weiterhin erzählte, wir seien dabei, den Krieg zu gewinnen. Das funktionierte so lange, wie die Leute ihnen glaubten. Dann, unmittelbar vor den Kongresswahlen 2006, funktionierte es nicht mehr; Rumsfeld wurde gefeuert. Doch der Schaden war bereits angerichtet. Wir waren im Irak katastrophal auf Grund gelaufen. Und dann, als wollte er sich über all jene Leute lustig machen, die behauptet hatten, dass es Rumsfelds größtes Verbrechen gewesen war, nicht genug Truppen geschickt zu haben, verkündete George Bush, dass das, was Amerika wirklich brauche, eine noch größere Armee sei.

Traditionell wenden sich Länder, die sich mit einer Wissenskrise konfrontiert sehen (als Ergebnis rascher gesellschaftlicher oder ideologischer Verschiebungen), an ihre Romanautoren. Auch unsere Autoren haben zu helfen versucht. John Updike hat ein Buch namens *Terrorist* über einen muslimischen Jungen in New Jersey geschrieben, der einer Terrorgruppe beitritt und sich daranmacht, einen Selbstmordanschlag auszuführen; Martin Amis hat, konfrontiert mit der ersten Fußnote des *9/11 Report*, in der die Behörden zugaben, man habe keinen Grund entdecken können, warum Mohammed Atta am Abend vor den Angriffen von Boston nach Maine hinaufgefahren war, nur um am nächsten Morgen nach Boston zurückzufliegen, eine Geschichte geschrieben, um genau dies zu erklären. Und doch sind die Schriftsteller, was auch immer geschah, so sehr mit ihren ewiggleichen Angelegenheiten beschäftigt gewesen, dass sie die Terroristen kaum bemerkten. Amis' Atta leidet an Verstopfung, eine Art Korrelat für seinen psychischen Zustand, dessen Objektivität sich allerdings unter der Gürtellinie befindet – genau so wie Amis' Stalin ein Geisteskranker ist und Amis' Arbeiterklassenfiguren allesamt sexuelle Problem haben (gewiss ist das ein Grund, warum sie zur Arbeiterklasse gehören). Unterdessen erweist sich Updikes Teenager-Terrorist Ahmad als bemerkenswerter Beobachter – als ein richtiger Gelehrter – kleiner visueller, taktiler und sogar olfaktorischer Details. Er soll einen Truck und sich selber in die Luft jagen, aber »das Muster der Wandkacheln und der von Auspuffgasen geschwärzten Kacheln der Tunneldecke – unzählige sich wiederholende, mit zunehmender Ferne verjüngende Quadrate, wie ein riesiger, in einer dritte Dimension ausgestellter Bogen Redenpapier – bricht vor Ahmeds geistigem Auge nach außen in dem gigantischen göttlichen Schöpfungsgeschehen auf« – und das ist erst der Holland Tunnel! Er weigert sich, sich selber in die Luft zu jagen. Wie sollte er das auch tun können, wenn doch die Welt – jedenfalls Updikes Welt – so voller Metaphorik und Sprache und Bezeichnungen ist? Updikes Terrorist hatte nie eine Chance.

Ganz ähnlich hat auch der amerikanische Autor keine Chance. Die äußerst widerwärtigen Verschwörungstheorien über die Flugzeuge des 11. September – dass sie von Raketen abgeschossen worden oder Raketen *gewesen* seien, dass Juden schon vorher E-Mails über diese Raketen erhalten hätten – entstehen zum Großteil aus einer Art Eitelkeit heraus: *Ich* werde euch sagen, was wirklich geschehen ist. Aber man muss sie (wie die Eitelkeit selbst) auch im Zusammenhang mit dem furchteinflößenden Apparat der Wissensformation sehen, der sofort nach den Angriffen angeschmissen wurde und seitdem nicht einen Moment zu wirbeln aufgehört hat. Es gibt eine klassische Divergenz zwischen der politischen Macht der Menschen (die konstant geblieben oder weniger geworden ist) und ihrer gesellschaftlichen Macht, die sich in diesem Fall in dem sofortigen, uneingeschränkten Zugang (durch die Perfektion der Onlinerecherche und technologischen Datenwiederbeschaffungsmöglichkeiten) zu Informationsmengen, die zuvor nur als Science-Fiction vorstellbar gewesen sind. Philip Roth hat einmal gesagt, die Vorstellungskraft eines amerikanischen Autors werde durch den unfassbar fruchtbaren Ideenreichtum der amerikanischen Realität in Verlegenheit gebracht. Eine akkuratere Aussage über unsere eigene Zeit wäre, dass der amerikanische Schriftsteller von den zahllosen Wegen in Verlegenheit gebracht wird, auf denen Wissen geerntet werden kann.

Bisher sind die formalen Merkmale der schockierendsten, bewegendsten und auf ihre Art literarischsten Texte, die aus dem riesigen Post-9/11-Wissensprojekt hervorgegangen sind – Bergens bemerkenswerte Interviews mit Menschen, die an der Seite bin Ladens in Afghanistan gekämpft haben; die ideologisch verwirrten und dennoch fesselnden Dschihad-Verkündigungen; die bizarren und aufschlussreichen Aussagen amerikanischer Militärangehöriger –, der modernen Literatur näher gewesen als die Romane unserer Zeitgenossen, die das Interesse an der Moderne zum Großteil verloren haben. Jason Burke zum Beispiel hat in seinem sehr guten frühen journalistischen Buch *Al Qaida* ein Interview mit einem jungen Dschihadisten aus dem irakischen Kurdistan protokolliert, der von seinen Meistern losgeschickt worden war, um das örtliche, von der linken PUK betriebene Büro in die Luft zu jagen:

> »Ich suchte Abu Bakr al-Tauhidi auf [ebenfalls ein führender Kopf von ansar al-Islam] und verbrachte drei Tage mit ihm. Er sprach mit mir über *istischhahd* und den Glauben, über den Dschihad und meine Pflicht. Am dritten Tag fuhr ich nach dem Morgengebet mit dem Auto wieder zu demselben Haus und schlief bis mittags, anschließend betete ich, aß und wartete bis zu den *asr*-Gebeten [Nachmittagsgebet]. Dann zog ich meine Jacke wieder an und ging mit meinem Gastgeber zur Bushaltestelle. Es war kurz nach fünf nachmittags, glaube ich, aber ich hatte keine Uhr. Ich war ruhig, überhaupt nicht nervös. Ich dachte ans Paradies. Er zahlte dem Fahrer einen Dinar, ich stieg in den

Bus, der über den Basar fuhr, stieg kurz vor dem PUK-Büro aus und ging, die Hand am Auslöser[,] bis zum Eingang. Ich ging zu dem Peschmerga hinauf, der an der Tür stand, und nannte ihm den Namen eines Mannes, der sich dort aufhalten sollte. Ich erklärte ihm, ich wolle diesen Mann sprechen, und er fragte, was ich da unter meinem Hemd hätte. Er sprach im Dialekt meiner Heimatstadt, und ich antwortete nicht. Er fragte noch einmal, und ich sagte: ›Das ist TNT.‹ Dann verhafteten sie mich.«

Das ist unglaublich. Burke war lange in Kurdistan gewesen, und möglicherweise hat er keinen Übersetzer benutzt; dennoch war es seine Entscheidung, den gescheiterten Selbstmordattentäter wie Quentin Compson klingen zu lassen. Auf diesem Weg überleben die stilistischen Innovationen der Moderne, mit denen auf dem Papier festzuhalten versucht worden war, wie das Gehirn Sprache verarbeitet, innerhalb einer sekundären Kunst, dem Journalismus, so, wie sie bis heute in Filmen überleben.

Der furchtbarste Text von allen, die aus dem 11. September hervorgegangen sind – das Transkript des Cockpit-Recorder des United Flugs 93 –, ist durch keine einzige Hand gegangen, ist aber von einer kleinen Box eingefangen worden, die einen Absturz mit 600 Meilen die Stunde in ein Feld in Pennsylvania überstand. Einige Jahre lang hatte sich das FBI geweigert, das Transkript frei zu geben: Es sei schrecklich, sagten sie, und es gebe keinerlei Notwendigkeit, dass es allen zugänglich sei. Der *9/11 Report* fasste die Aufnahme kurz zusammen, aber das vollständige Transkript wurde vor dem April 2006, während des Moussaoui-Prozesses, nicht verfügbar gemacht. Damals veröffentlichte es die *New York Times*.

Das Transkript erzählt nicht die ganze Geschichte des Fluges, aber es hält drei entscheidende Momente fest: zu Beginn die Durchsage von Ziad Jarrah, den die Entführer zum Piloten bestimmt hatten, an die Passagiere, dass das Flugzeug entführt worden sei; die letzten Momente des Fluges, als die Passagiere versuchen, die Cockpit-Tür aufzubrechen, und die Entführer beschließen, das Flugzeug abstürzen zu lassen; und die Ermordung einer Flugbegleiterin, Deborah Welsh.

Es gibt beinahe nichts, was beim Lesen nicht schockiert, aber einer der merkwürdigsten Aspekte des veröffentlichten Transkriptes ist, wie sehr es auf dem Papier einem modernen Theaterstück ähnelt. Obwohl es insofern mimetisch war, als dass es dem richtigen Leben ähnlich sah, hatte das Theater bis zum letzten Jahrhundert auf der Konvention beruht, den Menschen zu erlauben, in dramatischen Situationen, die es in dieser Form nur selten wirklich gab, auf eine Weise ihre Meinung zu sagen, wie sie es im richtigen Leben niemals tun könnten. Eine Reihe bestimmter moderner Dramatiker (Beckett, O'Neill, Pinter) streifte dem Theater diese Konvention der feinen Sprache ab, um die latente Gewalt menschlicher Interaktionen ohne sie darzustellen. Und das ist der Schock des Transkripts: der Druck, unter dem die Worte in einer Situation von Leben und Tod mit einem Mal stehen.

Das Transkript beginnt mit einem Missverständnis: Jarrah versucht den Passagieren zu erklären, dass der Flug entführt worden ist (auf gewöhnliche Weise, mit einer Bombe), aber er erklärt dies aus Versehen der Flugverkehrskontrolle in Cleveland.

»09:31:57 Meine Damen und Herren: Hier der Kapitän, bitte setzen Sie sich bleiben Sie sitzend. Wir haben eine Bombe an Bord. Also setzen Sie.

09:32:09 Äh, oh ... Calling Cleveland Center ... Sie sind unverständlich. Wiederholen Sie langsam.«

Jarrah versucht erst gar nicht, mit Cleveland zu kommunizieren – er hat keinen Grund dazu, denn er hat vor, das Flugzeug ins Capitol zu stürzen. Zu diesem Zeitpunkt haben sich die Entführer – Saeed al Ghamdi, Ahmad al Haznawi, Ahmed al Nami und Jarrah – im Cockpit eingeschlossen. Sie haben die Piloten mit Messern und Kartonmessern erstochen. Deborah Welsh ist dort mit ihnen gefangen, und jetzt kann man sie auf dem Aufnahmegerät um ihr Leben flehen hören, während einer der sogenannten »muscle hijackers«, entweder al Ghamdi oder al Haznawi oder al Nami, von denen keiner auch nur ansatzweise gut Englisch konnte, die alle drei aus armen Gegenden in Saudi-Arabien stammten, ihr zu sagen versucht, dass sie sich hinsetzen soll.

»09:34:27 Bitte, bitte, bitte …
09:34:28 Runter.
09:34:29 Bitte, bitte, tun Sie mir nichts …
09:34:30 Runter. Nicht mehr.
09:34:31 Oh Gott.
09:34:32 Runter, runter, runter.
09:34:33 Hinsetzen.
09:34:34 Ruhe.
09:34:42 Nicht mehr.«

Während das Band weiterläuft, finden mehrere Gespräche gleichzeitig statt. Einer der Entführer bedroht Welsh; Jarrah berät sich mit einem der anderen über die Steuerung (auf Arabisch, hervorgehoben durch Kursivdruck); und immer noch meldet sich gelegentlich Cleveland zu Wort. Schließlich schneidet der Entführer, der mit der Flugbegleiterin verhandelt, ihr die Kehle durch und meldet den anderen, dass er dies getan hat.

»09:35:15 Hinsetzen, hinsetzen, hinsetzen.
09:35:17 Runter.
09:35:18 *Was ist das hier?*
09:35:19 Hinsetzen. Hinsetzen. Weißt du, hinsetzen.
09:35:24 Nein, nein, nein.
09:35:30 Runter, runter, runter.
09:35:32 Sprechen Sie mit mir?
09:35:33 Nein, nein, nein [unverständlich].
09:35:35 *Unten im Flughafen.*
09:35:39 Runter, runter.
09:35:40 Ich will nicht sterben.
09:35:41 Nein, nein. Runter, runter.
09:35:42 Ich will nicht sterben. Ich will nicht sterben.
09:35:44 Nein, nein. Runter, runter, runter, runter, runter, runter.

09:35:47 Nein, nein, bitte.
09:35:57 Nein.
09:37:06 Jetzt reicht's. Zurück.
09:37:06 Jetzt reicht's. Hinsetzen.
09:37:36 *Alles in Ordnung. Ich bin fertig.*
09:38:36 *Ja.*«

Jarrah kehrt, jetzt wo die Aufregung hinter ihm beruhigt ist, an die Lautsprecheranlage des Flugzeuges zurück und wendet sich wieder an die Passagiere.

»09:39:11 Ah. Hier ist der Kapitän; Ich möchte Ihnen allen sagen, sitzen zu bleiben. Wir haben eine Bombe an Bord, und wir kehren zurück zum Flughafen, und wir haben unsere Forderungen. Also, bitte bleiben Sie ruhig.«

Wenn man den *9/11 Report* vor dem Transkript gelesen hat, hätte man sich Jarrah aufgrund dessen Beziehung zu Aysel Senguen, mit der er zusammenkam, als beide in Deutschland studierten, als den komplexesten und renitentesten der Entführer vorgestellt. Als die Operation näher rückte, wurde ihre Romanze eher noch intimer als weniger intim; der Bericht spricht von »Hunderten von E-Mails«, die sie im Verlauf dieses Jahres in den Staaten ausgetauscht haben, und als Senguen Jarrah in Florida und sogar einen Kurs an der Flugschule besucht, scheint es so weit zu kommen, dass er die ganze Sache einfach abblasen könnte, der Liebe wegen. Der kürzlich erschienene Film, *United 93*, stellt Jahrrah ganz ähnlich dar.

Dieses Transkript enthüllt etwas anderes über Ziad Jarrah. Nachdem Welsh keine fünf Fuß entfernt von da, wo er an der Steuerung sitzt, ermordet worden ist, verbessert sich sein Englisch.

Die Geschichte des 11. September ist eine Geschichte der Technologie, insbesondere des Telefons: In den Jahren vor dem 11. September war die Telefonnummer von Abu al Zubaydah, des Einsatzkoordinators, also einer der Schlüsselfiguren der al-Qaida, eine der wertvollsten Informationsquellen, die den amerikanischen Geheimdiensten zur Verfügung standen. Die Spuren seiner Telefongespräche, die die Antiterroreinheit auf eine Weltkarte übertrug, ließ ein Diagramm des al-Qaida-Netzwerkes entstehen, immerhin geografisch. Bin Laden selber blieb dem Telefon fern, er spürte (insbesondere seitdem die russischen und israelischen Militärs begonnen hatten, Mobiltelefone zur Tötung von Menschen zu benutzen), dass der Westen in den Technologiekriegen einen Befreiungsschlag erzielt hatte, der das zunehmende Vertrauen der Terroristen auf hoch entwickelte Technologien gegen sie wandte. Von nun an kommunizierte er ausschließlich über menschliche Kuriere.

Die Geschichte der Geschichte von 9/11, die Historiografie, ist ebenfalls eine Geschichte der Technologie: eine Geschichte davon, was sie kann und was sie nicht kann. Ein Großteil der Rekonstruktion dessen, was am 11. September geschah, war eine Rekonstruktion von Telefongesprächen – Telefongesprächen der Passagiere in den Flugzeugen, der Menschen, die in den oberen Stockwerken der Türme des World Trade Centers gefangen waren, oder derjenigen, die gerade telefonierten, als die Flugzeuge aufschlugen. Im *9/11 Report* erfahren wir, dass die üblicherweise für den Absturz des Flugs 93 angegebene Uhrzeit nicht unumstritten ist; aber der Bericht bekräftigt sie mit Nachdruck. »Die Aufprallzeit 10:03:11«, heißt es dort,

> »wird von früheren Analysen des National Transportation Safety Board und von Beweisen aus der Analyse gestützt, der die Kommissionsmitglieder den Radar, den Flugschreiber, Infrarotsatellitendaten und die Funkdaten der Luftverkehrkontrolle unterzogen haben.«

Diese Technologien können die Zeit des Absturzes bis auf die Sekunde genau fixieren; sie sind großartig. Aber – und das ist der Punkt – sie reichen nicht aus. Sie werden niemals ausreichen. Weil der globale Krieg gegen den Terror ein Krieg der totalen Informationsmobilisierung ist. Wenn Sie heute in einem Flughafen durch eine Sicherheitskontrolle gehen, können Sie beobachten, wie das Sicherheitspersonal mit einer Art faulen Neugier Ihre Sachen betrachtet. Ihre Anwesenheit kann nicht verhindern, dass man unwillkürlich beginnt, die anderen Passagiere argwöhnisch zu betrachten. Zuerst kategorisiert man sie nach Rasse; aber auch nach ihrem Gesichtsausdruck (der Schuhbomber Richard Reid soll an seinem Gate extrem unruhig gewesen sein). Die Verdächtigen im Auge zu behalten, sobald der Flug losgeht, ist der wirklich einzige Weg, ganz auf Nummer sicher zu gehen. Das Problem ist jedoch, dass alle, die das Cockpit zu stürmen beabsichtigen, ihr Ticket für die Erste Klasse kaufen werden.

Also ist der wirklich einzige Weg, ganz auf Nummer sicher zu gehen, es irgendwie *aus ihnen herauszuholen*. Wissenschaftliche Studien über die Folter haben mitunter zwischen zwei Arten unterschieden: »Informations«-Folter, die auf Gewalt zurückgreift, weil sie auf der Suche nach operativem Wissen ist, und »terroristische« Folter, die allein danach strebt, ihre totale physische und moralische Dominanz über das Opfer zu demonstrieren. Als nur eine von mehreren hat die Literaturtheoretikerin Elaine Scarry argumentiert, dass Folter immer und ausschließlich terroristisch ist, dass unter Folter gewonnene Informationen schon seit Langem allgemein als wertlos gelten. Sie zitiert sogar eine interessante Studie, die herausgefunden hat, dass Länder, die in Foltermaßnahmen verwickelt sind, aufgrund all der erst unter Folter zustande gekommenen falschen Geständnisse und Hinweise ihre Geheimdienste sehr regelmäßig bis zum Punkt der völligen Lähmung überlasten. Etwas sehr Ähnliches ist geschehen, als ein früh gefangen genommenes hochrangiges al-Qaida-Mitglied, Ibn Scheich al Libi, das an die Ägypter weitergereicht worden war, um verhört zu werden, sehr bald Informationen über eine Verbindung zwischen al-Qaida und Saddam Hussein preisgab.

In der momentanen Situation sind informationsbezogene und terroristische Folter schlicht eins geworden. Khalid Scheich Mohammed hat Daniel Pearl, einem sehr guten Journalisten der sehr guten Nachrichtenredaktion einer Zeitung, deren Leitartikel von Erderwärmungsleugnern und Hard-Power-Imperialisten geschrieben werde, den Kopf abgeschlagen, weil – wie ich aus Mary Habecks *Knowing Thy Enemy* und Shmuel Bars *Warrant for Terror* erfahren habe – der Koran so gelesen werden kann, als lege er nahe, den Feind auf so grausame Art wie irgend möglich zu töten, ihn am besten zu köpfen. Daher hat KSM Daniel Pearl nicht nur geköpft, sondern auch noch ein extrem gut gemachtes Video des Tötungsmoments produziert – nicht umsonst war er im Jahr 2000 zum Leiter der Medienoperationen al-Qaidas erklärt worden – und es im Internet kursieren lassen. Dann nahmen wir Amerikaner uns KSM vor und begannen, Dinge herauszufinden. Dass wir dazu in der Lage waren, war sowohl nützlich gewesen – wir erfuhren vom Anfang bis zum Ende, wie 9/11 geplant wurde – als auch eine Demonstration dessen, dass wir dazu in der Lage waren. Der Unterschied zwischen terroristischer und Informationen beschaffender Folter fällt in sich zusammen, mit anderen Worten: Wir foltern Menschen, um Informationen aus ihnen herauszubekommen, und dann stellen wir diese Informationen als Beweis unserer Macht aus.

Und wenn man sich das grauenhafte Beweismaterial über den Krieg gegen den Terror ansieht, das gelegentlich ans Tageslicht heraufblubbert, sieht man, wie unsere Regierung ihn als Krieg der asymmetrischen Information gekämpft hat; als Krieg, in dem jemanden zu terrorisieren nichts anderes heißt, als ihm Informationen vorzuenthalten. Während ich diesen Text fertigstelle, Anfang Dezember 2006, hat die *New York Times* soeben Fotos der Haft José Padillas veröffentlicht, eines amerikanischen Staatsbürgers, der in den späten Neunzigern in die Camps nach Afghanistan reiste und sich mit KSM wegen eines Anschlages traf, bei dem, KSM zufolge, ein atomarer Sprengkörper in einer amerikanischen Stadt gezündet werden sollte. KSM schlug einen gemäßigteren Plan vor: ein Apartment zu mieten, es mit Gas zu füllen und mit einem Zeitzünder zu sprengen. Padilla stimmte zu, wurde aber Mitte 2002 am O'Hare-Flughafen in Chicago verhaftet. Obwohl er amerikanischer Staatsbürger ist, erklärte man ihn sofort zu einem »feindlichen Kombattanten« und entzog ihm alle Rechte. Er wurde im Bunker eines Marinestützpunktes in South Carolina untergebracht, und sein Verhör begann. »Wir haben kein Interesse daran, ihn vor Gericht zu stellen und ihn zu bestrafen«, sagte Donald Rumsfeld damals. »Unser Interesse besteht darin, herauszufinden, was er weiß.«

Die Fotos, die letzte Woche aufgetaucht sind, sind entsetzlich. Sie zeigen Padilla, wie er aus seiner Zelle geschafft wird, damit er zum Zahnarzt gehen kann. Auf dem ersten Foto sehen wir Padillas Beine durch einen Schlitz auftauchen, woraufhin sie gefesselt werden; Licht strömt aus der Zelle auf den Gang. Auf dem nächsten Foto erscheinen seine Hände; auch um sie werden Fesseln gelegt. Zwei Fotos folgen, auf denen drei Wächter in voller Schutzausrüstung, inklusive Helmen mit Visieren, sodass Padilla nicht einmal ihre Gesichter sehen kann, die Tür öffnen, um ihn herauszulassen. Auf dem nächsten Foto ist endlich das Gesicht des Inhaftierten zu sehen – und Padilla, so stellt sich heraus, ist nicht blutüberströmt, seine Augen sind nicht ausgestochen, seine Fingernägel sind nicht herausgezogen worden. Aber dieser Mann – von Anfang an wahrscheinlich geistig verwirrt, zumal er einst einen atomaren Sprengkörper in einer großen amerikanischen Stadt hatte explodieren lassen wollen – ist einem vollkommenen Wahrnehmungsentzug ausgesetzt worden. Als seine Interviewer alles über ihn zu erfahren verlangen, weiß er nichts, er sieht nichts, hört nichts von ihnen. Auf dem Foto lehnt er ein wenig nach vorne, bietet demütig seinen Kopf dar; der Wächter Padilla gegenüber hält einen merkwürdigen Gegenstand in den Händen, mit dem er sich Padilla nähert. Auf dem letzten Foto erkennen wir, dass es sich lediglich um ein Paar Ohrenschützer handelt. Sie haben ihm auch eine Taucherbrille mit verdunkelten Gläsern aufgesetzt.

In dem Artikel, der die Fotos begleitet, erklärte ein Psychiater, der Padilla auf Bitte seiner Anwälte untersucht hatte, dass Padilla nach drei Jahren vollkommenen Wahrnehmungsentzugs, eines vollkommenen Informationsdefizits, den Verstand verloren hat. +

Die Autoren

Elif Batuman promovierte in Stanford mit einer Arbeit über Cervantes und die Recherchen des Romanciers. Sie schreibt regelmäßig für *n+1*, den *New Yorker* und *The Nation.*

Keith Gessen studierte in Harvard und arbeitet heute als Übersetzer und Literaturkritiker, unter anderem für den *New Yorker* und die *New York Review of Books.* Sein Debütroman *All the Sad Young Literary Men* erschien im Frühjahr 2008.

Mark Greif studierte Geschichte und Literaturwissenschaft in Harvard und promovierte anschließend in Yale. Er schreibt regelmäßig für *Dissent* und *American Prospect.* Sein Essay »Gegen das Training« (S. 30) wurde in die Anthologie *The Best American Essays 2005* aufgenommen.

Chad Harbach ist der geschäftsführende Redakteur des Magazins. Er arbeitet zur Zeit an seinem ersten Roman.

Benjamin Kunkel ist einer der Mitbegründer von *n+1*. Sein Debütroman *Indecision* machte ihn 2005 schlagartig bekannt und war unter dem Titel *Unentschlossen* auch in Deutschland ein großer Erfolg.

Tobias Moorstedt arbeitet für Tageszeitungen und Magazine sowie das Fernsehen. Sein Buch *Jeffersons Erben. Wie die digitalen Medien die Politik verändern* erscheint im Herbst 2008 in der *edition suhrkamp.*

Marco Roth studierte Vergleichende Literaturwissenschaft an der Columbia University und in Yale und ist einer der Mitbegründer von *n+1*.

Philosophie in der edition suhrkamp
Eine Auswahl

Theodor W. Adorno
- Gesellschaftstheorie und Kulturkritik. es 772. 179 Seiten
- Jargon der Eigentlichkeit. Zur deutschen Ideologie. es 91. 139 Seiten
- Ob nach Auschwitz noch sich leben lasse. Ein philosophisches Lesebuch. Herausgegeben von Rolf Tiedemann. es 1844. 569 Seiten
- Stichworte. Kritische Modelle 2. es 347. 193 Seiten

Geist an den Zeitgeist. Erinnern an Adorno. Herausgegeben von Josef Früchtl und Marina Calloni. es 1630. 224 Seiten

Giorgio Agamben
- Ausnahmezustand. Homo sacer II. Übersetzt von Ulrich Müller-Schöll. es 2366. 128 Seiten
- Homo sacer. Die souveräne Macht und das nackte Leben. Übersetzt von Hubert Thüring. Erbschaft unserer Zeit. Band 16. es 2068. 220 Seiten
- Profanierungen. Übersetzt von Marianne Schneider. es 2407. 95 Seiten
- Das Offene. Der Mensch und das Tier. Übersetzt von Davide Giuriato. es 2441. 108 Seiten
- Die Sprache und der Tod. Ein Seminar über Negativität. es 2468. 200 Seiten
- Was von Auschwitz bleibt. Das Archiv und der Zeuge. Homo sacer III. es 2300. 160 Seiten
- Die Zeit, die bleibt. Ein Kommentar zum Römerbrief. Übersetzt von Davide Giuriato. es 2453. 234 Seiten

Etienne Barilier. Gegen den neuen Obskurantismus. Lob des Fortschritts. Übersetzt von Ulrich Kunzmann. es 2099. 180 Seiten

NF 314/1/5.08

Roland Barthes

- Am Nullpunkt der Literatur. Literatur oder Geschichte. Kritik und Wahrheit. Übersetzt von Helmut Scheffel. es 2471. 203 Seiten
- Der entgegenkommende und der stumpfe Sinn. Kritische Essays III. Übersetzt von Dieter Hornig. es 1367. 319 Seiten
- Eine intellektuelle Biographie. Von Ottmar Ette. es 2077. 520 Seiten
- Die Körnung der Stimme. Übersetzt von A. Bucaille-Euler, B. Spielmann und G. Mahlberg. es 2278. 400 Seiten
- Mythen des Alltags. Übersetzt von Helmut Scheffel. es 92. 152 Seiten
- Das Neutrum. Vorlesung am Collège de France 1977-78. es 2377. 346 Seiten
- Das Rauschen der Sprache. Kritische Essays IV. es 1695. 404 Seiten
- Das Reich der Zeichen. Übersetzt von Michael Bischoff. Mit zahlreichen Abbildungen. es 1077. 154 Seiten
- Das semiologische Abenteuer. Übersetzt von Dieter Hornig. es 1441. 304 Seiten
- Die Sprache der Mode. Übersetzt von Horst Brühmann. es 1318. 380 Seiten
- Die Vorbereitung des Romans. Übersetzt von Horst Brühmann. es 2529. 569 Seiten

Zygmunt Bauman

- Flüchtige Moderne. Übersetzt von Reinhard Kreissl. es 2447. 272 Seiten
- Leben in der Flüchtigen Moderne. es 2503. 287 Seiten

Andreas Bernard, Ulrich Raulff (Hg.). Theodor W. Adorno. »Minima Moralia« neu gelesen. es 2284. 144 Seiten

Jérôme Bindé (Hg.). Die Zukunft der Werte. Dialoge über das 21. Jahrhundert. es 2516. 333 Seiten

NF 314/2/5.08

Karl Heinz Bohrer
- Die Kritik der Romantik. Der Verdacht der Philosophie gegen die literarische Moderne. es 1551. 311 Seiten
- Plötzlichkeit. Zum Augenblick des ästhetischen Scheins. es 1058. 262 Seiten

Pierre Bourdieu. Die politische Ontologie Martin Heideggers. Übersetzt von Bernd Schwibs. es 1514. 158 Seiten

Benjamin Bühler, Stefan Rieger. Vom Übertier. Ein Bestiarium des Wissens. es 2459. 316 Seiten

Judith Butler
- Gefährdetes Leben. Politische Essays. Übersetzt von Karin Wördemann. es 2393. 179 Seiten
- Haß spricht. Zur Politik des Performativen. Mit einer Nachbemerkung zur deutschen Taschenbuchausgabe. Übersetzt von Kathrina Menke und Markus Krist. es 2414. 263 Seiten

Gilles Deleuze
- Die Logik des Sinns. Aesthetica. Herausgegeben von Karl Heinz Bohrer. Übersetzt von Bernhard Dieckmann. es 1707. 397 Seiten
- Unterhandlungen 1972-1990. Übersetzt von Gustav Roßler. es 1778. 262 Seiten

Jacques Derrida
- Das andere Kap. Die vertagte Demokratie. Zwei Essays zu Europa. Übersetzt von Alexander García Düttmann. es 1769. 97 Seiten
- Vergessen wir nicht – die Psychoanalyse! Herausgegeben und übersetzt von Hans-Dieter Gondek. es 1980. 234 Seiten
- Die unbedingte Universität. Übersetzt von Stefan Lorenzer. es 2238. 77 Seiten

NF 314/3/5.08

NF 314/4/5.08

Boris Groys. Das kommunistische Postskriptum. es 2403. 96 Seiten

Hans Ulrich Gumbrecht. Diesseits der Hermeneutik. Über die Produktion von Präsenz. Aus dem Amerikanischen von Joachim Schulte. es 2364. 190 Seiten

Jürgen Habermas
- Ach, Europa. Kleine politische Schriften XI. es 2551. 191 Seiten
- Der gespaltene Westen. Kleine politische Schriften X. es 2383. 208 Seiten
- Zeitdiagnosen. Zwölf Essays 1980-2001. es 2439. 264 Seiten

Dieter Henrich
- Eine Republik Deutschland. Reflexionen auf dem Weg aus der deutschen Teilung. es 1658. 102 Seiten
- Nach dem Ende der Teilung. Über Identitäten und Intellektualität in Deutschland. es 1813. 233 Seiten

Otfried Höffe. Medizin ohne Ethik? Standpunkte. es 2245. 240 Seiten

Jochen Hörisch
- Brot und Wein. es 1692. 295 Seiten
- Ende der Vorstellung. Die Poesie der Medien. es 2115. 292 Seiten
- Kopf oder Zahl. Die Poesie des Geldes. es 1998. 370 Seiten

Ryszard Kapuściński. Der Andere. es 2544. 92 Seiten

Paul de Man
- Allegorien des Lesens. Übersetzt von Werner Hamacher und Peter Krumme. Mit einer Einleitung von Werner Hamacher. es 1357. 233 Seiten

NF 314/5/5.08

- Die Ideologie des Ästhetischen. Herausgegeben von Christoph Menke. Übersetzt von Jürgen Blasius. Aesthetica. es 1682. 300 Seiten

Philip Manow. Im Schatten des Königs. Die politische Anatomie demokratischer Repräsentation. es 2524. 169 Seiten

Rudolf Maresch/Florian Rötzer (Hg.). Renaissance der Utopie. Zukunftsfiguren des 21. Jahrhunderts. es 2360. 256 Seiten

Dieter Mersch. Ereignis und Aura. Untersuchungen zu einer »performativen Ästhetik«. Aesthetica. es 2219. 250 Seiten

Chantal Mouffe. Über das Politische. Wider die kosmopolitische Illusion. es 2483. 169 Seiten

Martha C. Nussbaum. Gerechtigkeit oder Das gute Leben. es 1739. 316 Seiten

Michael Opitz/Erdmut Wizisla (Hg.). Benjamins Begriffe. Zwei Bände. es 2048. 880 Seiten

Michael Reder/Josef Schmidt (Hg.). Ein Bewußtsein von dem, was fehlt. Eine Diskussion mit Jürgen Habermas. es 2537. 109 Seiten

Richard Rorty. Die Schönheit, die Erhabenheit und die Gemeinschaft der Philosophen. es 2149. 87 Seiten

Peter Sloterdijk
- Der Denker auf der Bühne. Nietzsches Materialismus. es 1353. 190 Seiten
- Derrida ein Ägypter. Über das Problem der jüdischen Pyramide. es 2502. 73 Seiten
- Eurotaoismus. Zur Kritik der politischen Kinetik. es 1450. 346 Seiten

NF 314/6/5.08

- Kopernikanische Mobilmachung und ptolemäische Abrüstung. Ästhetischer Versuch. es 1375. 126 Seiten
- Kritik der zynischen Vernunft. 2 Bände. es 1099. 954 Seiten
- Kritik der zynischen Vernunft. es 1297. 388 Seiten??
- Luftbeben. An den Quellen des Terrors. es 2286. 112 Seiten
- Regeln für den Menschenpark. Ein Antwortschreiben zu Heideggers Brief über den Humanismus. Sonderdruck edition suhrkamp. 60 Seiten
- Tau von den Bermudas. Versuch über das Verlangen nach Neuzeit. Rede zur Eröffnung der Salzburger Festspiele 2001. Sonderdruck edition suhrkamp. 60 Seiten
- Versprechen auf Deutsch. Rede über das eigene Land. es 1631. 82 Seiten
- Weltfremdheit. es 1781. 381 Seiten
- Zur Welt kommen – Zur Sprache kommen. Frankfurter Vorlesungen. es 1505. 175 Seiten

Bernd Stiegler. Bilder der Photographie. Ein Album photographischer Metaphern. es 2461. 276 Seiten

Peter Strasser
- Philosophie der Wirklichkeitssuche. es 1518. 235 Seiten
- Die verspielte Aufklärung. es 1342. 164 Seiten
- Der Weg nach draußen. Skeptisches, metaphysisches und religiöses Denken. es 2177. 270 Seiten

Slavoj Žižek. Die politische Suspension des Ethischen. Übersetzt von Jens Hagestedt. es 2412. 203 Seiten

NF 314/7/5.08

Heinrich Geiselberger (Hg.)

Und jetzt?

Politik, Protest und Propaganda
es 2500. 364 Seiten

Ökonomie und Regierung folgen träge ihren Imperativen, die Mühlen der Reform mahlen langsam, Ohnmacht und postpolitische Resignation machen sich breit. Manchmal flackert im öffentlichen Bewußtsein zwar das Politische auf, doch protestierende Studenten und populistische Präsidenten lösen Standardreaktionen aus: abgeklärten Zynismus und naive Euphorie – dann fallen sie den Konjunkturen der Aufmerksamkeit anheim.
Auch wenn sich die Diagnose vom »Ende der Geschichte« plausibel anfühlen mag, politisierte Konsumenten, Medienaktivisten, Politiker, Gewerkschafter und die Vertreter diverser NGOs versuchen, sie mit neuen Formen der Politik zu widerlegen. *Und jetzt?* bietet eine Bestandsaufnahme über aktuelle Formen der Politik und des Protests, ihre Protagonisten kommen ebenso zu Wort wie Ulrich Beck, Chantal Mouffe und Michael Hardt, Theoretiker, die sich seit Jahren mit der Interpretation unserer Welt und den Möglichkeiten beschäftigen, sie zu verändern.

NF 364/1/5.08